DIEDERICHS GELBE REIHE

herausgegeben von Michael Günther

W0046229

John Blofeld

Der Taoismus

oder

Die Suche
nach Unsterblichkeit

Aus dem Englischen
von Wolfgang Höhn
und Leo Wagner

Eugen Diederichs Verlag

Die Originalausgabe erschien 1979 unter dem Titel
Taoism – the Quest for Immortality
bei Allen & Unwin, London

Mit einem Vorwort des Autors zur deutschen Ausgabe. Die
Gedichte in Kapitel IV wurden unter Mitwirkung von Yen Heng
aus dem chinesischen Original übersetzt. Wolfgang Höhn erstellte
die Übersicht zur Entwicklung des Taoismus im Anhang.
Mit 15 Abbildungen. Die Kalligraphien der Kapitelüberschriften
wurden von Meister Ch'en Chia-cho aus Shanghai angefertigt.

Die Deutsche Bibliothek – CIP-Einheitsaufnahme
Blofeld, John:
Der Taoismus oder die Suche nach Unsterblichkeit/John
Blofeld. Aus dem Engl. von Wolfgang Höhn und Leo Wagner. –
5. Aufl. – München: Diederichs, 1995
    (Diederichs Gelbe Reihe; 61: China)
    Einheitssacht.: Taoism – the quest for immortality <dt.>
    ISBN 3-424-00871-0
NE: GT

5. Auflage 1995
© John Blofeld, 1979
© der deutschsprachigen Ausgabe Eugen Diederichs Verlag,
München
Alle Rechte vorbehalten

Umschlaggestaltung: Zembsch' Werkstatt, München
Produktion: Tillmann Roeder, München
Satz: Fotosatz Froitzheim, Bonn
Druck und Bindung: Presse-Druck, Augsburg
Printed in Germany

ISBN 3-424-00871-0

Inhalt

Vorwort
zur deutschen Ausgabe

Seit dem Erscheinen der englischen Erstausgabe habe ich China oft besucht und konnte mir folgendes vorläufige Urteil über die heutige Situation des Taoismus bilden:

Die taoistische Philosophie hat seit ältesten Zeiten einen tiefen Einfluß auf Künste wie Kalligraphie, Malerei und Dichtung, sowie auf das chinesische Denken in allen Bereichen ausgeübt. Es wäre praktisch unmöglich, taoistische Vorstellungen aus den Hauptströmungen des chinesischen Denkens durch die Jahrhunderte herauszulösen. Genausowenig ließen sie sich vorsätzlich auslöschen, um so mehr als nahezu alle dieser Vorstellungen nicht unmittelbar als taoistisch zu erkennen sind (Ähnliches gilt auch für den Marxismus, der doch weitgehend eine Seitenlinie des jüdisch-christlichen Denkens darstellt. Wie könnte man die jüdischen und christlichen Stränge aus dem Ganzen heraustrennen?). Deshalb bin ich der Ansicht, daß taoistisches Fühlen, Denken und Betrachten in China wahrscheinlich noch lange weiterleben werden.

In letzter Zeit hat sich China westlichen Einflüssen geöffnet. Wie seltsam aber, daß erst die Übernahme gewisser chinesischer Praktiken im Westen dazu geführt hat, daß man diese in China selbst höher zu schätzen begann. Ein gutes Beispiel dafür bilden *t'ai chi ch'üan* und andere Kampfkünste. Außerdem befassen sich chinesische Gelehrte wieder häufiger mit Aspekten der chinesischen Vergangenheit, die früher unter dem Bannfluch der Kommunisten standen. Deshalb halte ich es für wahrscheinlich, daß man besonders auf dem Gebiet der Kunst und Literatur den taoistischen Einfluß zunehmend anerkennen und schätzen wird.

Um die Zukunft des Taoismus als Religion scheint es traurig bestellt zu sein. Schon lange vor der ›Kulturrevolution‹ trieben die Kommunisten viele buddhistische Mönche und Nonnen und taoistische Adepten ›zurück in die Welt‹ und zerstörten Tausende von kleineren Tempeln. An manchen Zentren des Taoismus erlaubte man einigen wenigen betagten Taoisten zu bleiben. Über dreißig Jahre lang hat man die große Masse der Bevölkerung von allen Quellen religiösen Denkens abgeschnitten und sie ständig gelehrt, daß Religion ein Produkt der Unwissenheit, ein Werkzeug der Unterdrückung und daher ein Schaden für die Gesellschaft sei. Das Schließen religiöser Stätten dürfte viel zum weitgehenden Verfall der Religion in China beigetragen haben; noch entscheidender dürfte dabei aber das fast vollständige Abgeschnittensein von religiöser Unterweisung gewesen sein.

Einige kleine taoistische Gemeinschaften in abgelegenen Gebieten haben wohl ohne Bruch bis heute überlebt. Ihre wenigen Überlebenden dürften jetzt sehr alt sein. In jüngster Zeit sind einige historisch bedeutende taoistische Tempel restauriert und gegen Eintrittsgeld für das Publikum geöffnet worden. Dazu gehört auch der berühmte ›Tempel der Weißen Wolke‹ in Peking. Soweit ich bei meinen kurzen Besuchen beobachten konnte, wird dort kein Chinese daran gehindert, den Göttern seine Reverenz zu erweisen. Der nicht endende Menschenstrom, der den ganzen Tag durch die Tempelhallen fließt, besteht jedoch fast ausschließlich aus Touristen. Ein paar bärtige Taoisten gibt es da auch zu besichtigen, aber ganz bestimmt nur in der Rolle von Aufsehern, wenn nicht gar von Ausstellungsstücken. Zeit für die Ausübung ihrer Religion dürften sie kaum haben. Eine Illustrierte aus der Volksrepublik China brachte vor kurzem Fotos von einer großen Zeremonie in diesem Tempel. Aber aus allzu vielen Anzeichen konnte man sehen: Hier handelte es sich um eine ›Show‹, die man in öffentlichem Interesse inszeniert hatte, und vielleicht gar um plumpe Werbung für Religionsfreiheit, die hauptsächlich an ausländische Leser gerichtet war. Meiner Ansicht nach ist dies typisch für die allgemeine Situation der Religionen in China. Unlängst haben in den USA lebende chinesische Gelehrte während ihrer Besuche in China an Ort und Stelle Nachforschungen angestellt, die übereinstimmend zu folgenden Ergebnissen kommen:

a) Der Buddhismus hat in China für die Zukunft bessere Aussichten als der Taoismus;

b) Bei beiden Religionen verwendet man größere Aufmerksamkeit und Mühe auf wissenschaftliche Studien als auf religiöses Denken und Tun;

c) Die Entwicklung auf diesem Gebiet ist sehr uneinheitlich: An wenigen Orten (z. B. in Ch'engtu, der Hauptstadt der Provinz Szechuan) ist man recht weit vorangeschritten, an vielen anderen Orten hat man noch nicht einmal angefangen.

Ich möchte nicht so weit gehen zu behaupten, die Aussichten für den Taoismus als Religion seien völlig hoffnungslos, aber es ist meines Erachtens noch zu früh, um Aussagen über seine Zukunft zu machen.

JOHN BLOFELD
Im ›Mondpavillon‹ zu Bangkok im Dezember 1985

Bemerkung zur Umschrift

Für die Transkription chinesischer Namen und Begriffe wurde einheitlich die Wade-Giles-Umschrift verwendet. Ausnahmen bilden lediglich Orts- und Personennamen (wie Peking und Konfuzius), deren abweichende Umschrift international gebräuchlich ist.

Einleitung

Der Taoismus – altehrwürdig, geheimnisvoll, bezau-
bernd und poetisch – geboren inmitten der leuchtenden
Nebel, die die Uranfänge der Zivilisation umhüllen, ist
lebendiger Ausdruck einer altertümlichen Lebensweise,
die fast von der Erde verschwunden ist. Wer weiß, wie
sein zukünftiges Schicksal unter der kommunistischen
Herrschaft in seinem Ursprungsland aussehen wird; wer
kann sagen, ob auch nur Spuren davon übrigbleiben? Für
alle, die die Heiligkeit der Natur anerkennen und den
Triumph des Geistes über den düsteren Ansturm des
Materialismus wünschen, ist er eine Schatzkammer, in
der sich – neben seltsam gearbeiteten Edelsteinen von nur
geringem Wert – kostbare Perlen und seltene, durch-
scheinende Jade finden. Volkstum, okkulte Wissenschaften, Kosmologie, meditative Disziplinen, Poesie, quieti-
stische Philosophie, höchste Stufen der Mystik – der
Taoismus umfaßt sie alle. Dies sind die Schätze, die die
Nachkommen des Gelben Kaisers in nicht weniger als
fünf Jahrtausenden angehäuft haben. Die unscheinbar-
sten unter ihnen leuchten in Regenbogenfarben und bilden den wahren Stoff für Mythen und Poesie. Das kost-
barste Kleinod ist die strahlende Erfüllung der spirituel-

len Bestimmung des Menschen, eine Lehre, durch die der Mensch vom sterblichen Zustand zum unsterblichen aufsteigen und jenseits der Götter wohnen kann!

Es fällt auf, daß außer den Lehren jener poetischen Weisen LAO TZU und CHUANG TZU bisher nur wenig in westlichen Sprachen bekannt geworden ist. Vom *Tao Te Ching* gibt es mehr als fünfzig Übersetzungen, das Werk des CHUANG TZU erfährt allmählich ein Mindestmaß an verdienter Beachtung; aber wie steht es mit dem Taoismus in seiner ganzen Fülle? Anscheinend will es die Ironie des Schicksals, daß die Taoisten immer noch für ihr freches Gelächter büßen müssen, mit dem sie die Pedanterie des konfuzianischen Establishments verspotteten, das am Anfang dieses Jahrhunderts selbst hinweggefegt wurde. Als lächelnde Individualisten, die sich, wie die jungen Leute unserer Zeit, über jede Form von starrem und pompösem Gehabe lustig machten, wurde ihnen von der herrschenden Hierarchie böswillig unterstellt, einen Irrglauben zu vertreten, der eigentlich nur zu ungebildeten Bauern paßte; und die Fiktion, daß der Taoismus nicht mehr als pittoresken, aber wertlosen Aberglauben zu bieten habe, ist bis heute haftengeblieben – genauso wie der tibetanische Buddhismus bis in allerjüngste Zeit als entartetste Form des Buddhismus galt! Welch lächerlicher Vorwurf! Obwohl chinesische und westliche Gelehrte die übertriebene konfuzianische Kritik, daß der Taoismus eine äußerst minderwertige Lehre sei, mit vergleichbarer Verachtung nachplapperten, habe ich vor dem Sieg der Kommunisten seltsamerweise kaum jemanden angetroffen, der taoistische Einsiedeleien länger als einen Tag besucht hatte, um sich ein Bild davon zu machen, was dort vor sich ging. Ich selbst habe jene malerisch gelegenen Orte sehr oft besucht, und ich kam zu dem Schluß, daß die heftigen Ausfälle gegen den Taoismus wohl in wenigen Fällen gerechtfertigt, jedoch meistens offenkundig falsch sind.

Zu meiner Überraschung entdeckte ich bald, daß entgegen einer weitverbreiteten Annahme LAO TZU und CHUANG TZU nicht die wirklichen Begründer des Taoismus waren, sondern ansehnliche Blüten an einem Baum, der bereits in ihren Tagen ein ehrwürdiges Alter erreicht hatte – also vor etwa zweieinhalb Jahrtausenden! In der Tat erwähnt CHUANG TZU häufig mit ironischem Unterton den traditionellen Begründer des Taoismus, den Gelben Kaiser. Ob dieser überragende Herrscher jemals wirklich gelebt hat oder nicht, ist unerheblich. Seine Regierungszeit von 2697–2597 v. Chr. liegt in einer so fernen Epoche, und sie dauerte auch so lange, daß es gerechtfertigt scheint, ihn weitgehend, wenn nicht gänzlich, als mythologische Gestalt anzusehen. Was ist damit erreicht? Angenommen, daß eine solche Person niemals gelebt hat, so hat ihr doch das Rankenwerk poetischer Legenden Wirklichkeit verliehen. Und warum sollte er nicht als eine geeignete Symbolgestalt der sagenhaften Urväter des Taoismus anerkannt werden, die im Dunkel der Vorgeschichte schon lange aus unserem Blickfeld verschwunden sind? Seine Anhänger sprechen von ihm in dichterischer Freiheit als historischer Person. Würde es uns etwas ausmachen, ihnen darin zu folgen, so wie wir bereits den Römern gefolgt sind, indem wir Romulus und Remus einen Platz in unseren Geschichtsbüchern einräumten? Die Taoisten selbst nennen ihre Glaubenslehre gern *huang lao* und ehren auf diese Weise sowohl HUANG TI, den Gelben Kaiser, wie auch LAO TZU als Begründer des Taoismus. Dies erscheint viel sinnvoller als die Behauptung, der heutige Taoismus sei eine entartete Form von etwas, was er in Wirklichkeit nie war.

Wie schon erwähnt, sind keineswegs alle *huang-lao-* Lehren und -Praktiken von großem Wert. Manche sind zu bizarr, um mehr als ein Lächeln hervorzurufen. Wenn man sich ihr immenses Alter vor Augen hält, ist dies jedoch kaum verwunderlich; und doch liegt, eingebettet in viel blauem Dunst, ein kostbarer Kern von Weisheit und erhabenem Geistesstreben verborgen, der so beeindruckend ist, daß er mich beinahe an eine weltweit verbreitete »Alte Weisheit« glauben läßt, von der heute nur noch Bruchstücke geblieben sind. Den *huang-lao*-Taoismus kann man sich als Reich vorstellen, in dessen äußeren Provinzen bäuerliche Naivität vorherrscht. In ihrem Inneren liegt eine liebliche Parklandschaft mit Hügeln und Flüssen, durch die Dichter und Liebhaber der Naturgeheimnisse streifen, und in der Mitte dieser Idylle erhebt sich eine Zitadelle der Weisheit, die so majestätisch aufragt, daß sie uns, über die Welt der Sterblichen hinaus, den Weg zum geheimen Herzen des Seins weist. Fremde, die dieses Reich ohne Referenzen betreten, werden zu dieser Zitadelle nicht ganz mühelos (und nicht ohne Ehrfurcht!) Zugang finden.

Selbst jene *huang-lao*-Lehren, die wir als reines Blendwerk durchschauen, sind vom Zauber der Poesie berührt und bildeten lange Zeit für Maler, Kalligraphen, Elfenbein- und Jadeschnitzer eine reiche Quelle der Inspiration. Selten sind sie ohne Charme und fast niemals häßlich.

Mein früheres Buch über Taoismus, *The Secret and Sublime*, »Das Geheime und das Erhabene«, unterscheidet sich von dem vorliegenden fast in jeder Hinsicht. Als ich es damals verfaßte, konnte ich auf nicht viel mehr als die Erinnerungen an meine Besuche der tief in den Bergen versteckten Einsiedeleien zurückgreifen und auf die unvollständig erinnerten Gespräche mit ihren Bewohnern, den liebenswerten Eremiten. Ich mußte mich auf die allgemeine Darstellung der taoistischen Disziplinen und jener Dinge beschränken, die dem spirituellen Pfad angehören, und die als Kultivierung des *tao* bekannt sind. Mein Hauptinteresse, das damals dem Buddhismus galt, hielt mich davon ab, den lebendigen Taoismus gründlich kennenzulernen. Dieser Mangel ist seither behoben worden – dank eines unschätzbaren Geschenks von einem meiner früheren chinesischen Studenten: ein Buch von Professor Chou Shao-hsien, das unter dem Titel *Tao-chia yü shen-hsien* (»Taoistische Philosophen und Unsterbliche«) vom Chung Hwa Verlag in Taipei (Taiwan) herausgegeben wurde.

Das *Tao Tsang*, der taoistische Kanon, ist mit seinen 5485 Bänden äußerst umfangreich. Man wird es einem Engländer mit unvollkommenen Chinesischkenntnissen wie mir nachsehen, daß er nicht einmal im Traum daran denkt, all dessen Geheimnisse zu enträtseln. Professor Chou hat dieser Aufgabe jedoch offensichtlich viele Jahrzehnte gewidmet, denn sein Buch enthält die Quintessenz des TAO TSANG. Aus verschiedenen Gründen eignet es sich nicht für eine Übersetzung; es sei denn für einen sehr begrenzten Leserkreis mit gründlichen Kenntnissen in chinesischer Geschichte und Kultur; als Quellenmaterial ist es jedoch von unschätzbarem Wert, um so mehr, als es sorgfältig belegte Zitate sämtlicher taoistischer Meister aller Epochen enthält. Mit diesem Buch und ein paar anderen Werken als Stütze und mit Hilfe meiner eigenen Erinnerungen, die der Darstellung Farbe verleihen, war ich in der Lage, wesentlich kompetenter als zuvor über den Taoismus zu schreiben. Meines Wissens ist das vorliegende Werk der erste Versuch, der je unternommen wurde, den *huang-lao*-Taoismus (in englischer Sprache) umfassend darzustellen.

Die wesentlichen Ergebnisse meiner Forschungen, deren Hauptquelle Professor Chous Buch ist, finden sich in den Kapiteln VIII und IX. Der in Kapitel VIII ausgeführte, achtstufige taoistische Weg zur Unsterblichkeit kann nur unter der Führung eines begabten Meisters bis zur Vollendung praktiziert werden. Gewisse Lücken waren dabei nicht zu vermeiden; denn die Methode ist geheim, und einige ihrer wesentlichen Punkte sind gewiß nie zu Papier gebracht worden. Leider finden sich heutzutage taoistische Meister fast ebenso häufig wie Hörner auf einem Kaninchen oder Zitzen an einer Schlange. Trotzdem sind diese schriftlichen Anweisungen weit davon entfernt, nutzlos zu sein. Selbst wenn sie nicht alle Geheimnisse enthüllen, können sie doch zu einem Zustand der Ekstase führen. Dabei spielt es keine Rolle, ob diese Methode, wie ursprünglich beabsichtigt, um ihrer selbst willen praktiziert oder als Ergänzung zu anderen meditativen Praktiken (taoistischen, buddhistischen oder sonstigen) betrachtet wird. Führt jemand, der die Kunst der Stille wahrhaft beherrscht, diese Übung mit unerschütterlicher Entschlossenheit aus, dann erscheint es nicht unmöglich, daß sie zur spirituellen Apotheose führt (wie in Kapitel IX ausgeführt): Der Schüler erfährt eine Erweiterung des Seins, um eins zu werden mit dem Universum!

Unendlich dankbar bin ich dem engagierten Gelehrten, Professor Chou Shao-Hsien, dessen Buch viel zum Überleben des Taoismus in diesen gefährlichen Zeiten beiträgt. Ihm verdanke ich den größten Teil meines esoterischen Wissens, aber auch zahlreiche der in diesem Buch verstreuten Zitate aus dem Taoistischen Kanon, einige der in meinen Text eingeflochtenen Details (wie die Beschreibung der den Inseln der Unsterblichen gegenüberliegenden Küste von Shantung) sowie alle Gedichte in dem Kapitel über die Poesie der Stille.

JOHN BLOFELD,
einst Empfänger eines geschätzten Titels,
den er wiederbeleben möchte:
der »Ochsenkopf-Eremit«.
Im Garten der Unsterblichen
zum Mittherbstfest im 4673. Jahr
nach der Thronbesteigung des Gelben Kaisers (1976).

I.
Das Namenlose

Das tao und sein Wirken

»Dem *tao* entstammt das Sein der zehntausend Dinge; das Wechselspiel von *yin* und *yang* bewirkt ihr scheinbares Geschiedensein.«

Die Vorstellung vom Sein als von einem ungeheuer weiten und zeitlosen Meer fleckenloser Reinheit, in welchem durch die Wechselwirkung von Dunkel und Hell eine Unzahl von Illusionen ähnlich sich ständig wandelnden Wolkenformationen oder gleich rastlosen Wellen durcheinanderspielen, ist wohl schon so alt, daß niemand zu sagen vermag, wann sie ein erstes Mal aufgetaucht ist. Womöglich wesentlich älter als das, was eigentlich als Taoismus bezeichnet werden kann, war sie zunächst eine Glaubensauffassung, die von den Chinesen nur selten in Frage gestellt wurde – ganz gleich, welcher Religion sie angehörten. In frühester Zeit in die archaische Volksreligion aufgenommen, wurde sie zum eigentlichen Kern der taoistischen Lehre. Sie wurde von den Konfuzianern – trotz vielfältiger Meinungsunterschiede zu den Taoisten – als Selbstverständlichkeit akzeptiert und ebenso in die Struktur des Buddhismus verwoben, als dieser China vom fernen Westen her erreichte. Mao Tse-Tung und Chou En-Lai, so behaupten manche heute, verdankten ihre außergewöhnlichen Erfolge der wohlgehüteten geheimen Beherrschung der Wissenschaft von *yin* und *yang*. Wenn es auch niemandem gelingen wird, den Wahrheitsgehalt einer so seltsamen Behauptung aufzudecken, so zeigt eine solche Unterstellung doch, daß jene uralte chinesische Vorstellung bis auf den heutigen Tag etwas von ihrem alles erfassenden Einfluß bewahrt hat.

Die Vorstellung von einem »Höchsten Wesen«, so überaus grundlegend für die westlichen Religionen, wird in Ostasien generell durch jene eines »Höchsten Seins-Zustandes« ersetzt, einer nichtpersonalen Vollkommenheit, von der alle Wesen, einschließlich des Menschen, nur wegen ihrer Verblendung getrennt erscheinen. Obwohl die Existenz von Göttern weithin als gegeben gilt, erhalten diese keine letzte oder höchste Bedeutung. Wie Dämonen, Tiere oder Fische bilden sie eine selbständige Ordnung von Wesen, und wie den Menschen, so sind auch ihnen vom unerbittlichen Gesetz der Vergänglichkeit enge Grenzen gesetzt. Nimmt man jedoch höchstes geistiges Streben als Gütesiegel, so steht der Taoismus unter den Religionen auf sehr hoher Stufe. Die wirklichen Taoisten, mochten sie auch den von ihren eher einfältigen Brüdern aus der populären Volksreligion ererbten zahllosen Gottheiten mit heiterer Gelassenheit gegenüberstehen, waren von einer Gleichgültigkeit gegenüber der Göttlichkeit selbst weit entfernt, bestand doch ihr Ziel darin, durch Kultivierung des *tao* weit mehr als Götter zu werden. Ich bezweifle, ob die christlichen Missionare, die zu solchen Menschen von Gott sprachen, je begriffen haben, daß sie genausogut über eine Art Vogel oder Geist hätten reden können – alle miteinander nur Teile der uns umgebenden Szenerie, zwar nicht ohne Bedeutung, aber doch für die Menschen von geringem Interesse.

Ja, der taoistische Begriff vom Letzten: er beruht auf tiefgründiger Philosophie, geistigem Streben, Poesie der Natur und Ehrfurcht vor der Heiligkeit aller Wesen und Dinge. Auf dieser Basis erhebt sich eine so überaus erhabene, der christlich-jüdischen Tradition so fremde Vorstellung, daß sie der Erklärung bedarf, um so mehr, als diese Vorstellung die Grundlage für alle taoistischen Praktiken bildet – von den naivsten bis zu den sublimsten. Dennoch hieße es, vom Leser zu viel zu verlangen, wenn er sich mit so tiefgründigen Themen auseinandersetzen müßte, bevor ihm nicht leichter verdauliche Kost in Form eines Hors d'œuvre serviert wird, besonders in einem Buch, das eher leicht als schwer verständlich sein soll, denn Gewichtigkeit und Taoismus passen schlecht zusammen. Nun gut, es scheint keinen anderen Weg, keine Alternative zu geben, als den Leser aufzufordern, unverzüglich einen Drachen zu besteigen – es wartet stets einer dienstbereit in Rufweite –, seine Gewänder für eine Reise anzulegen, die über Sonne und Mond hinausführt, und sich geradewegs ins Herz der Unendlichkeit aufzuschwingen.

Das tao

Das *tao* ist unergründlich, weit und ewig. Als undifferenzierte Leere, als reiner Geist, ist es die Mutter des Kosmos; als Nicht-Leere ist es das Umfassende, das Erhaltende und – indem es, in gewissem Sinne, das Sein der zehntausend Dinge beinhaltet – das alles Durchdringende. Als Daseinsziel ist es der Weg des Himmels, der Erde und des Menschen. Von keinem Sein, ist es Ursprung allen Seins. Sich keiner Aktivität bewußt, ohne Zweck und Absicht, weder Lohn noch Lob erstrebend, erfüllt es doch alle Dinge mit Vollkommenheit. Gleich dem Wasser schafft es sich seinen Weg mit Weichheit. Es ist eher schattenhaft, wie eine tiefe Schlucht, denn glänzend. Die Dinge dem *tao* zu überlassen, ohne sich in seinen natürlichen Ablauf zu mischen – das ist bestes Handeln; denn so lehrt Lao Tzu: »Das Allerweichste auf Erden überholt das Allerhärteste auf Erden. Das Nichtseiende dringt auch noch ein in das, was keinen Zwischenraum hat. Daran erkennt man den Wert des Nicht-Handelns. Die Belehrung ohne Worte, den Wert des Nicht-Handelns erreichen nur wenige auf Erden.« (Lao Tzu, *Tao Te Ching*, 43. Spruch)
tao, der Weg, erklärt uns Lao Tzu, ist nur eine geläufige Bezeichnung für etwas, das am besten das Namenlose genannt würde. Nichts kann von ihm gesagt werden, das seine Fülle nicht schmälerte. Zu sagen, daß es existierte, hieße auszuschließen, was nicht existiert – des *taos* ureigenstes Wesen jedoch ist die Leere. Zu sagen, das es

nicht existiere, hieße, die vom *tao* durchdrungene Gesamtheit auszuschließen. Fort mit dualistischen Kategorien! Worte begrenzen. Grenzenlos ist das *tao*! Es ist *t'ai hsü* (die große Leere), frei von allen Merkmalen, existent aus sich selbst, undifferenziert, unvorstellbar in seiner Weite, und doch im kleinsten Samen in ganzer Fülle gegenwärtig. Es ist ebenso *t'ai chi* (der Urgrund, die schöpferische Kraft des Kosmos) wie auch *t'ai i* (der große Wandler); denn ohne Ende sind seine Windungen und Wandlungen. Aus der begrenzten Sicht des Menschen, ist es auch *t' ien* (der Himmel), die Quelle von Herrschaft und Ordnung. Es ist die Mutter von Himmel und Erde, ohne deren Nahrung nichts existieren könnte. Offensichtlich hebt eine solche Vorstellung das *tao* über Gott hinaus; denn die Theisten behaupten, daß Gott und die Kreaturen seiner Schöpfung auf ewig voneinander getrennt sind. Ein Christ, obwohl bestrebt, in Gottes Gegenwart zu leben, glaubt nicht im Traum daran, daß die Geschöpfe und Gott eins werden können. Gott ist also geringer als das Unbegrenzte, weil er ausschließt, was Nicht-Gott ist. Für einen Taoisten ist nichts getrennt vom *tao*. Ein ewiges Geheimnis, wie LAO TZU es nennt.

Im *Tao Te Ching* finden wir an anderer Stelle (52. Spruch): »Die Welt hat einen Anfang, das ist die Mutter der Welt. Wer die Mutter findet, um ihre Söhne zu kennen, wer ihre Söhne kennt und sich wieder zur Mutter wendet, der kommt sein Leben lang nicht in Gefahr.« Anders ausgedrückt: die Welt der Form kann nicht verstanden werden, bevor nicht das Nichts begriffen ist, genausowenig ist es möglich, die Leere zu durchdringen, ohne die Welt der Form verstanden zu haben. Diese zwei sind Aspekte des Einen.

Noch einmal LAO TZU: »Ich weiß nicht seinen Namen. Ich bezeichne es als Sinn *(tao)*. Mühsam einen Namen ihm gebend, nenne ich es: groß. Groß, das heißt immer bewegt. ...›Nichtsein‹ nenne ich den Anfang von Him-

mel und Erde, ›Sein‹ nenne ich die Mutter der Einzelwe-
sen. Darum führt die Richtung auf das Nichtsein zum
Schauen des wunderbaren Wesens, die Richtung auf das
Sein zum Schauen der räumlichen Begrenztheiten.« (*Tao
Te Ching*, 25. und 1. Spruch) Dies also ist die Auffassung
des Höchsten Letzten, wie sie die Taoisten von den Alten
ererbt haben.

yin und yang

Ausgehend von den Gedanken, die im »Buch der Wandlungen« (*I Ching)* formuliert wurden, kann man annehmen, daß die Menschen bereits Jahrhunderte vor LAO
TZU das Wirken des *tao* aus der Wechselwirkung von *yin*
und *yang* erkannten, das erstere negativ, passiv, weiblich,
das zweite positiv, aktiv, männlich. LAO TZU sagt dazu:
»Der Sinn *(tao)* erzeugt die Eins. Die Eins erzeugt die
Zwei. Die Zwei erzeugt die Drei. Die Drei erzeugt alle
Dinge. Alle Dinge haben im Rücken das Dunkel *(yin)*
und streben nach dem Licht *(yang)*, und die strömende
Kraft gibt ihnen Harmonie.« *(Tao Te Ching*,
42. Spruch). Dies scheint zu bedeuten: das *tao* erzeugte
die Möglichkeit aller Formen, das ist das Eine; das aktive
Prinzip des Einen ist *yang*, sein passives *yin*, das sind die
Zwei, deren Verbindung »Drei Schätze«[1] die Drei
erzeugte, diese wiederum bringen alle zehntausend Dinge
im Universum hervor. Ein jedes einzelne ist erfüllt von
der Ganzheit des Einen, auf der höchsten Stufe gibt es
kein Du und kein Ich, kein Dies und Das; auf der Ebene
der relativen Wahrheit hingegen gibt es unzählige scheinbar voneinander getrennte Objekte. Das Eine kann
zugleich zwei Begriffsebenen, der absoluten und der

---

1. Erklärung folgt im entsprechenden Abschnitt dieses Kapitels und in
   Kapitel VIII.

Das Symbol des *t'ai-chi* – das »Höchste Letzte«.

relativen, in einfacher und mehrfacher Gestalt angehören.

Dieses Buch über den *huang-lao*-Taoismus beginnt mit so vielen Zitaten von LAO TZU, der die Bühne des Taoismus erst relativ spät betrat, nicht weil er der Urheber dieser Vorstellungen war, sondern weil heute kein früheres Werk zu unserem Thema mehr existiert; gleichwohl gibt es zahlreiche Hinweise darauf, daß die Lehre von *yin* und *yang* wesentlich älteren Datums ist. So bildet sie beispielsweise die Grundlage des *I Ching* (Buch der Wandlungen), das Jahrhunderte vor LAO TZU verfaßt worden ist. In der Folgezeit sollte sich diese Lehre weiterentwickkeln: Es entstand eine Schule der *yin*- und *yang*- Philosophen, die der Ansicht waren, das gewissenhafte Studium der *yin*- und *yang*-Bestandteile in allen Prozessen, Substanzen und Objekten führe zu einer solchen Einsicht in die Arbeitsweise der Natur, daß man lernen könne, die Entwicklung von Ereignissen ebenso vorherzusehen wie die unterschiedlichen Längen von Tag und Nacht oder den Zyklus der Jahreszeiten. Daher erklärt sich die Allgegenwart des *yin-yang*-Symbols in der chinesischen Kunst, und dies nicht nur in der spezifisch taoistischen, obwohl es das eigentliche Symbol des Taoismus bleibt – so wie das Kreuz im Christentum oder die Swastika im Buddhismus. Es ist bemerkenswert, daß in diesem Sinnbild jede der beiden Hauptkräfte schon den Keim der entgegengesetzten in sich enthält (eine in modernen Zeiten wiederentdeckte Einsicht – ausgerechnet von Karl

23

Marx, der dem taoistischen Denken am fernsten stehen dürfte). Dies wird damit erklärt, daß unter den Normalbedingungen dieser Welt reines *yang* und reines *yin* nicht vorkommen, außer in einer kosmischen Form, die noch zu beschreiben ist. Manchmal schreibt man reines *yang* dem Himmel und reines *yin* der Erde zu; aber diese beiden, das Leere und das Nicht-Leere, durchdringen einander auf verwickelte Weise.

Zyklischer Wechsel

Das *tao* in seinem differenzierten, nicht-leeren Aspekt wird als endloser Strom gesehen; alles ist von Augenblick zu Augenblick einem unaufhörlichen Wandel unterworfen. Trotzdem verläuft dieser Wandel in geordneten Zyklen, und die einzelnen Grundmuster werden endlos wiederholt. Das Kommen und Gehen des Herbstes an sich variiert nur in engen Grenzen, während fallende Herbstblätter niemals identische Muster auf dem Boden bilden. Solche Zyklen sind vorhersehbar, wie z.B. der Wechsel von Tag und Nacht oder der vier Jahreszeiten. Taoistische Adepten lernen sowohl über die verschiedenen Sequenzen des Wechsels zu meditieren, als auch sie zu erforschen. Die Erforschung des Wechsels befähigt, innerhalb gewisser Grenzen vorauszusehen, was unweigerlich geschehen wird. Die Kontemplation erzeugt jene heitere Ruhe, die entsteht, wenn Verlust, Verfall und Tod als für das Ganze ebenso wesentlich erkannt werden wie Gewinn, Wachstum und Leben. »Das Buch der Wandlungen«, dieses uralte Werk, von Taoisten und Konfuzianern gleichermaßen geschätzt, das noch heute als unfehlbare Quelle der Weissagung gepriesen wird, basiert auf der Beobachtung der zyklischen Muster in der Natur und ihrer Deutung als Wechselspiel von *yin* und *yang*.

wu hsing, die Fünf »Wandlungsphasen« oder »Aktivitäten«

In den beiden letzten Abschnitten zeigte sich schon ein Abstieg von der reinen Erhabenheit des *tao* zurück in irdische Gefilde. Nachdem wir unseren Drachen entlassen haben, können wir wieder in eine Atmosphäre eintauchen, in der Sterblichen das Atmen leichter fällt.

Die *wu hsing*-Lehre, die vielleicht nicht ganz so alt ist wie die des *yin* und *yang*, wird häufig mit »Lehre von den fünf Elementen« übersetzt; zweifellos geschieht das aufgrund ihrer scheinbaren Ähnlichkeit mit dem alten griechischen Glauben, wonach alles im Universum auf vier Grundelemente zurückzuführen ist. Bei den fünf *hsing* handelt es sich aber weniger um Elemente als vielmehr um »Wandlungsphasen« (oder »Aktivitäten«) – was ja auch die tatsächliche Bedeutung des Schriftzeichens *hsing* anzeigt. Jene Weisen, die diese Lehre begründeten, hatten fünf Haupttypen natürlicher Prozesse beobachtet, deren Wechselwirkungen ähnlich denjenigen zwischen Holz, Feuer, Erde, Metall und Wasser verlaufen – eine eher sinnbildliche denn tatsächliche Übereinstimmung. Diese Weisen hatten erkannt, daß alle Naturabläufe auf einem subtilen Gleichgewichts-System zwischen verschiedenen Prozessen beruhen, die je nach der Stärke des Prozesses in einer gegebenen Situation einander unterstützen, hemmen oder blockieren können. In intensiver ruhiger Betrachtung der Natur hatten sie die verschiedenen Kräfte in ihren zeitweise gegeneinander wirkenden Handlungen beobachtet und gelernt, den Ausgang solcher Konflikte vorherzusagen oder ihn sogar in engen Grenzen zu manipulieren, so wie man eine Schlange von einem Frosch wegjagt oder das Wasser eines Flusses umleitet. Die Beherrschung der *wu hsing*-Lehre befähigte in einem Maße zur Vorausschau, die an Weissagung und die Fähigkeit grenzte, den Lauf der Natur auf eine Weise zu lenken, die Uneingeweihten spektakulär erscheinen mußte.

Aus diesem Grund spielte diese Lehre eine große Rolle in der Entwicklung des volkstümlichen Taoismus, und einzelne Taoisten erreichten hohes Ansehen durch ihre Fähigkeit, die Zukunft vorauszusehen oder, im Auftrag ihrer Klienten, bestimmte Ereignisse zu vereiteln. Taoistische Adepten, die mit Hilfe verschiedenster Praktiken, allgemein »Kultivierung des *tao*« genannt, ihre geistige Umwandlung erstrebten, hatten dagegen – obgleich sie die Wandlungen der Natur studierten – nicht das geringste Verlangen, die Zukunft vorherzusagen oder Manipulationen vorzunehmen. Es genügte ihnen vollkommen, in Ruhe den majestätischen Lauf der Zeiten und Planeten zu betrachten; jedweder Einmischung in die Natur oder die Aktivitäten der Menschen waren sie zutiefst abgeneigt. Ein jedes Ding in der richtigen Perspektive betrachtend, fanden sie, daß alles »gut« sei – für Hoch müsse es Tief geben, für Licht Dunkelheit, für Ein Aus, für Leben Tod. Warum also einschreiten? Für Menschen ihres Ranges war die *wu hsing*-Lehre einzig dazu da, ein wenig Licht auf das geheimnisvolle Wirken der Natur zu werfen und so die Ehrfurcht vor ihren Wundern noch zu vertiefen.

Doch teilten eben nicht alle Taoisten diesen erhabenen Geisteszustand; nicht alle waren fähig, die Dinge aus einer Perspektive zu sehen, die sie vollkommen gleichgültig um den Ausgang dieser oder jener Begebenheit ließ. Im sogenannten »institutionalisierten« Taoismus erreichte die *wu hsing*-Lehre eine solche Bedeutung, daß man ihr eigentlich mehr als nur einen einzigen Abschnitt widmen sollte. Da es mir aber andererseits hauptsächlich um die Entwicklung (und die Fehler) ernsthafter Taoisten geht, habe ich genauere Ausführungen zu diesem Thema ans Ende dieses Buches gestellt, die auch für Benutzer des *I Ching* von besonderem Interesse sein dürften.

Drachen-Adern

Da reines *yang*, auch kosmisches *yang* genannt, dem Himmel zugehört, reines oder kosmisches *yin* der Erde, so muß es für beide eine Möglichkeit geben, sich zu vermischen. Es wird gelehrt, daß an bestimmten Orten »Drachen-Adern« existieren, unsichtbare Linien, die vom Himmel in die Berge und über die Erde laufen. Sie ähneln in ihrer Funktion den Energie-Kanälen im menschlichen Körper, die eine so bedeutende Rolle in der Akupunktur und anderen östlichen Disziplinen spielen – seien sie nun chinesisch, indisch oder tibetisch. In diesen Drachen-Adern fließt *yang ch'i* (kosmische Lebenskraft) hinab, um sich mit *yin ch'i* zu vermischen. Für das normale Auge sind sie unsichtbar, nur in der Lehre des *yin* und *yang* geschulte Menschen können sie entdecken. In der chinesischen Landschaftsmalerei findet diese Vorstellung deutlich erkennbar ihren Ausdruck. Dort werden die Adern als weit ausladende Kurven wiedergegeben, in ihrem Ursprung durch die Konturen der Wolken, dann durch die wellenförmigen Linien der Berge und Hügel und schließlich durch die Windungen der Flüsse oder anderer Landschaftszüge. Wenn man solche Bilder oder besonders schöne Landschaften betrachtet, vermeint man tatsächlich zu fühlen, wie jene Kraft nach unten strömt und die Umgebung mit Energie durchpulst. Noch auf andere Weise werden taoistische Vorstellungen weitaus unmittelbarer durch Bilder als durch Worte übermittelt: das betrifft besonders jene Auffassung, daß der ganze Kosmos aus Geist besteht. Die Leere der Nicht-Leere findet sich in den unbestimmten Ausdehnungen von Meeren, Schnee, Wolken und Nebel angedeutet, sowie durch die Art der Darstellung fester Objekte, die gerade aus dem Nichts aufzusteigen oder in es einzutauchen scheinen. Die fließenden Landschaften, in denen Sterbliche und ihre Behausungen völlig hinter der erhabenen Natur zurücktreten, sind Ausdruck der Bedeutungslosigkeit des Menschen im Vergleich zur himmlischen Weite. Berge erscheinen wie Wolken, Wolken ähneln Bergen; Felsen und Baumstämme scheinen seltsam lebendig, als würden sie den Betrachter lächelnd anschauen. Zuweilen sind die Konturen von Menschen und Tieren so mit ihrer natürlichen Umgebung verschmolzen, als bestünden sie aus einem einzigen Stoff. Scheinbar bedeutungslose Objekte, wie zum Beispiel eine Libelle auf einem Zweig, erwecken im Betrachter die plötzliche Eingebung, daß auch das kleinste Geschöpf einmalige Verkörperung eines endlosen und heiligen Allumfassenden ist, Ausdruck der nicht zu begreifenden Unermeßlichkeit des *tao*. Alles scheint von einem wundervollen Geheimnis erfüllt, das sich soeben enthüllen will, ein unheimliches Gefühl weckend, das alles in der Natur als vibrierende Lebendigkeit begreift. Dies führt zur Erkenntnis, daß die kosmische Energie, indem sie durch die Drachen-Adern hinabströmend sich verteilt, die ganze Schöpfung durchdringt.

Der taoistische Künstler läßt sein Werk absichtlich unvollendet, so daß der Betrachter es mittels eigener Intuition vervollständigen kann. Wie im *ch'an*(Zen)-Buddhismus eine offenbar unsinnige Folge von Wörtern oder eine plötzliche Handlung eine außergewöhnliche Verständigung von Herz zu Herz herstellen kann, so entfachen Bilder dieser Art zuweilen eine leuchtende Flamme unmittelbarer Erkenntnis im Geist des Betrachters, der sich bewußt wird, mittels solcher Bilder vom Fluß der kosmischen Energie gestreift worden zu sein.

Aus der Vorstellung von den Drachen-Adern entstand eine Wissenschaft, die als *feng shui* (Wissenschaft von Wind und Wasser oder Geomantie) bekannt wurde. Die Anlage von Wohnhäusern und Gräbern wurde in Übereinstimmung mit dieser Lehre entschieden, um so den größtmöglichen Nutzen aus der einfließenden kosmischen Energie zu ziehen und die richtige Harmonie von *yin* und *yang* (wobei zwei zu drei das ideale Verhältnis darstellt) zu sichern. Die *feng shui*-Gelehrten ließen sich bei der Wahl eines Bauplatzes von den jeweiligen Positionen der Berge, Hügel, Täler, Senken, Flüsse und Wasserflächen führen. Wieviel an Glaubwürdigkeit – wenn überhaupt – man dieser kuriosen Wissenschaft auch beimessen mag, sie hat zweifellos einige bewundernswerte Ergebnisse hervorgebracht, und ist weitgehend für die vortreffliche Lage von Einsiedeleien und Klöstern verantwortlich.

In gebirgigen Gegenden mag es nicht schwer sein, liebliche Flecken zu finden; vollkommene Orte jedoch, deren empfindliche Balance kräftiger und weicher Konturen, der Lage von Hügeln und Flüssen, des Wechsels von hoch aufragenden Felswänden und großartigen Ausblicken mit genau der rechten Proportion und Position von Bäumen und Felsen übereinstimmt, sind ohne die Hilfe eines *feng-shui*-Gelehrten schwer auszumachen, denn nur er ist in der Kunst ausgebildet, das *yin* und *yang* harmonieren zu lassen. Dank ihres Scharfsinns gibt es im weiten Reich Chinas nur wenige Plätze, die diese strengen Forderungen erfüllen und dazu noch einigermaßen zugänglich sind, an denen ein kunstvolles taoistisches oder buddhistisches Bauwerk fehlt, um Vollkommenheit auf Vollkommenheit zu häufen. Solche Orte erzeugen ein Gefühl von lebhaftem Wohlbefinden und heiliger Ehrfurcht, einer Empfindung, die ganz von selbst in jedem entsteht, der sich tatsächlich im Strom der zur Erde fließenden kosmischen Energie befindet.

Die Drei Schätze

ching (»Essenz«), *ch'i* (»Lebenskraft«), *shen* (»spirituelle Energie«) – dies sind die drei Substanzen oder Energien, die in der taoistischen Übung von größter Wichtigkeit sind und deshalb im allgemeinen die »Drei Schätze« genannt werden. Obwohl sie hauptsächlich bei der Erläuterung der taoistischen Übungen von Interesse sind, müssen sie auch im Zusammenhang mit der taoistischen Kosmologie erwähnt werden; sie sind, so glaubt man, auf allen Stufen des Seins wirksam – vom winzigsten Organismus bis zum weiten Makrokosmos selbst. Während sie in ihrer reinen, kosmischen Form zu subtil sind, um unmittelbar bemerkt zu werden – außer in den Umwandlungen, die sie verursachen –, sind sie in einer gröberen, leichter zu identifizierenden Form auch im menschlichen Körper vorhanden. »Genährt« (das heißt: erhalten und gestärkt), »vermehrt« und »veredelt« unterstützen sie den Erwerb jenes ungeheuren körperlichen und geistigen Reichtums, nach dem taoistische Adepten ihr Leben lang streben. Die Verfeinerung und Veredelung von *ching, ch'i* und *shen*, um Vitalität und Lebensspanne des Adepten zu erweitern und die natürlichen Vorräte seines Geistes zu mehren und zu läutern, bilden bei den Taoisten den eigentlichen Inhalt der geistigen Bemühungen und Praktiken – ein geheimer Prozeß, der von Uneingeweihten als etwas völlig anderes mißverstanden wurde. Aus diesem Mißverständnis resultierte die in alter Zeit verbreitete Auffassung, taoistische Meister seien nichts weiter als Alchimisten, die danach trachteten, unedle Metalle in Gold zu verwandeln. Das Mißverständnis erwuchs aus der esoterischen Sprache taoistischer Traktate, und auch unter den Taoisten gab es nicht wenige, die den wahren geistigen Gehalt der Texte verkannten. So kommt es, daß die Ziele, die ein Taoist verfolgt, je nachdem, ob er ein wahrer oder ein Möchtegern-Adept ist, von amüsantnaiven bis zu geistig erhabenen reichen. Von all diesen Zielen soll in den folgenden Kapiteln die Rede sein – als Vorbereitung auf das hohe Ziel taoistischer Praktiken, das in Kapitel 8, »Das Gelbe und das Weiße«, behandelt wird.

wu wei, kein Handeln wider die Natur

Da ist das *tao* (der Weg) des Himmels, das *tao* der Erde und das *tao* des Menschen – so wird es gelehrt. Das *tao* des Menschen: das ist der ihm von der Natur bestimmte Weg, den zu verlassen stets unklug und gefährlich ist. Und dennoch ist die menschliche Gesellschaft schon in ihren frühesten Tagen von ihm abgewichen. Wir können dies aus der dringlichen Bitte schließen, mit der schon die alten Weisen wie LAO TZU oder CHUANG TZU die Menschen aufforderten, zum *tao* zurückzukehren. In der Gegenwart vergrößert sich die Kluft zwischen dem natürlichen Weg des Menschen und dem, den er selbst eingeschlagen hat, so rapide, daß nun selbst seine unmittelbare Umwelt von Zerstörung bedroht ist. Die Zeit ist gekommen, da den Lehren von LAO TZU und CHUANG TZU absoluter Vorrang vor allen anderen Themen eingeräumt werden sollte. Aber wer könnte sich vorstellen, daß so etwas innerhalb der eigenen Lebensspanne oder auch der seiner Enkel geschieht? Haben doch nun gerade die Chinesen selbst der größten Quelle ihrer Weisheit den Rücken gekehrt: Kommunisten und Konfuzianer, obwohl sich ihre Denkweisen so stark unterscheiden, sind sich doch in mancher Hinsicht einig; beide pflegen die Ergebenheit gegenüber dem Einheitsstaat und die Verachtung der Individualität, die doch der tiefste Wesenszug des Taoismus ist.
Ein überzeugter Taoist ist jemand, der danach strebt, so eng wie möglich in Einklang mit der Natur zu leben. Von

Anbeginn schließt dies die Betrachtung der natürlichen Abläufe ein, die Erkenntnis ihrer Angemessenheit und die Einsicht, daß sie alle in dem Sinne gut sind, als sie für die Struktur des Ganzen wesentlich sind. Abseits dieser natürlichen Wege drohen Chaos und Zerstörung! Mühelos mit der Natur gehen, heißt wie ein Fisch mit der Strömung schwimmen oder wie ein Meisterhandwerker das Messer entlang den Strukturen führen. Akzeptiert man die Natur als Führerin, als Freundin, so wird das Leben mühelos, ruhig und gelassen, aber voller Freude. Die Sorge verschwindet, heitere Ruhe tritt an ihre Stelle. *wu wei*, eines der wesentlichen Prinzipien des Taoismus, bedeutet wörtlich Nicht-Handeln – aber nicht in dem Sinne, den ganzen Tag wie ein toter Baumstumpf oder ein Felsbrocken dazusitzen, sondern vielmehr jegliches nicht-spontane Handeln zu vermeiden, auf jeden Fall mit vollem Einsatz und geschickt zu agieren, doch stets nur in Übereinstimmung mit der momentanen Notwendigkeit. Weiter bedeutet es, wenn erforderlich, lebhaft zu sein, aber nie übereifrig und stets ohne Verkrampfung, und jegliche auf Vorteil bedachte oder aus purer Berechnung geborene Aktivität zu vermeiden. Eine Pflanze, die des Sonnenlichts bedarf, neigt sich instinktiv der Sonne zu; das geschieht mühelos, ihre Bewegungen sind sparsam und ohne jede Berechnung, und dennoch erfolgreich. So sollte es auch bei den Menschen sein. Frei von Habgier, frei von Anspannung, von Sorge und Angst unberührt, tut der Weise, was immer notwendig ist; er hält genau in dem Augenblick inne, da sein Ziel erreicht ist, und verliert es sogleich aus dem Sinn, da er weit davon entfernt ist, sich des Erfolgs wegen zu beglückwünschen. Mir gefällt ein Vergleich aus der heutigen Zeit: ein geschickter Autofahrer bedient Kupplung und Bremse sorgsam, tut mit ihnen nur das, was zu tun ist; stets reagiert er auf eine unmittelbare Notwendigkeit, nie aus Berechnung, und ohne die Handlung im Geiste festhalten zu wollen, wenn sie vorüber ist. *wu wei* war zweifellos einer der Hauptfaktoren für den Erfolg taoistischer Adepten, ihre geistigen und körperlichen Kräfte bis ins fortgeschrittene Alter zu bewahren und ein langes Leben zu genießen. Wo Sorge und Berechnung fehlen, entsteht auch wenig Verschleiß!

Stille

»Ungerührt von den Sturmwinden der Verhältnisse, ist des Einsiedlers Herz ein stiller See«. Diese Worte las ich über dem Eingang einer der ersten taoistischen Einsiedeleien, die ich besuchte. Später begegneten mir sinngleiche Sätze in Stein geschlagen, auf Wandrollen gepinselt, von taoistischen Meistern ausgesprochen und wohl in jedem Buch enthalten, das, direkt oder indirekt, mit der »Kultivierung des *tao*« zu tun hat. Wenn einem einzigen Wort unter den Taoisten eine herausragende Bedeutung zukommt, dann ist es »Stille«. Wer nach dem Weg fragt, erhält mit Sicherheit Antworten wie diese: »Um zu deinem wahren Sein zurückzukehren, mußt du ein Meister der Stille werden. Aktivität um der Gesundheit willen, die niemals zur Überanstrengung führen darf, muß mit vollkommener Stille abwechseln. Sitze regungslos wie ein Stein und lasse deinen Geist ruhig werden. Schließe die Tore der Sinne. Fixiere deinen Geist auf ein Objekt, oder, noch besser, tritt ein in den Zustand objektloser Wachheit. Kehre den Geist in sich selbst und betrachte das innere Leuchten.«

Auf den berechtigten Einwand, daß dies doch wohl ziemlich schwierig sei, bekäme man zur Antwort: »Es ist leicht, wenn du den Weg weißt. Du mußt lernen, genügsam zu leben, unbewegt von Verlangen nach Wohlstand und Ruhm. Kommen Leidenschaft oder Sehnsucht auf, so betrachte sie als Feinde, als Störenfriede deiner

Gemütsruhe und gib sie gelassen auf. Nimm die Dinge, wie sie kommen. Ängstliche Sorge vor dem, was die Zukunft bringen könnte, und vor allem Schmerz um das bereits Geschehene sollten dir fremd sein. Gram und Enttäuschung haben ihren Ursprung außerhalb deiner selbst. Verschließe die Tür von innen. Befreie dich von ihnen. Ist dies geschehen, so kommt die Stille leicht und wie von selbst. Keine Anstrengung ist nötig, einen Geist zu sammeln, der sich von allen Ursachen der Unruhe abgewandt hat. Glaube nicht, dein Leben wäre dann leer. Ganz im Gegenteil, du wirst sehen, daß die größte aller Freuden darin besteht, einfach zu sein!«

Taoisten sind maßvoll in allen Dingen. Ihre Methode beinhaltet, niemals Leidenschaft zu unterdrücken, sondern sie gelassen zu transzendieren. Sie sind der Auffassung, daß die friedliche Betrachtung der Häßlichkeiten und Zerstörung, die durch Habgier und Leidenschaft entstehen, ausreicht, um in einem weisen Menschen den Wunsch zu wecken, von all dem loszukommen. Solche Abwendung führt zur Stille, und dabei unterstützt die tägliche Übung der Stille, und sei es nur für ein paar Minuten des Morgens oder Abends, diesen Prozeß des Abwendens. Diese Erfahrung war es, die mich verstehen ließ, warum *tao* als angemessener Name für das Namenlose gewählt wurde. *tao* bedeutet Weg, wobei das Ziel und der Weg dorthin ein und dasselbe sind: man wendet sich ab von der Leidenschaft, um das Ziel der Stille zu erreichen, und »stillt« sich, um zu dieser Abwendung fähig zu sein. Möglicherweise klingt es paradox, beschreibt aber treffend, wie diese Methode funktioniert. Wie mit den Leidenschaften, so verhält es sich auch mit den Sehnsüchten. Die Erinnerung an die Qualen unerfüllten Verlangens, verbunden mit der Reflexion über den flüchtigen Charakter ihrer Gegenstände und die Kurzlebigkeit der Befriedigung, die sie zuweilen bieten, ist ein äußerst wirksames Mittel, um alle Sehnsüchte genausoschnell dahinschwinden zu lassen, wie sie aufgetaucht sind. Ein oder zwei Gläser Wein zum Essen sind in taoistischen Einsiedeleien nicht verboten, und jenen jungen Brüdern, die sexuelle Enthaltsamkeit unerträglich finden, steht es frei, sich für eine Zeit wieder in »die Welt des Staubes« zu begeben, um dann zurückzukehren und ungestört von aller Sehnsucht weiter das *tao* zu kultivieren. Exzeß ist der wahre Feind der Stille; nicht weniger als die Ausschweifung stellt der Puritanismus ein Abirren vom *tao* dar. In Eile geht nichts, was der Mühe wirklich wert ist. Wo die Kultivierung des *tao* kontinuierlich vorwärtsschreitet, nehmen Leidenschaft und Verlangen ganz von selbst ab; es besteht keine Notwendigkeit, sie zu unterdrücken. Unmerklich wird das Wohlbefinden des jungen Einsiedlers immer weniger von äußeren Dingen abhängig, mehr und mehr wächst seine Lebensfreude von innen. Die Stille birgt eine ständig wachsende Freude an der Stille.

Ziele

Der Strom des Taoismus, durch die Jahrhunderte fließend, hat sich zuweilen in sonderbare Täler hineingewunden. Seine Lehren sind zu sublim und zu subtil, um von Menschen mit gewöhnlicher Intelligenz oder mangelndem Einfühlungsvermögen verstanden zu werden. Mangel an Bildung allein spielt dabei keine Rolle, weil Wissen oder Nicht-Wissen mit Weisheit wenig zu tun haben; jedoch hat dieser Mangel in Verbindung mit fehlender geistiger Einsicht so manches Mal seltsame Resultate zu Tage gefördert. Dagegen kann es geschehen, daß hochgebildete Menschen in der Kultivierung des *tao* nicht sehr weit gelangen, wenn sie unzureichend mit Intuition ausgestattet sind; zumindest wären sie aber nicht enttäuscht, wenn sie herausfänden, daß ihre Lehrer ihnen nicht beibringen konnten, wie Vögel durch die Luft zu schweben. Zukünftige Adepten aus ungebildeten bäuerlichen Familien, die auf der Suche nach Lehrern in die Berge zogen, wurden nicht selten von wahrem spirituellen Durst getrieben. Sie waren erfolgreich, und zuweilen wurden sie große Meister, wovon ich mich selbst gelegentlich überzeugen konnte. Aber viele verlangte es nach übernatürlichen Fähigkeiten, und so fielen sie in die Hände von Scharlatanen oder gerieten an Lehrer, die sich selbst wissend und weise dünkten und dabei ebenso unerreichbare Ziele wie diese Unwissenden verfolgten. Darüber hinaus gab es ernsthafte Adepten, die, um ihre geheimen Praktiken vor Mißbrauch durch Unberufene zu schützen, ganz gerne den Anschein erweckten, daß sie das Elixier des Lebens zusammenbrauen oder unedle Metalle in Gold verwandeln wollten.

Solche Mißverständnisse resultierten aus der esoterischen Sprache taoistischer Schriften, die man auf die ungewöhnlichste Art und Weise interpretieren kann; ganz zu schweigen von jenen Texten, die ohne die Hilfe eines Eingeweihten, der den mündlichen Schlüssel dazu liefern kann, völlig unverständlich bleiben müssen. Gerade jene bilderreichen Passagen, die die Seligkeit in der Meditation und die Kräfte des Geistes beschreiben, wie etwa »Den Drachen reitend schwebte er über die Welt, ließ sich in den Wolkenpalästen der Unsterblichen nieder, zog seine Bahn jenseits der glühenden Sonne und trat ein in die Höfe des Himmels«, wurden von schlichten Gemütern zuweilen wörtlich genommen. Daneben gab es taoistische Adepten von Verstand und Gelehrsamkeit, die, da dieselben Naturgesetze auf allen Ebenen gelten, glaubten, daß der Prozeß der geistigen Läuterung ebenso auf materielle Substanzen anwendbar sein müßte. Solch eine Auffassung wäre schließlich auch für ihre westlichen Zeitgenossen bis vor etwa 2000 oder 1000 Jahren durchaus annehmbar gewesen.

Seine Heiligkeit der Papst und der Erzbischof von Canterbury – beide gebildete Männer – verkünden in der Tat bis zum heutigen Tag ernsthaft die leibliche Auferstehung der Toten als Glaubensartikel! Zumindest der Lehre nach kann man kein gläubiges Mitglied der katholischen oder der anglikanischen Kirche sein, ohne an einem Glaubensbekenntnis festzuhalten, in dem es heißt: »Ich glaube an die Auferstehung des Leibes!« Dies zeigt uns nur einmal mehr, welche Fallen sich auftun, wenn wir Worte gebrauchen, um Mysterien jenseits des menschlichen Verstehens zu beschreiben. So gesehen erscheint der volkstümliche taoistische Glaube an eine Umwandlung von Fleisch und Blut nicht so völlig absurd.

Die Begriffe »Goldenes Elixier« und »Veredlung« verweisen ganz richtig auf die psycho-physischen Prozesse taoistischer Meditationspraktiken (wie in Kap. VIII beschrieben); sie sind aber nur allzuoft mißverstanden worden, zuweilen mit stillschweigender Duldung der Meister, die ihre Geheimnisse vor Uneingeweihten geschützt wissen wollten. Über Jahrhunderte wurde gemeinhin angenommen, daß taoistische Alchimisten tatsächlich unedle Metalle in Gold umwandeln und eine Droge herstellen könnten, die ewige Jugend und Unsterblichkeit sicherte. Nach diesem Glauben wurde der Körper eines erfolgreichen Adepten in eine gewichtlose, jadeähnliche Substanz umgewandelt, die unempfindlich gegen Feuer und Eis war, von einem Häppchen Wind und einem Schlückchen Tau genährt werden konnte und so fähig war, auf immer zu bestehen. Von jener Zeit an waren solche Wesen als Unsterbliche bekannt; man stellte sich vor, daß sie in den unzugänglichen Bergen Zentralasiens wohnten, auf den märchenhaften P'ENG-LAI-Inseln im Ostmeer oder in rosa- und korallfarbenen Wolkenschlössern, im glitzernden Eispalast auf dem Mond und in prachtvollen Bauwerken, über die der Jadekaiser in den Himmlischen Höfen herrschte.

Bedeutend weniger naiv ist der Glaube, entweder durch den Gebrauch medizinischer Drogen oder mittels bestimmter Praktiken die jugendliche Vitalität zu erhalten und außergewöhnliche Langlebigkeit zu erreichen. Gewiß sind die völlige Erhaltung jugendlicher Lieblichkeit und eine in Jahrhunderten meßbare Lebensspanne unmöglich, doch bin ich tatsächlich älteren und wirklich betagten Einsiedlern begegnet, die für ihr Alter auffallend jung und voller Lebenskraft wirkten, und auch zwei oder drei Alten, die angeblich bereits ein gutes Stück in ihrem zweiten Lebensjahrhundert vorangekommen waren. Ich zweifle ihre Aussagen nicht an, zumal ich in Cambridge einen über hundertdreißigjährigen Türken getroffen hatte, und weil ich mit Sicherheit spürte, daß meine taoistischen Freunde keineswegs zu jener Sorte Menschen gehörten, die Lügengeschichten erfinden, um ein wenig falschen Ruhm zu erwerben.

Schwieriger war es für mich, jenen Glauben zu akzeptieren, wonach ein taoistischer Meister einen »Geist-Körper« schaffen kann, der den sterblichen Körper nach Belieben verlassen und wieder in ihn zurückkehren kann. Aber man hat ja auch schon von Leuten gehört, die die Erfahrung durchlebten, auf ihren eigenen, im Bett unter ihnen liegenden Körper hinabzublicken, oder die ihr Bewußtsein auf Reisen schickten, während sie sich im Trancezustand befanden. Meine tibetanischen Lehrer sind davon überzeugt, daß so etwas möglich ist, und die Haltung der Wissenschaft scheint zu schwanken. Ich kann solche Fähigkeiten nicht länger als gänzlich unmöglich ausschließen.

Wenn Taoisten davon sprechen, einen »Geist-Körper« zu schaffen und beim Tode in ihn einzufahren, so mag der Begriff »Körper« hier bildhaft gemeint sein oder nicht; es ist jedoch in jeder Hinsicht eine für China charakteristische Vorstellung. Die meisten Menschen sind der Ansicht, daß entweder der Tod endgültig ist, oder aber, daß uns Unsterblichkeit mehr oder weniger zufällig beschert wird; die Chinesen glauben dagegen, daß Unsterblichkeit erst einmal erworben werden muß! Taoisten, die zum traditionellen Glauben neigen, wonach der Mensch zwei Seelen hat – *p'o* (die Körper- oder *yin*-Seele), die sich in der Nähe des Leichnams aufhält und seine Auflösung teilt, und *hun* (die Geist- oder *yang*-Seele), die sich einer längeren, doch nicht grenzenlosen Existenz in den höheren Regionen erfreut –, betrachten Unsterblichkeit als die strahlende Belohnung für unausgesetztes Bemühen. Von der Schaffung eines Geist-Körpers zu sprechen ist oft eine andere Weise, die Auffassung zu verdeutlichen, daß der Adept sich einem Prozeß der Läuterung unterziehen muß, bis er den vollen Lohn für die Kultivierung des *tao* genießen kann.

Wir kommen nun zu dem, was ich, bar aller Übertreibung und auf einfachste Weise ausgedrückt, das wahre Ziel taoistischer Mystik nenne. Es besteht aus zwei Stadien, dem gegenwärtigen und dem letztendlichen. Im gegenwärtigen Stadium strebt der Adept danach, in Harmonie mit der Natur zu leben, das Glück im Hier und Jetzt zu genießen, gelassen und gleichgültig gegenüber dem zu sein, was folgen mag; denn dem, der weise lebt, gerät alles zum Besten, ob der Tod nun früher oder später eintritt. In der Zwischenzeit werden die Schlacken der aus dem Ego geborenen Verblendung abgeschieden, bis nichts mehr erhalten bleibt als reiner Geist; dieser wird noch ein wenig durch eine fleischliche Hülle behindert, die aber abgelegt wird, sobald der Tod eintritt. Für die Zukunft gilt das Ziel, zum »Urgrund« zurückzukehren, indem man eine Apotheose erfährt, die sich in Worten allenfalls andeuten läßt. Das täuschende Ego fällt weg; dennoch geht nichts tatsächlich Vorhandene verloren. Geist, seiner Fesseln entledigt, kehrt zurück zu Geist; nicht als ein Tautropfen, der dazu bestimmt ist, unbedeutendes Partikel eines weiten Ozeans zu sein, sondern als das Unbegrenzte, das zum Unbegrenzten heimkehrt. Das befreite Bewußtsein weitet sich, um das ganze Universum zu umfassen – es zu sein! Könnte es jemals ein glorreicheres Unterfangen geben?

Unsterbliche

»Unsterblichkeit« ist der Begriff, mit dem Taoisten aller Bewußtseinsstufen ihr Ziel bezeichnen; daher wird der poetische Titel »Unsterblicher« in gleicher Weise taoistischen Weisen, Meistern der Meditation und auch älteren Einsiedlern verliehen, von denen man, in Anbetracht ihres Wissens und ihrer Haltung, höflich annimmt, daß sie ihr Ziel erreicht hätten. Ob die seltsame Idee einer Fleisch- und Blut-Unsterblichkeit der erhabenen Vorstellung einer Unsterblichkeit im mystischen Sinne vorausging, oder ob von Anbeginn transzendentale Unsterblichkeit das wahre Ziel gewesen ist und die körperliche Umwandlung dazugedichtet wurde, um das geheime Wissen der Weisen zu schützen, bleibt eine strittige Frage. Ich selbst bin überzeugt, daß transzendentale Unsterblichkeit stets das wahre Ziel war; obwohl der eigentliche Titel *hsien jen* (Unsterblicher) erst sehr viel später in Gebrauch kam – als dies nämlich notwendig wurde, um die Vorstellung eines vollkommenen Weisen im taoistischen Sinne von seiner konfuzianischen Entsprechung zu unterscheiden. Dies geschah, weil in den auf LAO TZU und KONFUZIUS folgenden Jahrhunderten solche Titel wie »Königlicher Mensch, Wahrer Mensch, Heiliger Mensch« von Anhängern aller Schulen benutzt wurden.

Für mich läßt das Wort »Unsterblicher« tausend Erinnerungen anklingen. Wie angenehm ist es, mit dem Gedanken zu spielen, in irgendeinem kleinen Seitental oder einer Höhle auf einen bärtigen Weisen zu treffen, der auf einem scharlachrot gefiederten Kranich, einem Drachen mit grün- und goldschimmernden Schuppen oder einem blauschwänzigen Einhorn dahergeflogen kommt. In den Bergen Chinas gibt es Plätze von solchem Zauber, daß es mich nicht sonderlich überraschen würde, dort einem solchen Wesen zu begegnen.

Um aber die wahre Natur taoistischen Strebens zu verstehen, ist es unerläßlich, die Bedeutung der »Unsterblichkeit« in jenem Sinne zu erläutern, den sie für den Mystiker und Adepten hat, der vollständig in das Geheimnis der Kultivierung des *tao* eingeweiht ist:

Ein Unsterblicher ist ein Mensch, der all seine körperlichen und geistigen Gaben voll und ganz eingesetzt hat, der die Leidenschaften abgeworfen und alle Begierden, mit Ausnahme der einfachsten und harmlosesten, ausgerottet hat, und auf diese Weise zu einem freien, unmittelbaren Dasein gelangt ist – zu einem Dasein so nahe der Vollkommenheit, daß sein Körper lediglich eine Schale oder einen Behälter für seinen Geist darstellt. Er hat sich einer geistigen Wiedergeburt unterzogen, sich aus den Fesseln der Ichbezogenheit befreit und steht Angesicht zu Angesicht seinem »wahren Selbst« gegenüber. Ihm ist bewußt, daß dies nicht sein Eigentum ist, sondern nichts anderes, als das erhabene, ununterscheidbare *tao*. Mit dem Verschwinden seines scheinhaften Egos sieht er sich nicht länger als Individuum, sondern als das unwandelbare *tao*, verkörpert in einer vergänglichen, wolkengleichen Form. Der Tod, wenn er kommt, bedeutet ihm nicht mehr als das Abstreifen eines abgetragenen Gewandes. Er hat ewiges Leben erreicht und ist bereit, wieder in das grenzenlose Meer des reinen Seins einzutauchen.

Der Kern der Lehre

All diesen Themen fehlt bei sachlicher Darstellung jener poetische Zauber, der mich so sehr beglückte, als ich inmitten altertümlicher Schauplätze, die an die Mysterien dieser schönen Religion gemahnen, darüber Gespräche führen konnte. Um die Lehrsätze wieder mit Leben zu erfüllen, werde ich, nachdem ich zuerst einen passenden Rahmen entworfen habe, sie in der bei der Unterweisung gebräuchlichen Sprache kurz wiederholen.

An einem Nachmittag im Spätsommer. Die Menschen, die auf der feuchten Szechuan-Ebene weit unter uns leben, müssen unablässig ihre Fächer bewegen; aber in unserer Höhe spielt eine kühle Brise in den Zweigen der Bäume, die den alten Hof beschatten, und die Sonne ist angenehm warm. Die Einsiedelei befindet sich auf einer natürlichen Plattform; zu drei Seiten ragen steile Gipfel auf, die vierte gibt den Blick auf den Lauf des Flusses frei, der in die grünen Vorgebirge hinabstürzt, die sich aus der unsichtbaren, fernen Ebene erheben. Wir stehen mit dem Rücken zu den niedrigen Gebäuden mit ihren schweren Dächern und phantastisch aufwärts geschwungenen Dachvorsprüngen. Von hier blicken wir auf eine niedrige, von Kletterpflanzen überzogene und mit dunkelgrünen Keramikziegeln schmuckvoll gekrönte Mauer. Das Mauerwerk wird immer wieder von phantasievollen blattförmigen Öffnungen durchbrochen; eine jede rahmt einen Ausschnitt aus dem gesamten Panorama ein, so daß es wie eine Landschaftsmalerei aussieht. Ein bärtiger Taoist, der in ein himmelblaues Gewand gekleidet ist und einen Gaze-Hut trägt, aus dessen Spitze ein Knoten seines pechschwarzen Haares hervorlugt, setzt sich uns gegenüber auf einen Hocker. Obwohl er sonst ein ungezwungener Mensch ist, sitzt er nun mit gekreuzten Beinen, die Hände in seinem Schoß gefaltet und mit aufrechtem Körper; denn nun ist es für ihn angebracht, die seinem Rang zukommende Haltung eines Lehrers des *tao* einzunehmen. Zu seinen Seiten stehen Reihen von Porzellankübeln mit Chrysanthemen, deren Blätter in tiefen Bronzetönen leuchten – was für diese Jahreszeit nicht ungewöhnlich ist; sie tragen jedoch dazu bei, die Würde eines Weisen zu unterstreichen, der sich anschickt, eine wichtige Erklärung abzugeben. Seine Ausführungen dauern etwa eine Stunde. Auf das Wesentliche reduziert lauten sie:

Das *tao* ist ein sanft leuchtendes Meer reinster Leere, ein perlmutt-schimmernder Nebel, grenzenlos und unbefleckt. Geboren aus diesem Meer umwinden sich spielend zwei Drachen *(yang* und *yin)* – der männliche, hell wie die Sonne, mit goldenen, feurigen Schuppen, Meister der Aktivität und der weibliche, strahlend wie der Mond, mit silbern glänzenden Schuppen, Meister der Passivität. Ihr Zusammenwirken bringt die Rhythmen *zyklischen Wechsels* hervor: die Bewegungen der Planeten, das Fortschreiten der Jahreszeiten, den Wechsel von Tag und Nacht. Aus ihrem Spiel entstehen fünf leuchtende Dämpfe *(wu hsing)*, blau, rot und gelb, weiß und schwarz. Schattenwerfend, wirbelnd, ringend und sich vermischend, geben sie dem Firmament seine Wölbung, der Erde ihre vier Seiten, den zehntausend Dingen ihre vergängliche Gestalt. Wie Regen ergießen sich aus dem Himmel die drei wolkengleichen Essenzen *(drei Schätze)* des *yang*, wie Nebel erheben sich von der Erde die drei Essenzen des *yin*, treffen aufeinander und vermischen sich. So ist es, seit Himmel und Erde bestehen. Dies ist die ursprüngliche Vollkommenheit.

Blind gegenüber der Vollkommenheit, leben die Menschen im Dunkel. Verschlossen gegenüber der Weisheit des *tao*, verfolgen sie unwürdige Ziele, häufen Gold auf Gold, Jade auf Jade, streiten um Wohlstand, Ruhm, Macht und Rang. Die sechs Tore der Sinne öffnend, stürzen sie sich in törichte Protzerei und verschwenderischen Luxus. Doch gibt es einige, die um den Wert des Lehrens ohne Worte wissen, die wissen, wie man die Kunst pflegt, der Natur ihren Lauf zu lassen *(wu wei)*. Die unsicheren Zinnen des Ruhmes und die Fesseln des Reichtums meidend, nehmen sie Abschied von allen Kümmernissen und durchwandern einsame Täler fernab menschlicher Siedlungen oder sitzen in Kontemplation, um sich in das Zusammenspiel der leuchtenden Dämpfe zu versenken. Frei von Leidenschaft und zügellosem Verlangen sammeln sie in *Stille* die wolkengleichen kosmischen Essenzen, mischen sie mit den geheimen Schätzen ihres Körpers und merken auf das Licht in ihrem Innern *(geheime Alchimie)*. Im Gleichklang mit den Rhythmen der Natur erkennen sie die Vollkommenheit des *tao*. Das sind die Menschen, die Unsterblichkeit erreichen. Zu Recht werden sie *Unsterbliche* genannt; denn sowie die Zeit reif ist, springen sie auf der Drachen Rücken, steigen auf von der Erde, betreten, ohne zu zaudern, das Tor des Himmels, um geschwind zum Ursprung zu gelangen. So kehren sie zurück, indem sie das mild leuchtende Meer verzückt durchfliegen. Da sie nun selbst ewig und grenzenlos sind, tauchen sie ein in das Nichts.

II.
Huang Ti und Lao Tzu

Ein historischer Überblick

Der Ausdruck *huang lao* hat sich als Oberbegriff für Taoisten eingebürgert; und zwar werden darunter die Anhänger von HUANG TI (dem Gelben Kaiser) und von LAO TZU (dem Alten Weisen) verstanden. Die majestätische Gestalt des Gelben Kaisers zeichnet sich bis heute übermächtig in den wirbelnden Nebeln der Geschichte ab; denn er gehörte zu den Fünf Weisen Herrschern aus Chinas Goldenem Zeitalter (2852–2255 v. Chr.), die über die Entstehung des Reiches wachten und es mit so wertvollen Fertigkeiten wie dem Gebrauch des Feuers, des Pfluges und des Seidenwebstuhles bedachten. Über den Gelben Kaiser selbst wird berichtet, daß er das Geheimnis der Unsterblichkeit entdeckt und weitergegeben habe; nach der Überlieferung soll er die meiste Zeit seines Lebens damit verbracht haben, dem Geheimnis des ewigen Lebens auf die Spur zu kommen. Heute läßt sich aber nicht mehr genau sagen, wonach er suchte; denn die Taoisten, nach deren Auffassung alles Existierende aus Geist besteht, unterschieden in ihren frühen Schriften selten zwischen Geist und Materie. Die Aussagen über seine Forschungen können daher sowohl im übertragenen als auch im konkreten Sinne verstanden werden. Wenn man Berichten, die etwa 2000 Jahre später niedergeschrieben wurden, glauben kann, dann hat ihn sein Interesse an der Behandlung von Krankheiten, der Stärkung der Lebenskraft und der Verlängerung der normalen Lebensdauer dazu geführt, mit dem Veredeln der vereinten Essenz von Mann und Frau zu experimentieren, um einen Geist-Körper zu schaffen. Die Einzelheiten sind in mehreren Lehrtexten aufgezeichnet worden, in denen sich der Sohn des Himmels mit einer Reihe göttlicher Lehrer unterhält; darunter befinden sich die Gespräche mit T'IEN LAO (dem Himmlischen Alten), SU NÜ (dem Einfachen Mädchen, einer Göttin niederen Ranges für Fruchtbarkeit und Musik) und TS'AI NÜ (dem Auserwählten Mädchen oder Mädchen im Regenbogenkleid).

Huang Ti. Holzschnitt aus der Sammlung *Li-tai ku-jen hsiang-ts'an* (1498).

Später führte er alchimistische Experimente durch und soll mit Erfolg ein Goldenes Elixier destilliert haben. Als diese Droge zu wirken begann, verwandelte er sich, »bestieg einen Drachen und flog davon, zum Reich der Unsterblichen«. Kurz zuvor hatte er die Formel an Personen weitergegeben, die sie aber in ihrer Unachtsamkeit verloren. Die Biographien vieler taoistischer Unsterblicher des Altertums schließen auf die gleiche Weise, und es bleibt ganz dem Leser überlassen, zwischen wörtlicher und märchenhaft-übertriebener Auslegung zu wählen.

Spricht man von dem »Gelben Kaiser«, dann handelt es sich zwar um ihm zugeschriebene Gedanken und Taten, aber die Überlieferungen stammen aus einer so alten Quelle, daß niemand die Zeit ihrer Aufzeichnung zu nennen vermag. Und weil die chinesische Schrift zur Zeit des Gelben Kaisers noch nicht einmal existierte, wurde behauptet, daß seine Taten zuerst in der »himmlischen Schrift« festgehalten wurden – eine nette Erfindung, die wahrscheinlich kaum jemals ernst genommen wurde. Die Erinnerung an HUANG TI ist dennoch lebendig geblieben, weil seine Werke, auch ohne endgültige Klärung der Urheberschaft, immer noch als bedeutsam gelten. Sein Name wurde in den 30er und 40er Jahren unseres Jahrhunderts von den Taoisten jedenfalls noch oft genannt. Der Umstand, daß er immer wieder als ursprünglicher Gründer des Taoismus bezeichnet wird, läßt darauf schließen, daß in den esoterischen Schriften des Taoismus vieles enthalten ist, das um Jahrhunderte vor LAO TZU niedergeschrieben wurde.

Das Goldene Zeitalter

Die Epoche, welcher der Gelbe Kaiser angehörte und die nach chinesischer Auffassung vor fast 5000 Jahren begann, ist zu weit entfernt, als daß sie im engeren Rahmen der Geschichte behandelt werden könnte. Die zahlreichen Übereinstimmungen, die nicht nur zwischen den uralten Mythen, sondern auch den tiefgründigen mystischen Lehren des Altertums bestehen, haben zu einer Theorie geführt, nach der es auf der ganzen Welt tatsächlich ein Goldenes Zeitalter gegeben habe. Dabei soll es sich um den Höhepunkt einer weitverbreiteten Hochkultur oder einer vergleichbaren Epoche gehandelt haben, in der Götter und Menschen einander näher standen als jemals wieder. Verschiedentlich wird das Goldene Zeitalter mit dem Zeitraum in Verbindung gebracht, der dem Untergang einer großen Kontinents, nämlich Atlantis, vorausging. Zu diesen Theorien vermag ich nichts zu sagen; aber wenn etwas Wahres daran sein sollte, dann muß dabei eine Zivilisation weitaus plötzlicher, vollständiger und endgültiger untergegangen sein, als dies beim jammervollen Ende Roms geschah. Nur wenige verstreute Reste in Form von verschütteten Ruinen und rätselhaften Bruchstücken uralter Weisheit können davon übriggeblieben sein; dieser Untergang muß während einer jener Weltkatastrophen stattgefunden haben, mit denen die Natur einen Ausgleich zwischen Fortschritt und Umkehr schafft. Obgleich das alles wenig glaubwürdig klingt, ist es doch eine angenehme Vorstellung, daß der Taoismus etwas von der untergegangenen Weisheit bewahrt hat, angenehm auch deshalb, weil solche Spekulationen dem Menschen zumindest eine noblere Abstammung zugestehen, als sie Charles Darwin vorgeschlagen hat. Wie Elisabeth Browning so treffend feststellte, ist es besser, zur Hälfte Gott und zur Hälfte Tier als vollständig Affe zu sein.

Die zahlreichen Erscheinungen im volkstümlichen Taoismus, die nicht gerade als besonders spirituell ins Auge
fallen, schließen die Möglichkeit nicht aus, daß die
grundlegenden Lehren aus einem Goldenen Zeitalter
stammen, in der nach der Legende Menschen und Götter
miteinander verwandt waren. Bekanntlich gibt es kaum
eine alte Religion, deren ursprüngliche Botschaft nicht
durch viel Unsinn verwässert wurde, und es ist auch
nichts Außergewöhnliches, daß die geistigen Nachfahren
der Weisen ihr Erbe aus glänzendem Gold mit Herbst-
blättern zudecken.

fang shih, die Drogenkundigen

Aus den Überlieferungen geht hervor, daß die Menschen
während der Zeit der Fünf Weisen Herrscher in Übereinstimmung mit den Gesetzen der Natur lebten, und daß
sie Krankheiten zu heilen und ein hohes Alter zu erreichen verstanden. Die Beziehungen zwischen Himmel
und Erde waren sehr eng: Tugendhafte Weise saßen in
stiller und regloser Versenkung und pflegten vertrauten
Umgang mit dem Formlosen, Nicht-Unterschiedenen,
Ewigen. Bei der Kultivierung des *tao* erhielten sie Zugang
zur wahren Quelle göttlicher Weisheit, und den Göttern
bereitete es Freude, mit Sterblichen zu verkehren, die
sich ihrer hohen Meinung wert erwiesen. Das auf diese
Weise erworbene wertvolle Wissen wurde in einer Sprache an die Nachwelt übermittelt, die seine Weitergabe an
Unberufene verhindern sollte.
Dem Goldenen Zeitalter folgte leider eine Ära des Niedergangs, in der die Sterblichen zum größten Teil vom
tao abkamen. Anstatt die Weisheit wertzuschätzen,
gaben sich die Fürsten des Reichs den Genüssen der
Sinneslust hin. Die Folge war, daß sich das *tao* der
Menschheit entzog, und daß die Götter und Göttinnen

fortan weniger bereitwillig auf menschliche Bitten eingingen. Es lebten zwar weiterhin weise Männer, welche die Weisheit der Vorfahren in Ehren hielten; aber viele ihrer Schüler begaben sich auf die Suche nach handfesteren Zielen. Zu jenen Zeiten sprach man noch nicht von Taoisten, denn alle gebildeten Chinesen waren Erben der einen göttlichen Tradition. Eine Unterscheidung wurde erst im 5. Jahrhundert v. Chr. durch das Auftreten des KONFUZIUS (551–479 v. Chr.) nötig, der anstelle der Suche nach Stille und mystischer Vereinigung mit dem *tao* gesellschaftliche Tugenden wie Loyalität gegenüber Herrschern und Kindespflicht predigte.

Die ersten, die das *tao* kultivierten und eine besondere Bezeichnung erhielten, waren die *fang shih* (die Drogenkundigen); sie wurden als Ärzte und Männer berühmt, die die Fähigkeit besaßen, jugendliche Lebenskraft zu erhalten und lange zu leben. Einigen *fang shih* sagte man nach, daß sie das Geheimnis der Unsterblichkeit gekannt hätten – was immer das auch bedeutete.

Lao Chün (Lao Tzu)

Aus der Sicht der Taoisten ist der weise KONFUZIUS immer von seinem älteren Zeitgenossen LAO TZU überragt worden, den sie auch respektvoll LAO CHÜN nannten (LAO, der verehrungswürdige Fürst). Auf dem Wege der Stille hatte er die Vereinigung mit dem *tao* erlangt. Obwohl er keinen Wert darauf legte sich hervorzutun, fühlte er wie KONFUZIUS die Verpflichtung, sich um die Erziehung der Lehnsherren und ihrer Minister zu bemühen, so daß »alle unter dem Himmel« von der herrschenden Anarchie befreit würden. Die Konfuzianer haben immer abgestritten, die Taoisten aber immer darauf bestanden, daß es LAO TZU war, der den Meister K'UNG in den Riten unterwies; und es ist überliefert, daß dieser von der Weisheit des Älteren so beeindruckt war, daß er ihn mit einem Drachen verglich, der mit Wind und Wolken zum Himmel auffährt. Unglücklicherweise zogen es LAO TZUS königliche Schüler vor, Feste zu feiern und auf die Jagd zu gehen, anstatt die spröde Lehre ihres weisen Lehrers anzunehmen. Der alte Mann gab die hoffnungslose Aufgabe auf und ritt auf einem Büffel davon – in die Abgeschiedenheit jenseits der Grenzen des Reiches.

Am Grenzübergang bat ihn der Paßhüter, für kommende Generationen eine Aufzeichnung seiner Weisheit zurückzulassen; also erwies ihm der weise Mann den Gefallen und schrieb mit dem Pinsel die 5000 Zeichen, die als *Tao Te Ching,* »das Buch vom Weg und seiner Kraft«, bekannt werden sollten. Anschließend setzte er seinen Weg fort. Über sein Ende gibt es unterschiedliche Angaben. Einige berichten, daß er 160 Jahre alt wurde, andere, daß er über 200 Jahre alt wurde; und schließlich beteuern noch weitere, daß er den Zustand körperlicher Unsterblichkeit erreichte. Nach einer weitverbreiteten Ansicht soll er bald nach seiner Ankunft in den himmlischen Höfen zu hohem Rang unter den göttlichen Bewohnern erhoben worden sein; diese Legende erwies sich später als hilfreich für taoistische Einsiedler, von denen man die Erfüllung kultischer Aufgaben als Gegenleistung für die finanzielle Unterstützung erwartete, die sie aus der unmittelbaren Nachbarschaft ihrer Einsiedeleien erhielten.

Die Lehren des LAO TZU und seines später geborenen Nachfolgers CHUANG TZU spielten eine so wichtige Rolle in der Geschichte des Taoismus, daß es mir notwendig erschien, ihnen ein eigenes Kapitel zu widmen – Kapitel III.

Lao Tzu reitet auf dem Büffel nach Westen. Bronzefigur,
17. Jahrhundert.

Die Wanderphilosophen

LAO TZU und KONFUZIUS waren nur zwei von mehreren Hundert herumziehenden Weisen, die bestrebt waren, die Lehensfürsten jener Zeit zu unterweisen. Das Chou-Reich im 6. Jahrhundert v. Chr. war so schwach geworden, daß die Territorialfürsten und Herzöge sich königlichen Rang anmaßten und ihn in beklagenswerter Weise mißbrauchten; sie regierten als Despoten, führten gegeneinander Krieg und taten nichts, um das Los ihrer erbarmungswürdigen Untertanen zu verbessern. Obgleich sich diese weisen Männer grundlegend voneinander unterschieden, strebten sie doch alle eine gute Regierung an, die, wie jeder es auf seine Weise auslegte, mit den »Gesetzen des Himmels« übereinstimmen sollte. Erst fünf Jahrhunderte später entschied man sich unter den kontroversen Lehren für das System des KONFUZIUS, das von der Zentralverwaltung des eben vereinigten Reiches übernommen wurde. In den folgenden zweitausend Jahren sollte dieses System das Fundament chinesischer Moral und Bildung darstellen und bis zum Beginn des 20. Jahrhunderts unangefochtenes Herrschaftsmittel bleiben. Unterdessen propagierten die rivalisierenden Philosophen ihr eigenes Bild des vollkommenen Menschen und des idealen Herrschers. Die Konfuzianer verstanden darunter einen Weisen mit edlen Prinzipien, der seine Kräfte dazu benutzte, eine glückliche patriarchalische Gesellschaft zu fördern, in der die Jungen den Alten blind gehorchten und dafür im Geiste liebevoller Gegenseitigkeit wohlwollend entschädigt wurden. Das taoistische Ideal wich von diesen Ansichten sehr stark ab.

Die Taoisten konnten sich nicht vorstellen, daß sich ein Mensch von wahrer Weisheit und Heiligkeit mit weltlichen Angelegenheiten beschäftigen würde, über die nur Politiker und Beamte miteinander zu debattieren hatten; denn, wie LAO TZU sagte: »Die vor alters tüchtig waren

als Meister, waren im Verborgenen eins mit den unsichtbaren Kräften. Tief waren sie, so daß man sie nicht
kennen kann.« (*Tao Te Ching*, 15. Spruch). CHUANG
TZU gab folgende Definition: »Der Heilige Mensch *(shen
jen)* ist der, welcher zum *tao* des Himmels und der Erde
gelangt.« Sogar MENG TZU (372–289 v. Chr.), der doch
Konfuzianer war, teilte diese Ansichten, die das normale
Vorstellungvermögen übersteigen, und sagte: »Wer *shen
jen* genannt wird, ist so heilig, daß niemand seine Heiligkeit ermessen kann.« SHENG TZU, ein weiterer Taoist,
erklärte: »Das wunderbarste Merkmal der Heiligkeit
besteht darin, daß sie nicht erkannt werden kann; das ist
eine Wahrheit, zu der gewöhnliche Menschen nicht vordringen können.«

Der Vollkommene Weise oder der Wahre Unsterbliche

Der große taoistische Meister KO HUNG wies Jahrhunderte später in seinen Schriften darauf hin, daß der Weise
oder Heilige Mensch sechs Eigenschaften zu besitzen
habe. Diese seien: hohe Tugend; lautere Gesinnung;
Liebe zur Stille, die von keinem Verlangen getrübt wird;
umfassende Bildung; Treue zu einem Lehrer, der seiner
Verehrung würdig ist; und eine klare Vorstellung davon,
daß wahre Heiligkeit eine Gabe des Himmels ist, sind
doch das *tao* des Weisen und das *tao* der Menschheit
untrennbar miteinander verbunden. Eine typische taoistische Beschreibung des idealen Menschen lautet: »Der
erhabenste Heilige Mensch ist jener, der auf Licht reitet
und Formen ignoriert. Dies wird als Leuchten bezeichnet, als Anlangen beim Lebensprinzip, wo alle sinnliche
Wahrnehmung überwunden ist. Er hat an der Seligkeit
von Himmel und Erde teil, und er vergißt, daß er jemals
in die zehntausend Dinge verstrickt war.«

So lauten die Worte eines wahren Mystikers, der erkennt, daß Weisheit und Tugend nicht aus der Meisterung von Äußerlichkeiten entstehen, sondern indem man die Aufmerksamkeit nach Innen wendet, um das (innere) Licht zu betrachten. Eine weitere einleuchtende Definition lautet: »Also (lebt) der Wahre Mensch oben im Himmel, während er unten auf der Erde weilt. Er hat die Welt ›verlassen‹ und bleibt doch in ihr... Wo immer er hingeht, er kommt nie an einen Ort, der seine höchsten Wünsche zu erfüllen versäumte.« Anders ausgedrückt bedeutet das, daß der Weise sich weder von der Menschheit absondert, noch daß er sich weltlichen Freuden hingibt. Er ist von bescheidenem Äußeren, erhabenem Geist, und er ist über seine Unabhängigkeit von der Umwelt so überglücklich, daß es im Himmel und auf der Erde keinen Platz gibt, an dem er sich nicht völlig glücklich und frei fühlte. Dank seiner inneren Ruhe ist er gegen die Schläge des Schicksals gewappnet, was ihn aber gewiß nicht in seiner Nützlichkeit und Hilfsbereitschaft gegenüber seinen Mitmenschen beeinträchtigt.

Mao Meng

Einige dieser Zitate haben uns zeitlich, wenn auch nicht geistig, von der Epoche der wandernden Philosophen fortgeführt, zu der wir jetzt zurückkehren müssen. Von CHUANG TZU (4. Jahrhundert v. Chr), dessen Lehre im folgenden Kapitel behandelt wird, sind keine biographischen Einzelheiten erhalten geblieben; das gleiche gilt für YANG CHU und LIEH TZU, über den nicht einmal Zeitangaben vorliegen. Ein taoistischer Weiser aus der Frühzeit, von dem einige Lebensdaten bekannt sind, ist MAO MENG (3. Jahrhundert vor Chr.). Er und die lange Reihe taoistischer Meister, die ihm folgten, werden als Männer beschrieben, die auf unterschiedliche Weise nach

Unsterblichkeit strebten. Einige dieser Versuche können wir schwerlich ernst nehmen; von anderen ist dagegen bekannt, daß sie bei der taoistischen Meditation hilfreich sind, weil sie robuste Gesundheit, Lebenskraft und Langlebigkeit nachdrücklich fördern. Zu den einschlägigen Techniken gehören: das Einhalten einer strengen Diät; das Baden zu vorgeschriebenen Zeiten und in Übereinstimmung mit einem in allen Einzelheiten festgelegten Zeremoniell; das Mischen von Tränken, von denen nicht wenige gefährliche Zutaten wie Zinnober, Quecksilber und Blei enthalten; der rituelle Geschlechtsverkehr mit der Ehefrau unter Beachtung der Anweisungen, die der Gelbe Kaiser vom Einfachen Mädchen erhalten hatte, und nach denen Zeitplanung, Position, Rhythmus etc. geregelt sind; verschiedene alchimistische Übungen und Atemtechniken; die Meditation, während welcher der Meditierende beobachtet, wie aus bestimmten Zentren seines Körpers Licht strömt; und schließlich der Gebrauch von Amuletten und Mantras. Einige dieser Praktiken sind schon vor langer Zeit aufgegeben worden; andere werden heute noch angewandt, um den Zustand mystischer Intuition zu erreichen, von dem der Erfolg bei der Kultivierung des *tao* abhängt.

MAO MENG und seine Nachfolger waren keineswegs Neuerer, denn die aufgezählten Praktiken stammen aus der Zeit des Gelben Kaisers; sie sind also so alt, daß die Zeit ihrer Entstehung ebenfalls in Dunkel gehüllt bleibt.

MAO MENG verdankt seine Bekanntheit einem glücklichen Zufall. Wäre der große Kaiser Ch'in Shih Huang nicht von seinen mystischen Gedichten dazu angeregt worden, den Berg T'ai zu besuchen, weil er hoffte, einigen dort wohnenden Unsterblichen zu begegnen, dann wäre MAO MENG wahrscheinlich auch, wie so viele andere Weise des Altertums, in Vergessenheit geraten. Solche Männer, die sich von der Welt des Staubes zurückgezogen hatten, um in den Bergen Einsamkeit zu suchen, scheuten und mieden das öffentliche Leben. Aus diesem Grund ist wohl auch mancher weitere (taoistische) Weise der Aufmerksamkeit der Historiker entgangen. MAO MENG zeigte sich keineswegs erfreut, als Ziel kaiserlicher Beachtung ausgewählt worden zu sein. Er war der Ansicht, daß »das Leben so schnell wie der Schein eines Blitzes vergehe«, und daß es Besseres zu tun gäbe, als Reisebegleiter eines grausamen und ehrgeizigen Kaisers zu sein. Seine Biographie schließt mit den bezeichnenden Worten: »Nachdem er von Meister Kuei Ku ein Rezept für die Unsterblichkeit erhalten hatte, zog er sich auf den Berg Hua zurück, um dort das *tao* zu kultivieren und die Heilkunst zu studieren... Er bestieg einen Drachen und fuhr am hellichten Tage zum Himmel auf.«

In der Küstenprovinz Kiangsu wird ein Berg bis auf den heutigen Tag Mao Shan genannt, der seine Bezeichnung MAO MENG und zwei weiteren weisen Männern mit dem gleichen Familiennamen verdankt: Mao Ying und Mao Seng.

Bis zur Mitte des Jahrhunderts galt der Berg als bedeutendes Zentrum der taoistischen Lehre; erst die Streitkräfte eines weiteren Mao trieben die Einsiedler in die Welt des Staubes zurück, wo sie ihr Brot im Schweiße ihres Angesichts verdienen sollten. Das Bauernhaus, in dem Mao Tse-Tung geboren wurde, ist jetzt ein Nationalheiligtum geworden; es wäre gut, wenn man den Berg Mao zu Ehren der ersten Angehörigen der Mao-Sippe in ähnlicher Weise behandelt und ihre Namen und Werke zur Unterweisung der Nachwelt aufgezeichnet hätte.

P'eng Lai Shan, Inselreich der Unsterblichen

Der Kaiser Ch'in Shih Huang (246–209 v. Chr.) war nur
einer von mehreren Herrschern, die von der esoterischen
Sprache der heiligen taoistischen Schriften zu der Hoffnung verleitet wurde, die leibliche Unsterblichkeit zu
gewinnen. Schon der große LIEH TZU hatte erklärt, daß
auf einem bestimmten Berg Unsterbliche lebten, »die sich
an Wind und Tautropfen laben, sich aber der fünf Körner
enthalten. Ihre Herzen gleichen Quellen, die aus tiefen
Schluchten strömen, und sie besitzen die Erscheinung
junger Mädchen (d.h. ihre Haut ist zart und samtweich
und von feiner Tönung). Sie kennen weder Furcht noch
Liebe und sie befehlen den Geistern, ihnen zu dienen.«
Darüber hinaus hatte ein anderer Weiser, Kung-Sun
Ch'ing, in aller Deutlichkeit festgestellt, daß die direkte
Begegnung mit Unsterblichen so schwierig wäre, daß
mehrere Jahre der Suche erforderlich wären, und daß
man, selbst wenn man ihnen begegnete, kaum hoffen
könnte, das Elixier der Unsterblichkeit zu erhalten.
Selbstverständlich war auch Ch'in Shih Huang, genauso
wie ein anderer großer Kaiser, Han Wu Ti (140–88
v. Chr.), darauf versessen, diesen Wesen zu begegnen;
und zweifellos wären vor zweitausend Jahren viele Herrscher aus dem Abendland gleichermaßen fasziniert gewesen, wenn sie zufällig auf Berichte über Unsterbliche
gestoßen wären. Die beiden genannten Kaiser brannten
darauf, P'ENG LAI SHAN, den Aufenthaltsort der
Unsterblichen, der vor der Küste Shantungs irgendwo im
Ostmeer lag, mit eigenen Augen zu schauen. LIEH TZU
hatte davon geschrieben, daß ein außergewöhnlich glücklicher Sterblicher diese Insel innerhalb eines Jahres sogar
mehrmals erblicken könnte, daß sie menschlichen Augen
aber viel öfter für Jahre verborgen bliebe. Die Anzie-
hung, die von diesem bergigen Eiland ausging, ist leicht
zu verstehen: in ganz China gibt es keine Landschaft, die

so voller Zauber ist wie die Küste der Shantung-Halbinsel. Professor Chou, der selbst aus dieser Region stammt, berichtet, daß man von steil aufragenden Bergspitzen auf ein inselübersätes Meer von enormer Tiefe blicken kann, das oft so stürmisch ist, daß sich riesige Wellen wie Berge auftürmen, bevor sie sich mit aller Macht gegen die felsige Küste werfen. Zu Sonnenaufgang erstrahlt der Himmel in Rot und Gold, und bei Sonnenuntergang kann man phantastisch geformte rosa und korallenfarbige Wolken sehen. Wenn die Wellen bei starkem Sturm auf die Klippen hereinbrechen, ähnelt die Gischt einem Regen silberner Perlen, die von himmlischen Nymphen auf die Felsen verstreut werden. Zu anderen Zeiten nehmen die von See hereinziehenden Nebel die grotesken Formen von Dämonen an. Die von Sonne und Wolken bewirkten Verwandlungen folgen so geschwind aufeinander, daß man leicht geneigt ist, den Ort für verzaubert zu halten. Es gibt Augenblicke, in denen die sonnenbestrahlten Spitzen der felsigen Inseln den Anschein erwecken, als stiegen sie aus einem See von silbernem Dunst auf, der das Meer vor menschlichen Blicken verbirgt; und man pflegte zu sagen, daß das Schicksal einem Sterblichen im Sommer bei günstigem Wetter die erstaunliche Gabe verleiht, in weiter Ferne die Bergspitzen von P'ENG LAI SHAN, der Insel der Unsterblichen, auszumachen. Trotz der großen Entfernung ist es ihm vergönnt, dann einen flüchtigen Blick auf ihre Wälder und Berge zu werfen, sowie auf die allenthalben verstreuten zauberhaften Pavillons der Unsterblichen.

Sogar ihre prachtvolle Stadt kann man gelegentlich erkennen, und vornehme Männer, die im Galopp durch die fantastischen Tore ein- und ausreiten. Anschließend verschwindet der Anblick ganz unvermittelt, und alles ist wie vorher – ein Ausblick auf einen endlosen, bis zum Horizont reichenden Ozean.

Obwohl P'ENG LAI SHAN immer wieder gesichtet wird,

ist es bis jetzt keinem Sterblichen gelungen, die Insel zu besuchen. Schiffe, die auf die Insel zusegeln, werden jedesmal von starken Gegenwinden auf das Festland zurückgetrieben. Als Ch'in Shih Huang die Nachricht erhielt, daß die ausgesandten Schiffe auf halbem Wege von einem Sturm zerstört worden waren, akzeptierte er mit Fassung die traurige Wahrheit, daß es keine Hoffnung für ihn gäbe, jemals die Insel zu betreten. Aber er blieb davon überzeugt, daß das, was man zuweilen gesehen hatte, viel zu großartig und die geschilderten Einzelheiten zu klar waren, um alles als bloße Illusion abzutun. Die Provinz Shantung ist für lange Zeit mit dem Taoismus eng verbunden gewesen. Als Mittelpunkt der *yin-yang*-Philosophen und Wahrsager hat sie ihren Einfluß auf die Vorstellungskraft der Dichter und Mystiker niemals verloren; ganz zu schweigen von den Zauberern und Hexen, die dort durch die Jahrhunderte in großer Zahl sorglos und unbehelligt lebten. Vor weniger als einem Jahrhundert war Shantung Schauplatz eines furchtbaren Blutbads; Hunderte von taoistischen Einsiedlern beiderlei Geschlechts hatten sich in einem Schloß verbarrikadiert und waren entschlossen, sich eher zu verbrennen als sich den konfuzianischen Behörden zu ergeben. Übereifrige konfuzianische Wichtigtuer, welche die wechselseitigen alchimistischen Übungen für Lasterhaftigkeit hielten, hatten den Entschluß gefaßt, die Taoisten zu bestrafen und ihren religiösen Praktiken für alle Zeit ein Ende zu bereiten.

Himmelsmeister Chang

In der Späten Han-Dynastie (25–220 n. Chr.) erschien ein Unsterblicher, dessen spirituelle Nachkommen dazu bestimmt waren, nahezu 2000 Jahre lang das Amt eines taoistischen Papstes zu bekleiden; der letzte von ihnen wurde 1949 von den Kommunisten vertrieben. Als Sitz diente diesen geistlichen Herrschern der Drachen-und Tiger-Berg in der Provinz Kiangsi.

Ich werde es für immer bedauern, daß ich keine Gelegenheit zum Besuch eines spirituellen Zentrums fand, in dem der Lebensablauf annähernd zwei Jahrtausende lang im wesentlichen unverändert geblieben war. Einer der besonderen Reize des Taoismus der vorkommunistischen Zeit bestand in der lebendigen Verbindung mit dem weit zurückliegenden Altertum, die sich auf eine wahrscheinlich nirgendwo sonst anzutreffende Weise erhalten hatte. Der erste in der Reihe der Himmelsmeister oder *t'ien shih* war CHANG TAO-LING, von dem allgemein angenommen wird, daß er durch Reinkarnation sein eigener Nachfolger wurde; also fast so wie der Dalai Lama, mit dem Unterschied, daß er ausschließlich in den Nachkommen seiner eigenen Lenden wiedergeboren wurde. *t'ien shih*, ein Titel, den er selbst für sich und seine Nachfolger gewählt hatte, blieb für einige Jahrhunderte nur ein Höflichkeitstitel; erst der T'ang-Kaiser Hsüan Tsung (712–756 n. Chr.) verlieh dem Begründer der Tradition in aller Form diesen Rang. Im 13. Jahrhundert erließ der Mongolenkaiser Khubilai (1216–1294) ein Dekret, in welchem den Nachfolgern des CHANG die Verleihung des Titels auf ewig bestätigt wurde.

CHANG, der im zweiten Jahrhundert unserer Zeitrechnung geboren wurde, hatte ursprünglich die Stelle eines Armeesekretärs inne. Als seine Einheit von einer furchtbaren Epidemie dezimiert wurde, schrieb er sein Überleben der Kraft eines Amuletts zu, das er zum Bannen von Dämonen bei sich trug. Darauf entschloß er sich, den Rest seines Lebens mit der Kultivierung des *tao* zu verbringen, und zog sich im Jahre 177 n. Chr. nach Shu, der heutigen Provinz Szechuan zurück, wo er auf dem Schneegans-Berg lebte. Dort wuchs sein Interesse schnell über die Geisterbeschwörung hinaus, und bald schrieb er

Bücher über Hygiene und Heilkunst. Da sich das Land in einem Zustand der Anarchie befand, machte er seiner Zurückgezogenheit ein Ende und leitete die örtliche Bevölkerung an, Maßnahmen zur Selbstverwaltung und zur Verteidigung ihrer Lebensgrundlagen zu treffen; außerdem legte er ihnen nahe, eine Form des Taoismus anzunehmen, die sich durch magische und moralische Elemente auszeichnete. Zahlreiche hochgebildete Männer erkannten ihn als ihren geistlichen Lehrer an, und seine bemerkenswerten Heilmethoden erregten soviel Aufmerksamkeit, daß ihn zwei Kaiser nacheinander an ihren Hof rufen ließen. Er wies diese Vorladungen in wahrer taoistischer Manier zurück und begab sich in die Einsamkeit der Berge, wo er schließlich, »nachdem er ein neunfach destilliertes Elixier gebraut hatte, den Stand der Unsterblichkeit erreichte«. In seinem 123. Lebensjahr »bestieg (er) einen Drachen und fuhr auf in das Reich der Unsterblichen«.

CHANGS Enkel, Chang Lu, ist wegen seines untaoistischen Fanatismus zu erwähnen, der dazu führte, daß seine Anhänger als Dämonenkrieger bekannt wurden. Ein zur gleichen Zeit lebender Arzt, der auch Chang hieß, trieb den Fanatismus noch weiter. Wenn die Krankheit eines Patienten als Folge ehebrecherischen Verhaltens erkannt wurde, dann notierte man die Sünden des armen Kerls auf drei Zetteln und verkündete sie feierlich gegenüber »Himmel, Erde und Wasser«, in der genannten Reihenfolge. Anschließend sprachen Exorzisten magische Formeln, und er hatte ein Honorar von fünf Scheffeln Reis zu leisten. All dies mag trivial erscheinen, aber es zeigt, wie die spirituellen Führer des Taoismus in der Anfangszeit unter den Einfluß der alten, an Göttern und Dämonen reichen Volksreligion gerieten. Diese Tendenz setzte sich unglücklicherweise fort und bot immerwährenden Anlaß für viele Diffamierungen, denen sich die Taoisten ausgesetzt sahen.

Die Sekten

Die taoistischen Mystiker und Adepten, deren Praktiken in diesem Buch noch eingehender beschrieben werden, gehörten zum größten Teil einer der beiden Hauptrichtungen an, die sich ihrerseits wieder in zahlreiche Sekten untergliederten. Die Nördliche Schule oder Schule der Vollkommenen Erleuchtung, die jahrhundertelang ihr Zentrum im Weiße-Wolke-Kloster zu Peking hatte, erkennt Wang Chung-Yang als ihren Begründer an; die Südliche Schule dagegen, die unter verschiedenen Namen bekannt ist, und die im Grunde genommen von der ersten abstammt, bezeichnet Lin Hai-Ch'an als ihren ursprünglichen Meister. Einige Verwirrung entsteht daraus, daß die Orthodoxe Schule der Einheit des Himmelsmeisters CHANG in der Öffentlichkeit oft als Südliche Schule bezeichnet wird, obwohl sie sich von den beiden anderen in einem Ausmaß unterscheidet, daß ein Vergleich kaum zulässig ist. Tatsächlich ist sie die Richtung des volkstümlichen, institutionalisierten Taoismus, die sich stärker mit Magie als mit meditativen Übungen beschäftigt, und die in der Hauptsache an der herabwürdigenden Kritik Schuld ist, die gebildete Chinesen so häufig gegen den Taoismus richteten. Aber trotz aller Anschuldigungen zeigte sich der Mongolenkaiser Khubilai so wohlwollend, den Changs die Rechtshoheit über sämtliche taoistische Tempel im Süden Chinas zu verleihen, und obwohl sie es nie erreichten, die ihnen übertragene Macht in vollem Umfang auszuüben, wuchs die Schule rasch an. Die Reste des Taoismus, die sich heute noch in den chinesischen Kolonien in Südostasien finden, gehören im allgemeinen dieser Richtung an. Viele ihrer treuen Anhänger sind faszinierende Persönlichkeiten, und ihre Praktiken sind voller Zauber und Farbenpracht; dennoch bleibt es bedauerlich, daß gerade ihr Pomp diese Sekte so berühmt gemacht hat, daß aus meiner Sicht verdientere Richtungen in den Schatten geraten sind, und daß ihre Praktiken dazu Anlaß boten, die Taoisten mit Magiern zu verwechseln.

Die yin-yang-Professoren

Die Lehre von *yin* und *yang* läßt sich bis in das Goldene Zeitalter der Fünf Weisen Herrscher zurückverfolgen; dennoch entstand erst im ersten Jahrhundert unserer Zeitrechnung eine Schule von Philosophen und Wissenschaftlern, die sich intensiv mit dem Wirken von *yin* und *yang* beschäftigten. Es ist Ansichtssache, ob man sie wirklich als Taoisten bezeichnen kann; aber sie sind, gleich den Priestern der Volksreligion, allgemein als solche betrachtet worden. Wahrscheinlich geschah das, weil sich die Bezeichnung »taoistisch« jahrhundertelang als bequeme, im Grunde genommen aber unzutreffende Benennung für alles anbot, was mit Philosophie und Religion zu tun hatte und nicht deutlich als konfuzianisch oder buddhistisch abzugrenzen war. Auf jeden Fall haben die Taoisten der Lehre von *yin* und *yang* immer eine sehr wichtige Rolle zuerkannt. Der Unterschied zwischen den Taoisten im volkstümlichen Sinne und jenen neuen Professoren bestand darin, wie letztere die Lehre vom Zusammenwirken von *yin* und *yang* auslegten, sie für Weissagungen und für die Beeinflussung zukünftiger Ereignisse anwendeten und damit einträgliche Geschäfte machten. Die Untersuchungen dieser *yin-yang*-Philosophen wurden zusammen mit denen einer anderen Gruppe, die sich auf die Lehre des *wu hsing* (Fünf Wandlungsphasen oder »Elemente«) spezialisiert hatten, in den Kanon der taoistischen Lehren aufgenommen.

Wei Po-Yang

Als hochverehrter taoistischer Meister gilt WEI PO-YANG
(2. Jahrhundert n. Chr.), der mit seinem außergewöhnlichen Buch einen entscheidenden Beitrag zur Entwicklung des Taoismus leistete.

Außerdem hatte er die Lehre des *wu hsing* und eine noch
ältere Wissenschaft, die auf den Trigrammen des *I Ching*
beruht, vollständiger in den taoistischen Korpus inte-
griert, als es bis dahin je geschehen war. Der Titel seines
Werkes, *Ts'an T'ung Ch'i*, läßt sich nur schwer übersetzen; gelegentlich wird es mit »Dreifacher Einklang« wiedergegeben. Es handelt sich um ein esoterisches Handbuch, in dem die Techniken der inneren und äußeren
Alchimie dargelegt werden, die im Verlauf der weiteren
geschichtlichen Entwicklung zum eigentlichen Kern und
Wesen der verschiedenen Stufen bei der Kultivierung des
tao werden sollten. Die Ausdrucksweise ist derart rätselhaft, daß sich manche Passagen als Anweisungen zu den
unterschiedlichsten Tätigkeiten verstehen lassen, wie das
Umwandeln unedler Metalle in Gold, Mischen des goldenen Elixiers, Üben einer inneren Alchimie, Streben nach
mystischer Vereinigung mit dem *tao*, Erschaffen eines
unsterblichen Fötusses mit Hilfe sexueller Techniken und
sogar Führen von Kriegen und Betreiben der Regierungs-
geschäfte. Diese Vieldeutigkeit beruht auf der Überzeugung, daß die Naturgesetze immer und überall in gleicher
Weise wirken, und daß es daher nichts gibt, das nicht
durch ihre Anwendung stets in gleicher Abfolge voll-
bracht werden könnte – selbst wenn es sich um völlig
verschiedene Zusammenhänge handelt. Es bleibt aber
ungeklärt, ob Verfasser wie WEI PO-YANG daran glaubten, nichtedle Metalle in Gold zu verwandeln und ein
Allheilmittel zu mischen, oder ob ihnen diese Interpretationen ihrer Werke als Tarnung dienten, um die höheren Ziele vor Uneingeweihten zu verbergen.

Yü Chi

Ein weiterer bekannter taoistischer Weiser, der zur Zeit der Han-Dynastie lebte, war Yü Chi. Zunächst wurde er als Hersteller von Zauberwassern berühmt; zur Herstellung dieser Mittel verbrannte er mit magischen Begriffen beschriebene Zettel aus rotem Papier, löste die Asche in reinem Wasser auf und gab diese Mischung dem Patienten zu trinken. Einige dieser Tränke standen in dem Ruf, Unverwundbarkeit gegen Waffen und Unempfindlichkeit gegenüber Krankheiten zu verleihen, was bald zu einer lebhaften Nachfrage nach diesen Zauberwassern führte. Später scheint er sich, wie aus seinen noch vorhandenen Werken hervorgeht, zu einem wahren Mystiker mit solidem Wissen um das *tao* weitergebildet zu haben. Aber der weitverbreitete Bedarf an magischen Mitteln sollte natürlich noch Jahrhunderte anhalten; und es liegt nahe, daß sich sein lang anhaltender Ruhm eher auf seine magischen als auf meditative oder mystische Fähigkeiten stützte.

Ko Hung

Im Jahre 253 nach Beginn unserer Zeitrechnung wurde der größte taoistische Meister aller Zeiten geboren. Sein richtiger Name lautete Ko Hung; allerdings wurde er durch einen liebevollen Beinamen, den Titel seines um 317 entstandenen Werkes, weitaus bekannter: Pao P'u Tzu, »der Meister, der am Einfachen festhält«. In diesem Namen kommt zum Ausdruck, daß er »ein einfacher und natürlicher Mann« war, »ein Mann ohne Getue«. (An anderer Stelle haben die Übersetzer P'u als »das Rohholz« ins Deutsche übertragen und sind damit Erwin Rousselle gefolgt; aber in diesem Zusammenhang wäre diese Übersetzung nicht angemessen.) Zu seiner Zeit waren die Zustände in dem von Kriegen erschütterten Kaiserreich noch wüst und ungeordnet. Ko Hung stammte aus einer konfuzianischen Familie gelehrter Beamter und hatte von frühester Jugend an viel Freude am Lernen; er erwarb eine umfassende Bildung, für die er allseits hoch geachtet wurde – nicht zuletzt von den ihm ebenbürtigen Konfuzianern. Seine Wissensgebiete umfaßten Philosophie, Morallehre, Medizin, alle Arten religiöser Lehren, Sitten und Gebräuche seiner Zeit. Für den Eintritt in die Beamtenlaufbahn und für einen hohen Rang, wie ihn seine Vorfahren erreicht hatten, studierte er die Vier Bücher und Fünf Klassiker so gründlich, daß ihn die Konfuzianer als einen Eingeweihten auf ihrem eigenen Wissensgebiet verehrten. Dennoch fühlte er sich von Anfang an zur taoistischen Mystik hingezogen, und er verfolgte seine Interessen vor allen Dingen in dieser Richtung. Während der Regierungszeit des Kaisers Hui Ti (290–307 n. Chr.) erhielt er den Oberbefehl über die Kaiserlichen Truppen, um einen Aufstand niederzuschlagen. In China hatte sich zu jener Zeit der Brauch eingebürgert, Aufgaben dieser Art an Männer von literarischer Bildung zu vergeben. Diese hielt man für geeigneter, in aufständischen Gebieten für Frieden zu sorgen, weil sie, im Unterschied zu Soldaten, bei ihrer Mission eher mit Klugheit und Verständnis vorzugehen verstanden. Es gibt übrigens ein chinesisches Sprichwort, das diese Weisheit widerspiegelt: »Gutes Eisen macht man nicht zu Nägeln, gute Männer nicht zu Soldaten.« Der Feldzug endete zwar mit einem überzeugenden Erfolg; jedoch hinterließ diese Erfahrung in Ko Hung eine Abneigung gegen das öffentliche Leben, und er entschloß sich, in ländlicher Abgeschiedenheit Zuflucht vor der Welt des Staubes zu suchen. Nach einigen Jahren des Umherziehens ließ er sich auf dem Lo-Fu-Berg nieder und vertiefte sich in die Kultivierung des *tao*. Als er mit 81 Jahren starb, fand man ihn in Meditationshaltung – so wie jemanden, der während der Kontemplation eingeschlafen ist. Sein Aussehen besaß noch außergewöhnliche Jugendfrische; sein Körper war so elastisch wie der eines Jünglings: sichere Zeichen des Erfolgs bei der Kultivierung des *tao*.

Er hatte nicht weniger als 116 Bände verfaßt, als seine Zeit gekommen war. Seine ehemaligen konfuzianischen Bewunderer können über seinen Ausspruch kaum erfreut gewesen sein, daß es »nicht nur lächerlich, sondern eine krankhafte Verdrehung des wahren Wissens (sei), wenn man in den konfuzianischen Lehren gebildet ist und dennoch nicht an das *tao* der Unsterblichen glaubt«. Seine philosophischen Schriften enthüllen einen Geist, der mit dem des CHUANG TZU eng verwandt ist. Ein Abschnitt lautet:

»Die zehntausend Dinge des Universums – schwer fällt es den Menschen, sie völlig zu verstehen. Das *tao* der Unsterblichen – es gehört nicht zu den Dingen, die gewöhnliche Menschen zu verstehen hoffen können. Die Kaiser Ch'in Shih Huang und Han Wu Ti waren, obwohl sie sich gerne Taoisten nennen ließen, keine wahren Anhänger des *tao*. Und jene *fang shih* (die Drogenkundigen) – wie können es profitsüchtige Leute verdienen, Taoisten genannt zu werden! Gewöhnlichen Menschen, die in ihre Umgebung eingebunden sind, wird es niemals gelingen, sich von den Dingen des Alltags zu lösen: wie können solche Leute hoffen, zum *tao* zu gelangen.«

Er wies immer wieder darauf hin, daß der Beistand eines guten Lehrers unumgänglich sei, um bei den taoistischen Studien Fortschritte zu erzielen, und daß das Studium und die Befolgung der Schriften allein nie zufriedenstellende Resultate zeitigen könnten. Um das Spirituelle zu erfassen, bedurfte es des Glaubens und aufmerksamer Wahrnehmung; »denn Dinge, die unsichtbar sind, dürfen wegen dieser Eigenschaft nicht als Nicht-Dinge bezeichnet werden«. Dann fährt er fort:

»Gewöhnliche Menschen, die nach Ruhm und Reichtümern streben, können nicht damit rechnen, zum *tao* zu gelangen, weil dafür äußerste Entschlossenheit erforderlich ist. Langlebigkeit oder Unsterblichkeit zu gewinnen, ist keine Sache, die man durch Rituale, das Aufsagen von Zaubersprüchen oder das Einnehmen von Zaubertränken erreicht; als oberste Erfordernis gilt es, tugendhaft zu sein und sich mit Festigkeit vom Bösen fernzuhalten. Taoisten, die nur darauf bedacht sind, durch alchimistische Techniken ihren Körper zu stärken, sind zum Scheitern verurteilt. Ohne einen guten Lehrer werden sie nie erfahren, was mit dem ›Mischen des Goldenen Elixiers‹ gemeint ist. Nur auf die Schriften zu vertrauen, ihnen eine übergroße Bedeutung beizumessen, ist reine Zeitverschwendung.«

Es mag sein, daß Ko Hung erst recht spät zu den eben zitierten Ansichten gelangte; denn einige seiner früheren Werke befassen sich eher mit weltlichen Angelegenheiten. Er ließ Anweisungen zum Mischen verschiedener Medikamente zurück, u.a. eines, das es erlaubt, ungefährdet neben ansteckend Erkrankten zu schlafen. Außerdem legte er großen Wert auf Atemübungen, die er als Mittel zur Vorbeugung gegen Krankheiten verstand, sowie zum Gewinn übernatürlicher Kräfte, wie sie erfolgreiche Adepten gewöhnlich erwarben. Unter den nachgelassenen Rezepten befanden sich 149 Lao Tzu zugeschriebene Geheimrezepte, die sich mit den Gefahren einsamer Bergbewohner befassen, wie etwa »Dämonen, Geistern, Tigern, Wölfen und giftigen Reptilien«. Es kann natürlich auch sein, daß er den Glauben an solche Dinge nie verlor, später aber einen deutlichen Unterschied zwischen gewissen nützlichen Praktiken einerseits und der wahren Kultivierung des *tao* andererseits herzustellen wünschte. Ein Teil seiner Werke, *Die Esoterischen Schriften*, behandelt eine verwirrende Vielzahl von Themen. In den interessantesten Bänden werden so schwer verständliche Dinge wie die geheimnisvollen Gesetze des Universums behandelt, das *tao* der Unsterblichen und die Veredlung, die eher als geistiger denn als rein materieller Prozeß gesehen wird. Daneben gibt es Bände, die Anleitungen zur Herstellung von Talismanen und zum Anrufen und Unterwerfen von Göttern und Geistern enthalten. Trotz allem weist er mit Nachdruck darauf hin, daß die Thematik der Unsterblichkeit von vielen sogenannten Taoisten völlig mißverstanden wird, und daß Unsterblichkeit als geistiges Stadium zu verstehen ist, das nur der geistig Aufgeschlossene erreichen kann. Kurzum, er war ein tiefgründiger, weiser Mensch. Es ist ein Fehler (in den ich zuweilen auch verfalle), solche Männer nach dem zu beurteilen, was uns nach den Maßstäben des 20. Jahrhunderts als möglich oder unmöglich erscheint, denn obwohl wir weniger als unsere Väter und Großväter geneigt sind, die Möglichkeiten von taoistischen Übungen zur Verfolgung geistiger Ziele mit einer Handbewegung abzutun, ziehen die meisten von uns immer noch dort die Grenze, wo uns etwas als magisch oder spiritistisch erscheint. Im Grunde genommen sollten wir die Schriftsteller vergangener Zeiten nicht als geistig oder intellektuell minderwertig verurteilen, weil sie den Aberglauben ihrer Epoche teilten, und sie deshalb unseres Respekts als nicht wert befinden. Man verurteilt Sokrates zum Glück nicht als einen unserer Achtung nicht würdigen Dummkopf, nur weil er sich wenige Augenblicke vor seinem Tode des Versprechens erinnerte, dem Gott der Heilkunst einen Hahn zu opfern. Ich bin sicher, daß die Weisen unseres Jahrhunderts viele Aspekte des zeitgenössischen Aberglaubens widerspruchslos hinnehmen, über die man sich in der Zukunft lustigmachen wird. Dennoch sollte keinem von ihnen die gebührende Anerkennung versagt bleiben.

Mit dem Tode von KO HUNG endete die Entwicklung des Taoismus; von diesem Zeitpunkt an sollte er sich als unveränderlich und endgültig erweisen. In späteren Dynastien gelangten verschiedene Kenner seiner Schriften zu großem Ruhm, und einige Würdenträger und sogar Kaiser zeigten deutlich ihre Begeisterung für den Taoismus. Ganz anders sah es bei den Behörden aus; da die meisten Beamten konfuzianische Schriftgelehrte waren, kam aus dieser Richtung der hartnäckigste Widerstand gegen ein System, das spirituelle Entwicklung höher als die Erziehung zu Tugenden wie Treue gegenüber dem Herrscher, den Eltern und Höhergestellten einstufte. Das Volk konnte dagegen keinen Konflikt zwischen den ungleichen Idealen erkennen; mit einer Toleranz, die nirgendwo ihresgleichen fand, begriff es Konfuzianismus, Taoismus, Ahnenkult und ursprüngliche Volksreligion als verschiedene Elemente einer übernatürlichen Ordnung, in der Unterscheidungen überflüssig erscheinen.

T'ao Hung-Ching

Als glühender Verfechter der Lehren des KO HUNG trat in der zweiten Hälfte des 5. Jahrhunderts T'AO HUNG-CHING hervor. Schon als Zehnjähriger beschaffte er sich eine Ausgabe von KO HUNGS Schriften und studierte sie Tag und Nacht. Bei der Lektüre kam er zu dem festen Entschluß, seinen Leib nach den taoistischen Regeln zu nähren, um sich eines hohen Alters zu versichern. Als Jugendlicher erregte er durch seine Begabung in der Musik und beim Brettspiel die Aufmerksamkeit des herrschenden Kaisers; er aber zog die Einsamkeit des Eremitenlebens der Existenz eines Günstlings am Hof vor. Nach der Überlieferung soll seine Liebe zu jener Musik, die der Wind in den Kiefern erzeugt, so groß gewesen sein, daß der Klang sein Herz mit Freude zu füllen vermochte. Zuweilen wurde er dabei beobachtet, wie er in einem von einer Quelle gespeisten Felsbecken badete. Wegen seiner bis ins hohe Alter anmutigen und jugendlichen Erscheinung hielt man ihn immer wieder für den Quellgeist. Er war in den Wissenschaften von *yin-yang* und *wu hsing* wie in der Astrologie, im Zusammenstellen von Pflanzenmedizin und im *feng shui* (Geomantie oder Lehre von Wind und Wasser) gleichermaßen bewandert. Seine Voraussagen über Ereignisse, die Bedeutung für das Wohlergehen des Landes hatten, waren so präzise, daß ihm der gerade regierende Kaiser, wie man noch heute erzählt, die unerhörte Ehre des Besuchs in seiner Klause erwiesen haben soll. Es ist unwichtig, ob diese unwahrscheinlich klingende Geschichte auf einer wahren Begebenheit beruht oder nicht: Sie zeigt, daß sogar ein Sohn des Himmels Schwierigkeiten gewärtigen muß, wenn er den Gehorsam eines taoistischen Einsiedlers gegenüber seiner Vorladung an den Hof fordert. Im Alter von 85 Jahren glich T'AO HUNG-CHING noch so sehr einem Jüngling, daß ihn die darob erstaunten Leute baten, das Geheimnis unvergänglicher Jugendfrische preiszugeben, aber dieses vertraute er nur einigen auserwählten Jüngern an. Auf der Grundlage seiner umfassenden Kenntnisse der konfuzianischen Klassiker und der buddhistischen Sutren wie auch der taoistischen Schriften, schrieb er eine Zahl bedeutender Essays, die lange Zeit hoch geschätzt waren. Auf dem Berg Mao, dem Zentrum einer höheren Stufe des Taoismus, wurde er stärker verehrt als auf dem benachbarten Drachen-und-Tiger-Berg, der Residenz des Himmelsmeisters.

Der Kaiser Hsüan Tsung

Da dieses Kapitel eine Form von Geschichtsschreibung angenommen hat, in der Tatsache und Legende miteinander verwoben sind, darf an dieser Stelle eine der typischen Geschichten, die man sich über Taoisten erzählte, nicht fehlen. Unsere Geschichte handelt von Hsüan Tsung, dem Strahlenden Kaiser der T'ang-Zeit, von eben dem Herrscher, der den Nachkommen des CHANG TAO-LING posthum den Titel eines Himmelsmeisters verlieh. Gegen Ende seiner ruhmreichen Regierungszeit (712–755), in der die Poesie, die Malerei, der Tanz und die Musik wie nie zuvor florierten, erhängte sich die Dame Yang, seine Lieblingskonkubine, um meuternde Truppen zu beschwichtigen und den Thron ihres Gemahls zu retten. Vom Kummer übermannt, dankte der trauernde Kaiser ab; er hatte allen Lebenswillen verloren, es sei denn, es ließe sich ein Weg finden, um mit dem Geist der Geliebten in Verbindung zu treten. Schließlich stellte sich ein alter taoistischer Priester vor und erklärte sich bereit, dem Geist der toten Dame eine Botschaft zu überbringen; dazu ließ er sich mit gekreuzten Beinen wie zur Meditation nieder und schien in Schlaf zu versinken. Als er nach Mitternacht wieder zu Bewußtsein kam, berichtete er dem Kaiser, daß er, nachdem er als Geist unzählige Reiche der Unsterblichen aufgesucht hatte, der Dame Yang zu guter Letzt in einem wunderbaren Palast auf P'ENG LAI SHAN im Ostmeer begegnet sei. Die Nachricht, daß Seine Majestät untröstlich um sie trauerte, hatte sie so tief bewegt, daß sie gelobte, in einem anderen Leben wieder mit ihm vereint zu sein. Als Beweis für die Aufrichtigkeit ihres Versprechens hatte sie dem Boten die Hälfte eines Jadekamms übergeben, den der Kaiser seiner Lieblingsdame einstmals zum Geschenk gemacht hatte. Beim Anblick dieses Schmuckstücks empfand der bis dahin tief betrübte Kaiser große Freude, denn von dem Kamm, von dem jeder eine Hälfte besaß, hatte bis dahin kein Dritter etwas gewußt.

Diese Geschichte hat einen Schwachpunkt. Man weiß nicht, womit die Dame Yang einen Palast ausgerechnet auf P'ENG LAI SHAN verdient hatte; es sei denn, Schönheit an sich ermögliche den Eintritt ins Reich der Unsterblichen. Dennoch hat dieses Thema eines der schönsten und ergreifendsten Gedichte in chinesischer Sprache entstehen lassen, und es wird aus diesem Grund unvergeßlich bleiben.

Die Zunahme des taoistischen Einflusses

Mit dem Untergang der T'ang-Dynastie (618–907) fanden alle Hoffnungen ein Ende, der taoistische Einfluß am Hof könne dazu führen, den Konfuzianismus als Staatskult durch den Taoismus zu ersetzen. Während der Sung- (960–1279) und der Ming- (1368–1644) Dynastie erfuhr der Konfuzianismus eine nachhaltige Wiederbelebung (dazwischen lag die kurze Zeit der Mongolenherrschaft, in der alle Religionen, besonders aber der Buddhismus, gefördert wurden).

Ganz anders war es um den Taoismus bestellt. Mit Ausnahme der inneren Alchimie, einem Übungssystem zum Erreichen der spirituellen Unsterblichkeit, wurde nach und nach fast die Gesamtheit der höheren taoistischen Lehren und Praktiken vom *ch'an*-Buddhismus absorbiert. So blieb nur die große Sekte des Himmelsmeisters als unzulängliche Vertretung des Taoismus übrig, weil deren Anhänger in einigen Bereichen mehr Affinität zur überkommenen Volksreligion aufwiesen als zu den Lehren von LAO TZU und CHUANG TZU oder WEI PO-YANG und KO HUNG. Die Meinungen über das Ausmaß, in dem die mystischen Lehren des Taoismus damals weiter gedeihen konnten, gehen weit auseinander.

Zur Zeit der Ming-Dynastie übte der Taoismus jedenfalls einen feststellbaren Einfluß auf den Konfuzianismus aus. Der Gelehrte CHU HSI (1130–1200) aus der Sung-Zeit und sein Nachfolger in der Ming-Ära, WANG YANG-MING (1472–1528) versuchten nacheinander, der konfuzianischen Philosophie durch Aufnahme taoistischer und buddhistischer Vorstellungen eine festere metaphysische Basis zu geben. Besonders WANG YANG-MING, der in seinen jüngeren Jahren eine herzliche Neigung zum Taoismus gehegt hatte und einmal fast Einsiedler geworden wäre, fügte der konfuzianischen Vorstellung des Edlen Menschen oder Vollkommenen Weisen einige der Eigenschaften hinzu, die bis dahin nur für den taoistischen Unsterblichen gegolten hatten. Von jener Zeit an fanden so typisch taoistische Begriffe wie *tao, wu* (Nichtsein), *pen-t'i* (reines Sein), *t'ai chi* (das Höchste Letzte) und *t'ai hsü* (die Große Leere) Aufnahme in den Wortschatz konfuzianischer Schriftsteller; der Begriff des *ch'i* (Lebenskraft), dem besonders viel Bedeutung beigemessen wurde, kam im Sinne von »pneuma« in Gebrauch. Die Konfuzianer übernahmen überdies die Sitzmeditation und die taoistischen Lehren von der grundlegenden Einheit des Menschen mit allen Erscheinungen der Natur. Während die Konfuzianer früherer Epochen den Vollkommenen Weisen als eine Person gesehen hatten, die sich mit vornehmer Sorge um das Wohlergehen der Gesellschaft kümmerte, wurde dieses Ideal um die wesentliche Vorstellung erweitert, nach der die Vervollkommnung nur durch Konzentration aller körperlichen und geistigen Energien und durch Erkenntnis der wahren Natur des Menschen erlangt werden könnte. Auf diese Weise ergab es sich, daß das Beste des Taoismus zunächst im *ch'an*-Buddhismus fortlebte, während der institutionalisierte Taoismus langsam an Bedeutung verlor.

Während der Ch'ing-Dynastie (1644–1911) erfuhr der Taoismus keine weitere nennenswerte Entwicklung. Aber unabhängig von der weitverbreiteten Lehre des Himmelsmeisters, in der sich Taoismus und Volksglaube vermischt haben, gab es weiterhin taoistische Philosophen und Adepten. Einige der Gemeinschaften, die ich noch in den 30er und 40er Jahren besuchte, konnten auf eine seit Jahrhunderten ununterbrochene Tradition zurückblicken. Die republikanische Regierung des christlichen Generalissimus Chiang Kai-Shek zeigte sich gegenüber Buddhisten und Taoisten gleichermaßen feindselig. Obgleich diese Religionen schon im Untergang begriffen waren, verschwanden sie doch erst in den 50er Jahren völlig, als Mönche und Einsiedler in die Welt des Staubes hinausgetrieben wurden: Der Kommunismus räumt der spirituellen Kultivierung keinen Platz ein.

Der Taoismus übte zu allen Zeiten einen starken Einfluß auf Chinas Dichter und Maler aus, die von ihm Anstöße zu einer religiösen Naturverehrung erhielten. Viele von Chinas schönsten Kunstwerken verdanken ihre faszinierende Schönheit der Einsicht in die Heiligkeit aller belebten Wesen und aller Gegenstände. Dichter wie LI T'AI-PO (699–762) und PO CHÜ-I (772 – 846) waren im wahrsten Sinne taoistische Adepten, so intensiv äußerte sich ihre Übereinstimmung mit der Natur, und so innig wußten sie deren Wirken zu schätzen. Die theistische Vorstellung von Gott als einem Wesen, das auf immer von seiner Schöpfung getrennt ist, weist der Natur die Rolle eines bloßen Mechanismus zu, und die westliche Welt ist durch Newtons Weiterentwicklung dieser Anschauung verdorben worden. Die Taoisten verherrlichen die Natur und die Lebewesen, weil sie darin die Heiligkeit erkennen, die durch die zugrundeliegende Einheit mit dem schöpferischen *tao* verliehen wird. Sie erkennen, daß ein Geschöpf die Hindernisse, die der direkten Verbindung mit der Quelle des Lebens im Wege stehen, selbst beseitigen kann, wenn es sich nur von der Woge schöpferischer Aktivität davontragen läßt. Der Weise, der sich auf die Schwingungen der Natur einstimmt, lebt still und gelassen in dem Bewußtsein, daß zwischen ihm selbst, dem Universum und der Quelle, welche Sein und Ziel zugleich ist, weder Konflikt noch Trennung besteht. Für ihn ist das Erreichen des Ziels identisch mit dem Aufgeben des Gedankens, daß etwas erreicht werden soll. Ihm genügt das reine Sein!

Das Ende

Mit der Ankunft der Kommunisten wurden die Eremiten aus ihren Einsiedeleien zurück in die Welt des Staubes getrieben, um dort, so gut es ging, ihren Lebensunterhalt zu verdienen. Über diese tragische Vertreibung der Nachfolger des Gelben Kaisers, fast 5000 Jahre nach seiner Herrschaft, kann ich keine verläßliche Beschreibung geben, weil mein geringes Wissen darüber nur auf Hörensagen beruht. Statt dessen möchte ich eine ungewöhnliche kleine Geschichte wiedergeben, die offenbart, daß dieses Ereignis für zwei taoistische Mönche glücklich endete. Die Begebenheit wurde mir in Singapur von einer jungen Dame erzählt, die zu einem Zeitpunkt dorthin zurückgekehrt war, als die Kommunisten in Begriff standen, die südlichen Provinzen vollständig zu übernehmen: »Die Universität liegt, wie Sie wissen, nicht weit von einigen Bergen entfernt, wo es viele Tempel gibt. Bei einem Besuch der Sehenswürdigkeiten verfiel ich dem Zauber eines sehr alten Taoisten und pflegte ihn fortan an Wochenenden zu besuchen. Die kommunistischen Kader, die unmittelbar vor meiner Abreise in die Provinz eingefallen waren, machten keinen Hehl daraus, was sie mit Einsiedlern und buddhistischen Mönchen und Nonnen anzustellen gedachten.
›Was werdet Ihr tun, Meister?‹ fragte ich und weinte ein wenig bei dem Gedanken, daß der bedauernswerte alte Mann von dem Ort vertrieben werden sollte, an dem er fast die Hälfte seines Lebens glücklich verbracht hatte.
›Sie sorgen sich um mich, Yi‹, antwortete er, ›Warum? Wäre es nicht zum Lachen, wenn jemand, der Zeit seines

Lebens ein Anhänger Fürst Laos gewesen ist, sich vor dem Wandel fürchten sollte? Ich bin zu alt, um zur Arbeit geholt zu werden, und diese Leute legen viel zu viel Wert auf Äußerlichkeiten, als daß sie mich in einer Nachbarschaft verhungern ließen, in der so viele arme Leute mich lieben gelernt haben.‹

›Und wie wollen Sie weiterleben, Meister?‹

›Hören Sie auf zu weinen, kleine Yi, und ich werde es Ihnen erzählen. In meinem Alter kann ich besser in die Zukunft sehen, als mir die Vergangenheit ins Gedächtnis rufen. Wenn sie die anderen vertreiben, werden sie uns Alte und Nutzlose noch nicht fortgehen lassen: Wir werden, so gut es geht, von dem leben, was wir in unseren Gemüsegärten ernten. Werden sie das aus Gutmütigkeit geschehen lassen? Ich glaube kaum. Dieser Ort ist zu arm und zu abgelegen, als daß sie in Eile wären, ihn für einen andern Zweck zu nutzen; und weil drei oder vier von uns schon uralt sind, werden sie es dem Tod überlassen, ihnen das Problem unserer Beseitigung abzunehmen – und sie haben recht. Der Eremit des Weiten Tores und ich beabsichtigen, diese Welt am Abend der Mittherbstfeier des kommenden Jahres gemeinsam zu verlassen. Nein, nein! Seien Sie unbesorgt, kleine Yi! Denken Sie etwa, daß wir uns erhängen wollen oder daß wir eine oder zwei Unzen Opium schlucken werden? Wie absurd! Wir haben vor, mit Wein, Weihrauch und anderen Dingen, die wir verstecken wollen, wie üblich die Festzeremonien durchzuführen, zur Terrasse hinaufzugehen, den Herbstmond zu bewundern und uns niederzusetzen. Nachdem wir in der Meditation zur wahren Quelle von *yin* und *yang* gelangt sind, werden wir gemeinsam in das Meer der Leere eintauchen.‹

Obwohl er so glücklich lachte, brach ich wieder in Tränen aus. Dann fragte er unvermittelt: ›Kleine Yi, gibt es in Singapur Reiher?‹

›Reiher, Meister? Ich ... ich ... nein, dort gibt es keine.‹

›Also gut. Ehe Sie unseretwegen traurig sind, werden wir die ewige Glückseligkeit gern um etwa eine Stunde aufschieben. Merken Sie sich gut, was ich Ihnen jetzt sage. Gehen Sie nächstes Jahr zur Stunde des Ebers in der Festnacht auf einen hochgelegenen Platz und betrachten Sie den Himmel direkt über dem Meer, das Ihre Insel umgibt. Ich spüre ein großes Verlangen danach, die See bei Mondschein zu betrachten, zumal ich sie mein Lebtag niemals gesehen habe. Dort werden wir uns treffen und einander ein frohes Lebewohl wünschen.‹

Damals glaubte ich, daß er mich zu trösten versuchte, und nickte; aber ich nahm seine Worte nicht ernst. Dann nahmen wir voneinander Abschied.

Als im darauffolgenden Jahr das Fest herannahte, begleitete mich mein Vater zum Abendessen zu der Familie meines Verlobten. Der Empfang fand in einer Wohnung statt, die den Blick über das Meer erlaubte. Obgleich ich vom Gefühl her das tun wollte, was mich der alte Mann geheißen hatte, ließ ich es mir von meinem Vater leicht ausreden, als dieser sagte: ›Du kannst nicht so einfach von einer Abendgesellschaft aufbrechen und allein in der Nacht verschwinden. Was werden die Huangs von einem Mädchen halten, das sich so benimmt?‹

Das Essen wurde spät aufgetragen, und es war eine geräuschvolle, ausgedehnte Angelegenheit. Wir befanden uns noch am Tisch, als die Uhr zehn schlug (die Mitte der Stunde des Ebers). Unversehens verspürte ich einen seltsamen Schwindel, und man riet mir, hinaus auf den Balkon der Wohnung zu treten, von dem man direkt auf das Meer hinabsehen konnte. Es war eine milde und klare Nacht. Ein strahlender Mond schien auf die schaumgekrönten Wellen hinab. Bald erhoben sich zwei dieser Schaumkronen auf ungewöhnliche Art in die Luft und flogen schnell auf mich zu. Ich schrieb diese Sinnestäuschung meinem Schwindelgefühl zu, bis ich plötzlich bemerkte, daß das, was ich für Schaumkronen gehalten hatte, zwei weiße Reiher waren. Sie flogen sehr tief, kamen fast bis zu mir heran und umkreisten mich einige Male; dabei stießen sie, wie ich meine, sehr glücklich klingende Schreie aus, die lang anhielten und wunderbar anzuhören waren. Dabei ließ mich ein Gefühl außergewöhnlicher Wonne von Kopf bis Fuß erschauern. Augenblicklich wußte ich, daß mein taoistischer Freund nicht nur sein Versprechen gehalten hatte, sondern daß er mich auch etwas von der Ekstase spüren ließ, in der er durch seine Vereinigung mit der Leere auf ewig verweilen würde.«

III.
Das Rohholz

Der Einfluß von Lao Tzu
und Chuang Tzu

Das Erlangen der Unsterblichkeit ist gleichbedeutend mit der erfolgreichen Kultivierung des *tao*. Für den Adepten heißt das, sein Bewußtsein einem lebenslangen Läuterungsprozeß zu unterwerfen. Durch vereinten Einsatz aller Körper- und Geisteskräfte endeckt er nach und nach sein wahres Selbst – das in einem gewissen Sinne Nicht-Selbst ist. Oder anders ausgedrückt, er befreit sein wahres Selbst erfolgreich von den schweren Belastungen, die seiner Vollendung im Wege stehen. Mit Sicherheit werden nicht alle Taoisten gleichermaßen bis zu dem in den heiligen Schriften von LAO TZU und CHUANG TZU verborgenen Sinn vordringen, aber ungeachtet der Verstehensebene, auf der man sich in sie versenkt, tragen diese Schriften den Adepten weit über die erdrückenden Sorgen der Welt des Staubes hinaus. Eine Seele, die von Worten wie Himmel, Erde, Tau, Essenz, Zinnober, Mondschein, Stille, Jade, Perle, Zeder und Winterpflaume erfüllt ist, besitzt wahrscheinlich eine heitere Gemütsruhe, wie sie bestimmt nicht bei jenen angetroffen werden kann, deren Inneres von Begriffen der Gegenwart widerhallt: Computer, Traktor, Jumbojet, Flipperautomat, Pop, Dollar, Liquidierung, Napalm, Overkill! Wen könnte die Aussicht auf einen Mondflug an Bord eines milliardenteuren Raumschiffs noch locken, wenn er wüßte, wie man zu jeder Tages- oder Nachtzeit einen gold- und scharlachglänzenden Drachen herbeirufen und sich mit ihm zu den Sternen emporschwingen kann? Und wie reich an Weisheit ist eine Philosophie, die den Menschen von der rücksichtslosen Konkurrenz befreit, vom Kampf bis aufs Messer um Ansehen, Reichtum, Macht oder Ruhm, und ihn statt dessen dazu führt, einfach und zufrieden in Übereinstimmung mit der Natur zu leben und mühelos die Gelassenheit zu erlangen, die in einem mit Stille genährten Herzen erblüht.
Bei der flüchtigen Beschreibung der Entwicklung des Taoismus vom Gelben Kaiser bis zu KO HUNG (»der

Meister, der am Einfachen festhält«), mit dem das farbenprächtig gewirkte Wandbild von der taoistischen Entwicklung seine Vollendung fand, haben wir die humorvolle und dennoch erhabene Philosophie LAO TZUS und CHUANG TZUS übergangen, die allen Abschnitten ihre fein abgestimmten Töne verleiht. Und ihren Lehren wollen wir uns jetzt zuwenden. Aber weil die LAO-CHUANG-Philosophie irrtümlich so oft als die vollständige Grundlage des originären Taoismus vorgestellt worden ist, zu dem die übrigen Werke höchstens als Anhang gehören, erscheint es ratsam, einige Schritte zurückzutreten, um das Wandbild in seinem vollen Umfang zu betrachten. Es ist aus geschickt miteinander versponnenen Strängen gewirkt, die Farben sind prächtig, aber gedämpft, mit Ausnahme von blutroten, korallenrosa und goldenen Einschlüssen. Die Stränge treten in einer ganzen Reihe unterschiedlicher und pittoresker Szenen wieder und wieder hervor. Das Ganze ist von einer Geschlossenheit, die nur würdigen kann, wer erkennt, daß die zahlreichen, voneinander abweichenden Ziele und Methoden der Taoisten auf der Überzeugung beruhen, daß Naturgesetze, wie z.B. jenes des Zusammenwirkens von *yin* und *yang*, universell wirksam sind. Daraus folgt, daß ungeachtet einer erhabenen oder trivialen, lauteren oder korrupten Zielsetzung, die Art und Weise, wie eine Sache in Angriff genommen oder in ihrer Entwicklung weiterverfolgt wird, im Großen und Ganzen den gleichen Gesetzmäßigkeiten unterworfen ist. Das Verknüpfen von Kette und Schuß dieses Gewebes führt zur uralten Vorstellung vom *tao*, dessen majestätische Wandlungszyklen vom endlosen Spiel von *yin* und *yang* und vom ewigwährenden Tanz der *wu hsing* (Fünf Wandlungsphasen) bewegt werden. In diesen Flor haben die geistigen Nachkommen des Gelben Kaisers das Motiv der Unsterblichkeit eingewirkt, d.h. die Idee, daß die Individuen, die in ihre Begierden und Täuschungen verstrickt worden sind, in Übereinstimmung mit den Naturgesetzen und durch das Eintreten in die Stille diese Mühsal abwerfen und zur Quelle des Seins zurückkehren können. Die Suche nach der Unsterblichkeit äußert sich weiter in der Idee, daß im Körper des Adepten ein Goldenes Elixier zu destillieren sei; dazu müsse der Geist von Ballast befreit und von Schlacken gereinigt werden, um substantiell mit dem kosmischen Geist, aus dem er ursprünglich hervorkam, wieder eins zu werden. Diese Vorstellung der Selbstreinigung wurde von zwei parallel verlaufenden Denkrichtungen vervollständigt: zum einen von der Mystik LAO TZUS und CHUANG TZUS und ihren Anhängern, und zum anderen von den geheimen Lehren der taoistischen Alchimisten. Schließlich entstammen aus der Verknüpfung der volkstümlichen Ausprägung des Taoismus mit der alten Volksreligion jene Götter- und Dämonengestalten, die vielleicht gegen die Eleganz unseres Wandbilds wunderlich erscheinen mögen. Bislang wurden hier als einzige anthropomorphe Figuren jene bärtigen Weisen und ewig jugendlichen Unsterblichen dargestellt, die sich verzückt der himmeldurchquerenden Freiheit erfreuen. Jedoch besitzen diese Götter und Dämonen einen farbenfrohen, wenn auch mitunter grotesken Charme. Ich habe nie richtig verstanden, wie es dazu kommen konnte, daß LAO TZU und CHUANG TZU im Westen schon seit langem als Begründer des Taoismus angesehen wurden, während alle anderen schriftlichen Zeugnisse als Entartung oder gar als Entweihung ihrer erhabenen Lehre abqualifiziert wurden. Zahlreiche Anhaltspunkte in den Schriften der beiden Weisen belegen, daß ihre Ideen aus uralten Quellen stammen, die sogar schon im 5. oder 6. Jahrhundert vor Christus als Überlieferungen beträchtlichen Alters gelten mußten. Das Buch der Wandlungen (*I Ching*), das selbst viel älteren Datums ist als die Schriften LAO TZUS und CHUANG TZUS, liefert hierfür absolut unwiderlegbare Beweise. Aber warum hat sich diese irrige Vorstellung so lange halten können? Wenn man die frühere und erst kürzlich geänderte Haltung des Westens gegenüber dem tibetischen Buddhismus als Richtschnur akzeptiert, scheint es so, daß bei der Begegnung des Westens mit einer bis dahin kaum bekannten östlichen Kultur schon von Anfang an Fehler begangen wurden, die von Beschreibung zu Beschreibung wiederholt wurden: Dies erweckt den Eindruck, daß Experten späterer Generationen vorgefaßte Meinungen über die östliche Kultur übernehmen, bevor sie überhaupt eigene, selbstständige Untersuchungen beginnen.

Die Philosophie von LAO TZU und CHUANG TZU bleibt auf jeden Fall unserer höchsten Verehrung würdig. Ich denke nicht im geringsten daran, sie unterzubewerten und schätze sie im Gegenteil höher ein als die meisten anderen Menschen. Auf meinem Schreibtisch nimmt eine gelungene Bronzestatue von LAO TZU den Ehrenplatz ein, direkt dahinter hängt eine Schriftrolle mit der Kalligraphie meiner Lieblingsstelle aus dem *Tao Te Ching*. In den Jahren seit ihrem Erwerb habe ich sie als eine unerschöpfliche Quelle der Inspiration empfunden. Über die Lehren der beiden Weisen ist eine kaum überschaubare Literatur entstanden. Mir geht es in erster Linie um jene Aspekte der taoistischen Lehre, die für die Untersuchung der taoistischen Vorstellung von der Unsterblichkeit von wesentlicher Bedeutung sind. Richtig verstanden, bedeutet der Begriff »Unsterblicher« etwa das, was LAO TZU und CHUANG TZU als »der Wahre Mensch«, »der Vollkommene Mensch«, »der Weise« bezeichneten. Eine Ausnahme bilden die Schriften einiger *huang-lao*-Adepten, in denen oft der Standpunkt vertreten wird, daß Unsterblichkeit ohne Hilfe taoistischer Praktiken wie Atemübungen, innere Alchimie etc., nicht ohne weiteres erreicht werden kann. Die Überschrift für dieses Kapitel beruht auf dem chinesischen Schriftzeichen *p'u*, das mehrere Male im *Tao Te Ching* vorkommt. Im Wörterbuch wird es als »Substanz der Dinge« und als »Dinge im Rohzustand« definiert, und ich habe mich entschlossen, die letztere Bedeutung für die Übersetzung von Ko Hungs Spitznamen, Pao P'u Tzu, zu verwenden. Für die meisten anderen Zusammenhänge stimme ich mit D.C. Lau überein, der in der Penguin-Ausgabe des *Tao Te Ching p'u* als »der unbehauene Block« wiedergibt. Mehr als irgendein anderes einzelnes Wort beschreibt *p'u* die Vorstellung Lao Tzus von dem Zustand, den ein Weiser anstreben sollte – vorausgesetzt, daß »anstreben« nicht zu einseitig die bewußt gerichtete Anstrengung bezeichnet, um in einen taoistischen Kontext zu passen. Hier folgen ein paar einschlägige Zitate aus dem *Tao Te Ching*.

Der Weise will nicht selber scheinen,
darum wird er erleuchtet.
Er will nicht selber sein,
darum wird er herrlich.
Er rühmt sich selber nicht,
darum vollbringt er Werke.
Er tut sich nicht selber hervor,
darum wird er erhoben.
Denn wer nicht streitet,
mit dem kann niemand auf der Welt streiten.
Was die Alten gesagt: »Was halb voll ist, soll voll werden«,
ist fürwahr kein leeres Wort.
Alle wahre Vollkommenheit ist darunter befaßt.
(22. Spruch)

Auf der ganzen Welt
gibt es nichts Weicheres und Schwächeres als das Wasser.
Und doch in der Art, wie es dem Harten zusetzt,
kommt nichts ihm gleich. (78)

Höchste Güte ist wie das Wasser.
Des Wassers Güte ist es,
allen Wesen zu nützen ohne Streit. (8)

Das Starke und Große ist unten.
Das Weiche und Schwache ist oben. (76)

Darum: Das Edle hat das Geringe zur Wurzel.
Das Hohe hat das Niedrige zur Grundlage. (39)

Wer auf den Zehen steht,
steht nicht fest.
Wer mit gespreizten Beinen geht,
kommt nicht voran. (24)

Die vor alters tüchtig waren als Meister,
waren im Verborgenen eins mit den unsichtbaren
Kräften.
Tief waren sie, so daß man sie nicht kennen kann.
Weil man sie nicht kennen kann,
darum kann man nur mit Mühe ihr Äußeres beschreiben.
Zögernd, wie wer im Winter einen Fluß durchschreitet,
vorsichtig, wie wer von allen Seiten Nachbarn fürchtet,
zurückhaltend wie Gäste,
vergehend wie Eis, das am schmelzen ist,
einfach, wie unbearbeiteter Stoff (Rohholz)... (15)

Wieder und wieder betont LAO TZU, wie unklug es sei,
nach Bekanntheit, Reichtum oder Rang zu streben; die
Weisheit bestünde darin, einfach und anspruchslos zu
sein – daher stammt auch die adäquate Metapher vom
Rohholz. Dieses Bild stimmt völlig mit dem Begriff »ein
Unsterblicher werden« überein und bildet fast die
gesamte Grundlage der japanischen wie auch der chinesischen Kunst und Kultur. Im Fernen Osten galt sparsam-
ste Beschränkung lange Zeit als untrügliches Kennzei-

chen großer Kunst. Und kein wahrhaft großes Werk aus Dichtung und bildender Kunst wäre in China und Japan vorstellbar, ohne daß das Prinzip erlesener Schlichtheit Berücksichtigung fände. Die besten Tuschmalereien sind oft mit erstaunlich sparsamen Pinselstrichen und ohne weitere Farben ausgeführt, dafür aber mit unterschiedlichen Tönen von wasserverdünntem Schwarz auf weißem Grund. Die erlesensten Keramiken sind wegen ihrer extremen Einfachheit berühmt, und die elegantesten Möbel verdanken fast ihre ganze Schönheit der schnörkellosen Linienführung.

Diese Liebe zum Einfachen und Zurückhaltenden stammt direkt aus der intuitiven Erkenntnis der Natur des *tao*. Selbst formlos und leer, bildet das *tao* die Quelle aller zehntausend Dinge. Als Mutter des Universums und Erhalter aller Geschöpfe ist das *tao* gegenüber seinen Wohltaten völlig gleichgültig; ja, es weiß nicht einmal davon. Ohne Mühe füllt das *tao* Verbrauchtes wieder auf, verringert Überschüsse und verrichtet alles Notwendige ohne Vorbedacht, Anstrengung und Eile. Es ist zu gleicher Zeit Leere und Form, wobei sich beide Aspekte gegenseitig bedingen, so wie die Leere für ein Gefäß unerläßlich ist, oder lichter Raum für ein Fenster oder eine Tür. Einer solchen Mutter mit Hymnen und Psalmen Lob zu singen, hieße für ihre Geschöpfe nur, daß sie Geräusche erzeugen. Das *tao* ist niemals aufdringlich, fordernd oder prunkvoll. Es hieße, den Atem zu verschwenden, wollte man von seiner Herrlichkeit singen; stattdessen sollte man seine Wirkungsweise beobachten und sie sich zum Vorbild nehmen. Nach dem *tao* zu leben heißt, wie das *tao* zu wirken, sich auf die bewundernswerte Mühelosigkeit einzustimmen, mit der alles getan wird, und das zu erzeugen, was für andere nützlich ist – so wie das *tao* wohltuenden Regen und Tau spendet, ohne einen Gedanken an Lob oder Dank, geschweige denn Belohnung, zu verschwenden.

Das Geheimnis der Weisheit, die auch als Unsterblichkeit bezeichnet wird, besteht im Hinnehmen; darauf beruht Lao Tzus Gebot, wie ein Neugeborenes zu werden, das die Dinge ohne Unterschied so nimmt, wie sie kommen. Wer in den natürlichen Ablauf der Dinge eingreift, beschwört mit Sicherheit Unglück und Sorgen herauf; wer es versteht, sich leicht dem Lauf der Dinge anzupassen, wird den Weg zur Ruhe und Weisheit finden. Warum soll man über dieses oder jenes erbost sein, warum Unterscheidungen treffen? Ohne Häßlichkeit könnte es keine Schönheit geben, ohne Böses kein Gutes, ohne Tod kein Leben. Wandel ist notwendig für das Leben, vorgebliche Schicksalsschläge stellen sich oft als unerkannte Wohltaten heraus. Das Tiefe ist nicht weniger nützlich als das Hohe, das Letzte nicht weniger als das Erste. Ausdehnung enthält Zusammenziehen, gerade enthält krumm, stark enthält schwach. Steigen und Fallen, Nehmen und Geben – jedes erfüllt auf seine Weise eine Aufgabe. Kein Sturm weht ewig, kein Regen fällt unaufhörlich – warum sich also sorgen! Der Weise ist ein Mensch, der wohl weiß, daß duldsames Hinnehmen des Bestehenden immer empfehlenswert ist. Er kann sich darauf verlassen, daß die Natur zu gegebener Zeit und Gelegenheit Wohltaten verteilt. Wer sich in ihr Wirken einmischt, fordert Vergeltung heraus.

Das Weiche behält die Oberhand über das Harte, so wie das Wasser die Oberhand über alle Hindernisse behält, die seinem Lauf entgegenstehen. Anmaßung und Streit verstoßen gegen den Weg des Himmels und bringen große Not mit sich. Wahre Weisheit, wahre Überlegenheit können nie durch Streben gewonnen werden, sondern nur, indem man den Dingen ihren Lauf läßt. Unnachgiebige Pflanzen werden niedergedrückt oder gebrochen, biegsame Pflanzen überleben den Sturmwind. Dies nennt man lernen, mit der Natur übereinzustimmen.

Aus dem Satz, die Dinge so zu lassen, wie sie sind, ergibt sich als natürliche Schlußfolgerung, die Menschen die Entscheidungen über ihre Angelegenheiten selber treffen zu lassen. LAO TZU verurteilte das Gerede von Menschlichkeit, Kindespflicht und Loyalität, das so typisch für die Konfuzianer war, und er wies darauf hin, daß das Bestehen auf ihrer Notwendigkeit als sicheres Zeichen ihres Niedergangs zu verstehen wäre. Der Weise handelt, wenn die Dinge falsch laufen, nach dem, was der Moment erfordert; dann zieht er sich zurück und verliert weder Wort noch Gedanken über das, was gerade geschehen ist. Gesetze führen nach LAO TZUS Gefühl nur zur Zunahme aller möglichen Verbrechen. Durch diese Lehre fühlten sich die taoistischen Adepten in ihrer Vorliebe für die Einsamkeit der Berge bestätigt und unterstützt, dort konnten sie in Übereinstimmung mit der Eingebung des Herzens frei handeln und wurden weder von Gesetzen noch sozialen Bräuchen gehindert.

Es muß aber darauf hingewiesen werden, daß Toleranz und duldsames Hinnehmen des Bestehenden allein noch nicht zum wahren Leben eines Weisen, zur Unsterblichkeit führten. Es muß selbstverständlich auch eine konstruktive Seite bei der Kultivierung des *tao* geben. LAO TZUS zentrales Gebot zur erfolgreichen Kultivierung des *tao* heißt, anspruchslos und still zu sein. Sein Standpunkt hinsichtlich dieser Verhaltensregel wird damit erklärt, daß Farben blenden, Töne betäuben, üppiges Essen den Gaumen verdirbt, Genüsse verwirren, Gier nach Reichtum korrumpiert. Jene, die am *tao* festhalten, suchen nicht nach Sättigung; dort, wo sie vermieden wird, erscheint alles frisch und unversehrt.

Nichts ist schlimmer als eine unübersehbare Zahl von Wünschen: Lust, Zerstreuung und Gier beeinträchtigen die Seelenruhe. Man muß sich an das Wahre halten und darf sich nicht um schmückendes Beiwerk kümmern. Künstlichkeit und Streben nach Macht oder Reichtümern sind einem Weisen gleichgültig; indem er nicht versucht, an den Dingen festzuhalten, erspart er sich Verlust. Um den Weg zum Himmel zu erkennen, braucht man keinen Schritt vor die Tür zu setzen. Der Adept, der sich vom Lernen, von der Sorge und vom Verlangen lossagt, kultiviert die Stille, und in dieser Stille wird die erhabene Schau des *tao* erreicht. Dann erscheint das Wahre tatsächlich, und er kann zu dessen äußersten Grenzen vordringen; es kann weder gesehen noch gehört werden. Die Lehren des *Tao Te Ching* sind in zu knappen Worten beschrieben worden, als daß der Leser sicher sein könnte, irgendwelche Anweisungen für formale Meditationsübungen darin zu finden. Können die Worte »nur still sitzen« schon als Anweisung zu regelmäßiger Meditation verstanden werden? Und »stopfe die Öffnungen der Lust, schließe ihre Pforten!« läßt sicher ebenfalls unterschiedliche Deutungen zu. Was immer LAO TZU dabei im Sinn gehabt haben mag, fest steht, daß jene Anweisung schwer zu verstehen und auszuführen ist. Aus diesem Grunde wurden nachträglich alle Arten taoistischer Übungsmethoden zur Unterstützung der Kultivierung des *tao* entwickelt; gleichwohl sollten solche praktischen Hilfen nicht als Abweichen oder Abkehr von der ursprünglichen Lehre angesehen werden. Sie stellen vielmehr einen sehr notwendigen Entwicklungsschritt dar, weil nicht alle Menschen gleichermaßen mit der Fähigkeit für die Stille begabt sind. Darüber hinaus läßt das Fehlen besonderer Anweisungen zur Kontemplation und Atemtechnik im *Tao Te Ching* nicht den einfachen Schluß zu, daß LAO TZU derartige Übungen nicht gut hieß. In einem äußerst knapp gefaßten Text über grundlegende Prinzipien sollte man ohnehin keine detaillierten Anweisungen dieser Art erwarten. Im 33. Spruch des *Tao Te Ching* gibt es allerdings einen Vers, der sich direkt mit dem taoistischen Ziel der Unsterblichkeit zu befassen scheint. Er lautet: »Wer auch im Tode nicht untergeht, der lebt«.

Es trifft zu, daß der chinesische Begriff, der hier als »lebt« übertragen worden ist, wörtlich nichts anderes als Langlebigkeit bedeutet. Von den Taoisten wird er im Sinne von Unsterblichkeit oder Langlebigkeit verstanden, oder in beiden Bedeutungen gleichzeitig gebraucht; allerdings ergäbe Langlebigkeit in diesem Zusammenhang wohl keinen Sinn. Die Behandlung von derlei philologischen Fragen ist in unserem Zusammenhang eigentlich wenig sinnvoll. Bis auf die naive Auslegung der Lehre von der Fleisch- und Blut-Verwandlung zum unsterblichen Zustand hat man die beiden Begriffe »Unsterblicher« und »vollkommener Weiser« immer als Synonyme verwandt.

Chuang Tzu, der etwa ein Jahrhundert nach Lao Tzu gelebt haben soll, wird so häufig mit seinem Vorläufer identifiziert, daß auf lange Zeit das Kompositum Lao-Chuang in Gebrauch war. Dies geschah, um ihnen eine gemeinsame Bezeichnung zu geben; dennoch bestehen zwischen beiden sowohl ausgeprägte Unterschiede als auch enge Übereinstimmungen. Die Schriften des Chuang Tzu lassen sich, von ihrem größeren Umfang abgesehen, im Vergleich zu der eindrucksvollen Knappheit des Tao Te Ching als nahezu wortreich bezeichnen; Chuang Tzu liebte es, Anekdoten zu erzählen und ein Feuerwerk subtilen Humors abzubrennen. Der entscheidende Unterschied zwischen den beiden Weisen liegt jedoch auf anderem Gebiet. Die Frage, ob Lao Tzu zu Recht oder zu Unrecht als Quietist ohne genau definiertes mystisches Ziel und hinsichtlich geregelter kontemplativer Versenkung als Nicht-Praktizierender bezeichnet werden kann, muß unbeantwortet bleiben. Es existieren aber genügend Indizien, die eine solche Charakterisierung als berechtigt erscheinen lassen. Im Falle des Chuang Tzu sieht es anders aus. Ich kann mir nicht vorstellen, wie jemand, der sich in seinen Schriften auskennt, daran zweifeln kann, daß Chuang Tzu mit dem

Chuang Tzu (Dschuang Dsi) und der Schmetterling. Tuschbild
von Nakayama Kōyō, 18. Jahrhundert.

Zustand mystischer Entrückung, die klar jenseits einer quietistischen Übereinstimmung mit der Natur liegt, wohl vertraut war. Dennoch sprechen sich viele Autoren dafür aus, daß die beiden weisen Männer nur bescheidenen Lohn für die von ihnen praktizierte Bescheidenheit, ihre Liebe zur Stille und ihr duldsames Hinnehmen der Höhen und Tiefen in der Natur erwarteten, und daß sie keinen Wert darauf legten, daß die Dinge anders sein sollten, als sie sind. In diesem Sinne wollten sie in einer Zeit des Aufruhrs, in der allgemeine Bekanntheit sich nur nachteilig auswirken konnte, von den Behörden in Ruhe gelassen werden, frei von Ängsten leben und einfache Freuden genießen: eine kühle Brise, das Schäumen eines Bergbaches, die Früchte des Feldes, das Spiegelbild des Mondes auf dem klaren Wasser, die Wärme der Sonnenstrahlen, die Reinheit noch nicht betretenen Schnees, die schemenhaften Umrisse wolkenverhangener Berge, von der Morgenröte getönter Nebel, der von einem See aufsteigt, das Singen des Windes in den Kiefern, das Rascheln des Bambus.

Ich persönlich bezweifle diese Theorie sogar schon im Fall des Lao Tzu, weil viele seiner rätselhaften Aussprüche auf eine tranzendentere Art von Weisheit schließen lassen. Es gibt jedoch mit Sicherheit keine greifbaren Belege dafür, daß er mit den ekstatischen Freuden vertraut war, die in stiller Kontemplation erlangt werden, und bei denen schließlich das innere Licht aufscheint. Die Werke des Chuang Tzu vermitteln dagegen häufig Hinweise auf die erhabene Seligkeit, die entsteht, wenn sich der Meditierende im Zustand der Ruhe und Stille befindet und im vertrautem Umgang mit jenem steht, das sich über Erde und Himmel auftürmt und dennoch so nahe ist, daß sich sein Leuchten in den geheimsten Winkeln des eigenen Geistes finden läßt. Alte chinesische Texte sind im Wortlaut sehr knapp und erlauben gleichzeitig so weite und unterschiedliche Auslegungen, daß es schon schwerfällt, über weniger obskure Dinge als diese Gewißheit zu erlangen. Aber während gute Gründe für die Annahme sprechen, daß LAO TZU eher ein Quietist mit mystischen Neigungen denn überzeugter Mystiker war, erscheint es mir klar, daß diese Ausprägung mystischer Haltung im Fall des CHUANG TZU nicht zutrifft.

Burton Watson, der kluge und feinfühlige Übersetzer der vollständigen Werke des CHUANG TZU, stimmt mit mir nicht überein. In seiner Einleitung deutet er mit geziemender Vorsicht an, daß CHUANG TZU nicht mehr anstrebte als »Freiheit von dieser Welt«, die durch Hintersichlassen der herkömmlichen Werte erreichbar wäre, um sowohl selbstverschuldeten als auch von außen stammenden Zwängen zu entkommen. Aus seiner Sicht kann der Weise, wenn ich ihn richtig verstanden habe, folgendermaßen definiert werden:

Weder Name, Ehre, Stand und hohes Ansehen einerseits, noch Tadel, Mißachtung, Scheitern beim Streben nach Ansehen andererseits sind ihm einen Augenblick der Beachtung wert: Solche Erkenntnis verleiht ihm die Fähigkeit, äußeren Schwierigkeiten ungerührt entgegenzusehen. In ähnlicher Weise kann er sich, indem er die Bindungen, insbesondere Reichtum und überflüssigen Besitz abstreift, seiner selbstverschuldeten Unfreiheit entledigen, zumal die wahren Werte des Lebens unschwer zu erlangen sind oder es, zu jenen Zeiten jedenfalls, nicht waren. Gelassenes Hinnehmen der natürlichen Übel wie Armut, Krankheit und Tod als notwendiger und nicht unwillkommener Teil der natürlichen Vorsehung machten den Menschen gegen Trauer widerstandsfähig. Als Urheber der meisten seiner Leiden kann er die Sorgen einfach dadurch bannen, daß er sich in seinem Gleichmut nicht durch irgendwelche Geschehnisse erschüttern läßt. Krieg, Ungerechtigkeit, weitverbreitete Armut und andere gesellschaftliche Übel würden ein Ende finden, wenn die Menschen davon abließen, die Dinge fälschlicherweise in gut oder schlecht, wünschenswert oder nicht voneinander abzugrenzen. Absichtsvolles, wertbewußtes Handeln sollte zugunsten des *wu wei* vermieden werden – des spontanen, absichtslosen Handelns, durch das die Natur ihre Ziele so bewundernswert einfach erreicht. Um zu zeigen, wie befriedigend diese Art des Handelns sein kann, führt der Weise die Arbeit des geschickten Handwerkers an: das Messer des erfahrenen Holzschnitzers eilt instinktiv über das Holz und erzielt mit vorbildlichen, sparsamen Bewegungen die besten Ergebnisse; ebenso verhält es sich mit einem gewandten Holzfäller, einem Metzger, einem Schwimmer – um Perfektion zu erreichen, brauchen sie über ihr Tun nicht nachzudenken. In CHUANG TZUS eigenen Worten hört sich das folgendermaßen an: »Wer das *tao* praktiziert, tut jeden Tag weniger und fährt fort, weniger zu tun, bis er den Punkt erreicht, an dem er nichts tut; er tut nichts, und trotzdem bleibt nichts ungetan!«

Der Weise befleißigt sich der Einfachheit, der Freude an Bildern und Klängen, die ihm begegnen; er ist frei von Bindungen und begrüßt ihr Kommen, aber er läßt sie ohne Bedauern ziehen. So wandert er glücklich durchs Leben; er hat kein besonderes Ziel, und er kennt weder Enttäuschung noch Mißerfolg.

»Die Berge und Wälder, die Hügel und Felder erfüllen uns mit überfließender Wonne, und wir sind glücklich. Unsere Freude hört nicht auf, wenn Kummer herandrängt.« Ein weiterer Abschnitt lautet:

»Der Vollkommene Mensch bedient sich seines Geistes wie eines Spiegels – er reagiert, aber er behält nicht zurück.« Wenn etwas fehlschlägt, hilft ein herzliches Lachen eher als der Versuch, die Situation zu retten. CHUANG TZU liebte das Lachen, und er konnte sich hervorragend über Hochmut und Anmaßung lustig machen.

In diesem Licht erscheint die Lehre des CHUANG TZU wie reiner Quietismus, der vielleicht ein wenig von der Mystik beeinflußt ist; dennoch läßt sich kein direkter Hinweis auf ein hohes mystisches Ziel finden, das erreicht werden soll. Es finden sich jedoch in seinen Werken Passagen, die mit Sicherheit mystische oder meditative Interpretationen zulassen. Die Beschreibungen von Adepten, die gegen Hitze, Kälte, Hunger und Unglücksfälle aller Art unempfindlich geworden sind, und die die Fähigkeit erworben haben, glücklich über den Sternen zu schweben, sind zweifellos nicht wörtlich zu verstehen. Worauf aber können sie sonst verweisen, als auf die erhebende mystische Verzückung und das Gefühl vielverheißender Freiheit, die sich auf hohen Stufen der taoistischen Kontemplation einstellen? In einer Parodie auf LIEH TZU, einen weiteren taoistischen Weisen, spottet CHUANG TZU darüber, daß dieser bloß auf dem Wind reiten könne; das erspare ihm wohl die Mühen des Gehens, aber er sei immer noch von einem Transportmittel abhängig. Der wahre Weise dagegen, der »zur Wahrheit von Himmel und Erde aufsteigt« und »auf den Wandlungen der sechs Atemarten reitet«, könne durch grenzenlose Unendlichkeit streifen, ohne auf irgendein Transportmittel angewiesen zu sein. Übrigens scheint dieser Abschnitt auch auf eine Kenntnis der meditativen Atemtechniken hinzuweisen, von denen eine später als »Atmen durch die Fersen« bezeichnet werden sollte; diese Bezeichnung spielt auf einen weiteren Textabschnitt an, in dem CHUANG TZU diese Technik als eine der Errungenschaften des wahren Weisen erwähnt. An anderer Stelle tadelt er jedoch gewisse Adepten, die ein verwickeltes System aus Atemtechniken und Meditations-Haltungen lehrten:

»Zu keuchen und nach Luft zu schnappen,
zu atmen und zu nippen,

den verbrauchten Atem auszuspucken und den frischen
einzuziehen,
den ›hängenden Bären‹ und ›Vogelstreckungen‹ zu
üben, nur mit Leichtigkeit im Sinn:
so sieht das Leben der Adepten aus, die das
meditative System der Induktion praktizieren.«

Angesichts solcher Aussagen überrascht es nicht im
geringsten, daß sich CHUANG TZU gegen alle übertriebe-
nen ehrgeizigen Methoden der Meditation wandte, aber
gleichzeitig auch selbst einige anschauliche Beschreibungen taoistischer Kontemplation und ihrer Ergebnisse liefert. Eine lautet wie folgt:
»Das Wesen des Vollkommenen Weges ist in Tiefe und
Dunkelheit verborgen; sein Extrem ist geheimnisvoll und
in Schweigen gehüllt. Laß kein Sehen zu, und kein
Hören; hülle den Geist in Ruhe, und der Körper wird
sich wieder in Ordnung bringen ... Wenn das Auge nicht
sieht, das Ohr nicht hört und der Verstand nicht weiß,
wird der Geist deinen Körper beschützen, und der Körper wird sich eines langen Lebens erfreuen. Gehe sorgsam mit deinem Innern um; schirme das ab, was sich
draußen befindet, denn zuviel Wissen ist schädlich. Dann
werde ich dich über das Große Leuchten hinaus zur
Quelle des vollkommenen *yang* führen. Ich will dich
durch das Dunkle und Geheimnisvolle Tor zur Quelle
des vollkommenen *yin* geleiten ... Du mußt nur achtge-
ben und deinen Körper behüten: dann werden sich
andere Dinge von selbst stärken.«
In einem humorvoll unbekümmerten Bericht über einen
Besuch, den KONFUZIUS dem LAO TZU abstattete, wird
der taoistische Weise folgendermaßen angetroffen: »Völlig bewegungslos, er schien nicht einmal ein Mensch zu
sein.« Da rief KONFUZIUS verwundert aus: »Haben meine
Augen mich betrogen? Vor einem Augenblick, mein
Herr, erschienet Ihr steif wie ein seit langem abgestorbe-

ner Baum, so als ob Ihr die Dinge vergessen, von den Menschen Abschied genommen hättet, und in die Einsamkeit selbst versunken wäret!« Darauf soll Lao Tzu geantwortet haben: »Ich habe meinen Geist im Anbeginn der Dinge schweifen lassen.«

In einem anderen Abschnitt wird, so unglaublich es klingen mag, dem Konfuzius das begeisterte Lob der Meditation selbst in den Mund gelegt:

»Du hast vom Fliegen mit Flügeln gehört; aber du hast niemals vom Fliegen ohne Flügel gehört. Du hast vom Wissen, das weiß, gehört; aber du hast niemals vom Wissen gehört, das nicht weiß. Sieh in den leeren Raum, die leere Kammer, in der die Helligkeit geboren wird! Glück und Segen sammeln sich dort, wo Stille herrscht. Aber wenn du nicht stillhältst – dann nennt man das Sitzen bei gleichzeitigem Umherrennen. Laß deine Augen und Ohren in Verbindung mit dem Inneren stehen, und laß Verstand und Wissen draußen. Dann werden die Götter und Geister kommen, um zu verweilen, ganz zu schweigen von den Menschen.«

Jene Taoisten, die tatsächlich an die völlige körperliche Umwandlung glaubten, mögen Chuang Tzus Beschreibung eines heiligen Mannes wörtlich genommen haben, der auf dem Berg Ku-She lebte, »eine Haut so hell wie Eis oder Schnee besaß und sanftmütig und scheu wie ein junges Mädchen« war, dessen Nahrung aus Tautropfen bestand und der sich einen Drachen als Reittier hielt. Aber obgleich wir unmöglich annehmen können, daß Chuang Tzu so naiv gewesen sein kann, solchen Geschichten Glauben zu schenken, beschwören diese Worte eben die bemerkenswert zauberhaften Gefühle, die sich beim Erfolg in der taoistischen Meditation einstellen, sowie die jugendliche Erscheinung, derer sich manche Taoisten so lange erfreuen.

Daß er den Traum der frühen Taoisten vom Erwerb außerordentlicher Langlebigkeit nicht teilte, wird in verschiedenen Textstellen deutlich, wie beispielsweise dieser: »(Der Wahre Weise) findet am frühen Tod Gefallen, er findet Gefallen am hohen Alter; er findet Gefallen am Anfang; er findet Gefallen am Ende.«

»Wie weiß ich, daß die Liebe zum Leben nicht eine Täuschung ist? Wie weiß ich, daß ich, wenn ich den Tod hasse, nicht ein Mensch bin, der seine Heimat in seiner Jugend verlassen und den Weg zurück vergessen hat?«

Andererseits war er offensichtlich nicht der Ansicht – wie einige es Lao Tzu und Chuang Tzu unterstellt haben –, daß der Tod das Ende aller Dinge bedeutet, denn er schrieb: »Das Leben ist der Begleiter des Todes; der Tod ist der Anfang des Lebens.« Noch unmißverständlicher ist die folgende Bemerkung: »Eines Tages wird es ein großes Erwachen geben, und dann werden wir wissen, daß all dies ein Traum ist.« Diese zweite Aussage läßt sich mit der mystischen Vorstellung des »Zurückkehrens zur Quelle«, d.h. der Wiederaufnahme in das undifferenzierte *tao*, ohne weiteres vereinbaren.

Es spielt keine Rolle, ob man Lao Tzu und Chuang Tzu als Quietisten oder als Mystiker bezeichnet; in jedem Fall bleibt es unumstritten, daß ihre Lehre viele andere dazu anregte, den Weg der Mystik einzuschlagen. Die Erklärung, die gemeinhin für den Begriff der inneren Stille gegeben wird, reicht weit über die philosophische Vorstellung hinaus, nach welcher der Mensch als Herr über sein Schicksal zeit seines Lebens der Urheber seiner eigenen Leiden ist und die meisten davon dadurch beheben kann, daß er alle Geschehnisse als Teil des natürlichen Plans duldsam hinnimmt. Zur inneren Stille gehört das innere Licht, das allen vollendeten Taoisten bestens vertraut ist.

Betrachtet man den Quietismus im Zusammenhang mit den Problemen der modernen Welt, dann mag diese Lehre unzulänglich erscheinen, denn ganz offensichtlich werden die menschlichen Bedürfnisse nicht durch die

Großzügigkeit der Natur befriedigt, wenn man das Pech hat, in den düsteren Backstein- und Asphaltslums von Birmingham oder Liverpool zu leben. Es ist schon lange her, daß mehr als nur eine Minderheit die Möglichkeit besaß, ein Leben ohne Mühe und Anstrengung zu genießen, und es hat den Anschein, daß eine derartige Lebensweise auch schon vor zwei Jahrtausenden mit Schwierigkeiten verbunden war. Die Eremiten, die allein durch die Berge zogen, wurden nämlich bald von kleinen Einsiedlergemeinschaften abgelöst, die auf diese oder jene Weise ihren Unterhalt sicherten. Und wie sieht es heute aus? Selbst wenn man berücksichtigt, daß die meisten Menschen ihren Lebensunterhalt auf eine Weise verdienen müssen, die ihren Möglichkeiten bei weitem nicht entspricht, gibt es dennoch einen weiten Rahmen, um die Mängel einer solchen Existenz mit Hilfe der Methoden von LAO TZU und CHUANG TZU zu beheben. Wenn reich zu sein bedeuten soll, daß man über die Mittel gebietet, jeden seiner Wünsche zu erfüllen, dann könnten alle, bis auf die Allerärmsten, wie durch eine einzige Berührung mit dem Zauberstab dadurch reich werden, daß sie aufhörten, mehr zu verlangen, als für den Lebensunterhalt tatsächlich notwendig ist. Wer mit wenig zufrieden ist und sich keinen Deut um des Nachbarn Meinung schert, kann ein großes Maß an Freiheit erlangen und sich aller Sorgen und Mühen im Handumdrehen entledigen. Darüber hinaus kann einer solchen Mäßigung das durch Meditation zu gewinnende stille Glück hinzugefügt werden, und dieser wiederum das beseligende Gefühl mystischer Erfahrung, auf die eine weltüberwindende Apotheose folgt.

Die ch'an(Zen)-Meister, die sowohl die Erben des frühen Taoismus als auch des indischen Buddhismus sind, lehren Methoden, die viel näher mit der Kultivierung des tao und dadurch mit der Lehre des LAO TZU und CHUANG TZU verwandt sind, als allgemein bekannt ist. Ihre knapp formulierten Aphorismen und ihr typischer Humor erinnern stark an diese beiden Weisen. Was sie unter der Vernunft der Natur und deren Untrennbarkeit von der individuellen Vernunft verstehen, unterscheidet sich nicht von dem Begriff des *tao*, unter dem die Taoisten die Große Leere verstehen, die im Inneren des Individiuums gefunden wird, nachdem die Nebel der Verblendung beiseite gefegt worden sind. Die *ch'an*-Doktrin, daß Erleuchtung im Hier und Jetzt erreicht werden soll, stimmt völlig mit der richtig verstandenen taoistischen Lehre vom Erreichen der Unsterblichkeit überein. Der taoistische Ausdruck *shen* und der buddhistische Begriff *hsin* – jener bedeutet »Geist« und dieser eigentlich »Herz« – sind oft austauschbar, und in den Werken des späten Taoismus steht *hsin* häufig anstelle von *shen*. Wenn tatsächlich ein Unterschied zwischen den beiden Methoden der Kultivierung besteht, kann dieser nur in der Nachdrücklichkeit gesehen werden, mit der die Taoisten die Anwendung sowohl körperlicher als auch geistiger Anlagen betonen, um das Ziel zu erreichen.

Allerdings haben in jüngster Vergangenheit eher taoistische Kreise als die *ch'an*-Buddhisten mit betont, wie tief sie Lao Tzu und Chuang Tzu verpflichtet sind. Ich war oft über das Ausmaß verblüfft, mit dem sich taoistische Einsiedler einzelner Aspekte der Lehre der beiden Weisen in ihren Reden und ihrem Verhalten befleißigten, zum Teil durch Zitieren aus den Werken – viele konnten das *Tao Te Ching* auswendig rezitieren· –, zum Teil indirekt. Vieles in ihrem sanften, unaufdringlichen und fröhlichen Wesen vermittelte einem das Gefühl, daß sie vom Geist des Chuang Tzu tief durchdrungen waren. Ohne die große Weisheit von Lao Tzu und Chuang Tzu hätte der Taoismus wahrscheinlich für die Gebildeten seine Anziehungskraft verloren und das Schicksal der Sekte der Himmelsmeister geteilt, die fast vollständig in der alten Volksreligion aufgegangen ist.

Es ist schade, daß so wenig über die anderen taoistischen Weisen bekannt ist, die etwa zur gleichen Zeit wie CHUANG TZU in großer Zahl auftraten. Über ihr Leben und ihre Lehren ist nichts bekannt, und ihre Werke sind nur in Fragmenten erhalten. Die herausragende Gestalt unter ihnen war LIEH TZU, über dessen Lehren die folgenden Aphorismen einen ersten Eindruck vermitteln mögen:

»Um die Früchte zu erkennen, achte auf die Wurzel. Studiere die Vergangenheit, um die Zukunft zu erkennen.«

»Wenn die Straße gerade ist, (dann) gehe ich schnell und ohne Anstrengung; wenn sie sich windet und schlängelt, dann mache ich für mich das Beste daraus.«

»Die Alten betrachteten den Tod als ein Heimkehren, das Leben als ein Abschiednehmen.«

»Der Weise befindet sich in der Gesellschaft derer, die vom Leben und Tod genauso denken, wie man von Wachen und Schlafen denkt, und er gehört nicht zu jenen, die die Bedeutung des Zurückkehrens vergessen haben.«

Nicht minder bedauerlich ist es, daß man den modernen Vertretern jener Weisen des Altertums so selten begegnet. Heute trifft man in der westlichen Welt an Orten auf *ch'an*- und Zen-Meister, wo man sie am wenigsten erwartet hätte; taoistische Lehrer sind dagegen kaum zu finden.

Man kann sich nur schwer vorstellen, daß sie alle auf einmal aus der Welt des Staubes verschwunden sind; obwohl man ihnen zutrauen könnte, daß sie sich der Ankunft der kommunistischen Truppen auf Flügeln entzogen und sich zum Reich der Unsterblichen emporgeschwungen haben.

Wahrscheinlich liegt es aber daran, daß sie scheu und zurückhaltend sind, im Verborgenen leben und auf diese Weise die Worte LAO TZUS bestätigen: »Das *tao* in seiner Verborgenheit ist ohne Namen – ein Rohholz ...«

Taoistischer Humor

Ein gewinnender Zug des Taoismus ist die Vorliebe, auch bei der Darstellung heiliger Dinge nicht auf Humor zu verzichten. Die Werke des CHUANG TZU und anderer sind voll von amüsanten, aber niemals herzlosen apokryphen Anekdoten, in denen nicht nur KONFUZIUS, sondern auch LAO TZU selbst mit menschlichen Schwächen dargestellt werden. So besteht in diesen Werken durchaus nicht die Gefahr, daß eine natürliche Ehrfurcht vor den Weisen in blinde Heiligenverehrung ausartet. Das folgende Beispiel ist trotz des jüngeren Entstehungsdatums recht typisch für den taoistischen Humor:

Einst traf KONFUZIUS zufällig auf LAO TZU, der in einem Bach badete. Der ältere Weise, der Heuchelei verabscheute und nicht eine Spur von Scham besaß, erhob sich aus dem Wasser und empfing den Gast splitternackt. »Mein Herr«, schrie der große Moralist und wandte sich hastig ab, »ich muß feststellen, daß Euch ein rechtes Maß menschlicher Würde fehlt. Wenn die Menschen unbekleidet herumlaufen sollten, auf welche Weise ließen sie sich dann von Vögeln und wilden Tieren unterscheiden?« »Euer Ehren«, erwiderte LAO TZU, »ist es denn so eine schlechte Sache, wenn wir uns auf das Niveau von Vögeln und wilden Tieren begeben? Sie kennen weder Ruhmsucht, Habgier, Geiz, Schwelgerei in Wohlleben, noch zahllose andere Laster. Ihr werdet mich entschuldigen, wenn ich mein Bad fortsetze.«

An einem anderen Tag war KONFUZIUS gerade dabei, ein paar Jüngern über Menschlichkeit zu predigen, als LAO TZU wie eine Krähe mit flatternden Armen auf ihn zurannte und laut krächzte. Der Lehrer der Menschlichkeit sprang mit einem Wutschrei auf und lief so rot an, daß er dem Schlagfluß nahe schien. »Euer Ehren«, bemerkte LAO TZU und hielt sich geschickt außer Reichweite, »ich war erbaut von dem, was Ihr über die

Konfuzius spricht mit Lao Tzu. Steinrelief aus der Han-Zeit.

Menschlichkeit zu sagen hattet. Aber wie kommt es zu diesem plötzlichen Wandel? Wenn die Menschen umhergingen und mit älteren Herrn, die ein wenig Spaß lieben, aneinandergerieten, wodurch ließen sie sich dann noch von ausgehungerten Tigern unterscheiden?«

Bei einer dritten Gelegenheit sah Konfuzius zufällig, wie LAO TZU in einem Weinladen zechte. »Mein Herr«, ermahnte ihn der zutiefst enttäuschte Weise, »sieht so Euer Sinn für Schicklichkeit aus? Wollt Ihr das *tao* dadurch lehren, daß Ihr Euch vor aller Welt betrinkt?«

»Euer Ehren«, erwiderte LAO TZU, »stimmt Ihr mir nicht zu, daß mein Verhalten Beweis dafür ist, daß ich weder

Vogel noch wildes Tier bin? Ich habe bis jetzt nicht gehört, daß solche Geschöpfe zechen.« »Aber daß ein gelehrter Meister sein würdiges Alter in der Öffentlichkeit entehrt, ist schlimmer als ein Vogel oder ein hungriges Tier zu sein«, erklärte KONFUZIUS. »Ihr müßt spaßen, mein Herr«, antwortete LAO TZU. »Früher einmal habt Ihr mich gescholten, weil ich mich in der Art unserer gefiederten und zähnetragenden Freunde verhalten habe. Zweifellos benötigt Ihr dringend eine Erklärung. Das *tao,* müßt Ihr wissen, ist der Ursprung von allem und jedem, von Euch und mir, von Vögeln und wilden Tieren, von diesem Weingefäß und dem Wein darinnen. Das *tao* durch Trinken zu sich zu nehmen, so sollte man meinen, ist für einen Taoisten eine besonders angemessene Beschäftigung. Wenn Ihr also erfahren habt, daß alles unter dem weiten Himmelszelt von Heiligkeit erfüllt ist, dann könnt Ihr Euch wahrlich einen Weisen nennen.«

»Wunderbar«, rief KONFUZIUS aus, wie vom Donner gerührt. »Oh, welche Weisheit spricht aus diesem Herrn! Seinesgleichen ist im Diesseits schwerlich zu finden. Er ist ein wahrer Phönix unter Krähen!«

IV.
Gedichte der Stille

Taoistische Dichtung

清靜詩

Gedichte, in denen die taoistische Liebe zur Natur zum Ausdruck kommt, sind ein wahrer Lesegenuß und vermitteln den Geist der Berg-Eremiten aufs vortrefflichste; es fällt dem Übersetzer jedoch schwer, mehr als einen Abglanz ihrer Schönheit wiederzugeben. Auf die Reime und den Versbau der Originale muß er verzichten, denn die gebräuchlichsten Versformen bestehen aus nicht mehr als fünf oder sieben Silben (Schriftzeichen) pro Zeile. Die europäischen Sprachen mit ihren Endungen, Vorsilben und Artikeln, die alle im Chinesischen fehlen, lassen einen derart komprimierten Ausdruck nicht zu. Das Versmaß der Originale, in denen sich gewöhnlich die erste, zweite und vierte Zeile reimen, läßt sich wie folgt darstellen:

– – / – – –

oder – – / – – / – – –

Nicht alle der ausgewählten Dichter übten sich bewußt in der Kultivierung des *tao*, aber alle waren in dem Sinne Taoisten, daß sie in besonders enger Beziehung zur Natur lebten, was in China als ein Kennzeichen für Taoisten wie auch für große Künstler gilt.

Unter der Herrschaft des Strahlenden Kaisers der T'ang-Dynastie genoß der Taoismus die besondere Gunst des Hofes – gemeint ist jener Kaiser Hsüan Tsung, der CHANG TAO-LINGS Titel als Himmelsmeister postum bestätigte und einen Taoisten in die Gefilde der Unsterblichen entsandte, um nach dem Geist seiner geliebten Konkubine, der Dame Yang, suchen zu lassen. Der Kaiser war darüber hinaus ein freigebiger Förderer der Künste. Dichter, Maler, Schauspieler und Musiker strömten in der kaiserlichen Hauptstadt Ch'ang-an zusammen und machten diese Stadt zu einem der glänzendsten Kunstzentren der Weltgeschichte. Dorthin wurde auch der große Dichter Li T'ai-po (701–762) berufen, um die Pracht und den Luxus zu genießen, die man den kaiserlichen Günstlingen gewährte. Doch bald

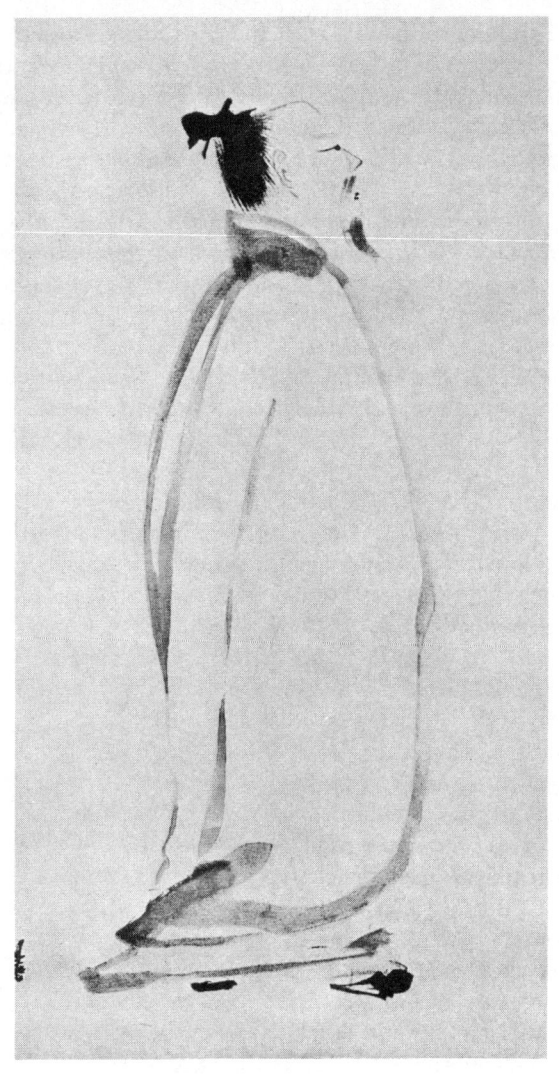

Li T'ai-po singt ein Gedicht. Tuschzeichnung von Liang K'ai, 13. Jahrhundert.

fiel er in Ungnade und zog sich in eine Einsiedlerhütte in die Berge zurück. Eine bekannte Anekdote berichtete von den Umständen, die Li zum Verfassen eines seiner lieblichsten Gedichte veranlaßten. Während seines Exils sandte man einen Beamten mit der Ankündigung aus, daß er wieder in der Gunst des Kaisers stünde und deshalb eiligst an den Hof zurückzukehren habe. Der Dichter jedoch antwortete dem aufgeputzten und parfümierten Boten, den seine Reise an einen so wilden und unwirtlichen Ort bereits mit Schrecken erfüllt hatte, daß er nicht zu gehen gedächte.

»Wie?«, rief der verblüffte Höfling aus und blickte verächtlich auf die elende Behausung des Verbannten. »Was in aller Welt kann Euch ein Ort wie dieser noch bedeuten?« Li T'ai-pos Antwort ist uns in einem Gedicht von 28 Silben erhalten, einem überaus leichten und schmucklosen, aber (wenigstens im Original) so bezaubernden Gedicht, daß Obata Shigeyoshi, der vor etwa 50 Jahren fast alle Gedichte Lis ins Englische übersetzte, es jedem anderen vorzog:

Frage und Antwort in den Bergen

Du fragst, warum ich
In den blauen Bergen weile.
Ich lächle, sage nichts,
Wahre im Herzen die Stille.
Pfirsichblüten treiben im Wasser
Hin zu den dämmernden Fernen;
Himmel und Erde sind hier
Anders als in der Menschenwelt.

Da wir wissen, wie sehr Li T'ai-po vom taoistischen Denken beeinflußt war, dürfen wir die Schlußworte vielleicht so verstehen, daß die friedliche Betrachtung der Natur den Dichter ahnen ließ, was es bedeutet, über den

112

Zustand des Menschseins hinauszugelangen. Stille bildet das Schlüsselwort dieses Gedichts. Oft bezeichnet das Wort einen Geisteszustand, der für die intuitive Schau des *tao* wesentliche Bedeutung hat. Die abgefallenen Blüten, die auf dem Wasser dahintreiben, hat der Dichter wohl nur als Beispiel der ihn umgebenden zahllosen Naturschönheiten angeführt – im Vergleich dazu mußte ihn die glitzernde Pracht des Kaiserhofs wie billiger Flitter anmuten. Wer weiß, ob all dies dem Dichter wirklich durch den Kopf ging, als er das Gedicht hinpinselte? Und doch erscheint meine Vermutung berechtigt; denn Li T'ai-po war so tief vom Geist des Taoismus durchdrungen, daß viele seiner Gedichte sich wie eine bezaubernde Veranschaulichung des *tao* lesen.

Ch'üan Te-yü (759–818), der sich wie viele andere Beamte zeitweise in die Abgeschiedenheit zurückzog, beschreibt einen Besuch des heiligen Berges Mao Shan. In der taoistischen Dichtung stehen Nebelvorhänge und weiße Wolken als Symbole für die Wahrnehmung der grenzenlosen Leere, des *tao* in seiner undifferenzierten Gestalt.

Die alte Hütte im Weiden-Tal am Mao Shan

Wildnis. Die Sonne sinkt,
Vom Pferde steig ich ab;
Durch die Stille dringt
Wassermurmeln im Gestein.
Vögel singen, Blüten fallen,
Von Menschen keine Spur.
Vor meinem einsamen Fenster
Ein Vorhang weißer Wolken.

Shih Te, der bekannte Dichter-Mönch aus der T'ang-Zeit, feiert die Freuden der Abgeschiedenheit in zauberhaften Versen:

Wie lieblich die Quelle im Wald,
Weit und breit keines Menschen Herd.
Aus felsigen Schluchten heben sich Wolken
Über den rauschenden Wasserfall.
Den gewundenen Pfad steig ich hinauf,
Affen schreien,
Des Tigers Gebrüll erfüllt die Berge.
Vogelgezwitscher verstummt.
Frischer Wind weht durch die Kiefern,
Über die Felsschlucht steige ich
Ganz allein zum Gipfel auf.
Auf felsigem Lager rastend
Blicke ich durch Efeuranken nach oben;
Schaue zurück – vom Stadtgraben her
Dringt Menschenlärm schwach an mein Ohr.

Ch'eng Hao (1032–1085) deutet in einem Gedicht von nur 28 Silben die höchste mystische Erfahrung an:

Vollendung

Nichts ist zu tun, nichts drängt;
Rot scheint die Sonne durchs Ostfenster.
Ich schlafe.
Schweigend schau ich die zehntausend Dinge,
Die alle leben durch sich.
Vier Zeiten des Jahres gelangen zur Reife,
So auch der Mensch.
Das *tao*, jenseits der Formen,
Himmel und Erde durchdringt es.
Wind und Wolken betrachtend,
sehe ich alles in Wandlung.
Fern von Reichtum und Ehren
Die Freuden bescheidenen Lebens –
Wer dies erlangt,
Ist wahrlich ein Held.

»In den Wu-I-Bergen« heißt die Überschrift des folgenden Gedichts von Hsieh Fang-te (1226–1289), der sich wegen seines tapferen Widerstands gegen die mongolische Invasion einen Namen in der Geschichte gemacht hat. Vielleicht war er gezwungen, sich in jenen lieblichen Hügeln zu verbergen, die heute wegen ihrer duftenden Teesträucher gerühmt werden, aber zugleich auch einsam und wild sind. Der Schluß des Gedichts ist so rätselhaft, daß man nicht sicher wissen kann, welcher Gedanke den Dichter inspirierte. Doch ist es eigentlich unerheblich, ob Hsieh Fang-te irgendwo in jenen einsamen Hügeln auf einen blühenden Pflaumenbaum stieß oder ob er sich das Bild aus der Heimat ins Gedächtnis rief. Es steht zumindest fest, daß diese Pflanze für ihn ein Symbol der großen Taten darstellte, nach denen er vergeblich gestrebt hatte. Obwohl ihn die Zeitläufte zum Krieger gemacht hatten, teilte er offensichtlich jenes besondere Gefühl für die unberührte Natur, das für so viele seiner Landsleute durch die Jahrhunderte charakteristisch geblieben ist, seien sie nun taoistische Einsiedler oder Gelehrte und Beamte.

In den Wu-I-Bergen

Selbst im Traume dachte ich an
Heimkehr nicht – zehn Jahre lang.
Unter dem blauen Gipfel stehe ich
Allein am Ufer des wilden Wassers.
Die ganze Welt still und verlassen
Nach einem Regen in den Bergen.
Wie viele Leben bedarf es der Pflege,
Bis ich blühe wie dieser Pflaumenbaum?

Im nächsten Gedicht beschreibt ein Dichter mit dem taoistischen Beinamen Li Feng Lao-jen (Li Feng, der Alte) einen befreundeten Eremiten. Wer das *tao* kulti-

viert, sollte nach der Lehre vom *wu wei* (keine kalku-
lierte, auf Erfolg gerichtete Aktivität) lernen, sein Ziel
mühelos zu erreichen. Nur durch Stille, niemals durch
Kampf gelangt man zum höchsten Ziel.

Des *tao*-Menschen Herz ist kühl wie Eis,
Ohne falsches Streben findet er den Weg.
In tiefer Stille ruht der Geist
Und leuchtet wie der klare Mond.

Ein zweites Gedicht Li Fengs beschreibt die tiefe Versenkung, während derer sich der Geist über die Welt erhebt,
und die Ruhe, die danach eintritt.

Wandernd über tausend Berge
Schwebt sein Körper wolkenleicht.
Zurückgekehrt schaut er zum Mond,
Hinter bläulich-weißen Nebelschleiern.
Kiefernwind fährt in sein Ohr,
Macht seine Knochen frösteln.

Diese Verse stecken voller taoistischer Symbole. Der
Geist, der den Körper während der Meditation verläßt,
kann sowohl bildhaft als auch wörtlich verstanden werden, denn viele Taoisten glauben an die Möglichkeit,
einen Geist-Körper zu erschaffen, der seine sterbliche
Hülle nach Belieben verlassen kann. Der Mond hinter
Nebelschleiern steht für das *tao*, das während der Meditation in all seiner leuchtenden Klarheit wahrgenommen
wird, sich danach aber wieder verhüllt, während die
Erinnerung daran noch lange nachklingt. Der Wind in
den Kiefern symbolisiert *ch'i*.
In einem dritten Gedicht möchte Li Feng ebenfalls die
Glückseligkeit der Meditation ausdrücken:

Die Brise duftet leicht
Nach Kiefern und nach Kassia.
In des klaren Mondes kaltem Licht
Erhebt sich eine Tempelhalle.
In Stille eingehüllt
Sitzt nachts der Eremit;
Um ihn die tiefste Ruhe –
Durch alles dringt ein kühler Hauch.

Die Anhänger der meisten Religionen schmücken ihre
Vorstellungen vom Unaussprechlichen mit Beiworten
wie glänzend, glorreich, glühend, prachtvoll, herrlich.
Taoisten dagegen pflegen ihre Welt mit Begriffen wie
kühl, schattig, geheimnisvoll, verborgen, weit, ruhig,
schweigend und still zu umschreiben. Dies verleiht den
taoistischen Schriften ihre besondere Atmosphäre. Selbst
in Augenblicken des Jubels und der Verzückung bleibt Li
Fengs Sprache verhalten. Im folgenden Gedicht
beschreibt er den entscheidenden Moment, in dem das
»Heilige Elixier« erlangt wird. Dieser Ausdruck gilt hier
als Synonym für die höchste mystische Erfahrung, die
den Adepten für immer von den Fesseln der Ichsucht,
Leidenschaft und Begierde befreit.

Das Götter-Elixier ist sein für immer;
Sein Geist strahlt still,
Geheimnisvollem Spiegel gleich,
Vertreibt mit seinem Schein
Die Schatten dieser Welt.
Sein Körper, schwerelos,
Schwebt frei wie eine Wolke.

Die chinesischen Dichter vergleichen – in Anlehnung an
das *ch'an*-buddhistische Bild – den Geist des Weisen gern
mit einem Spiegel, der das vorübergehende Schauspiel
reflektiert. Im Spiegel bleibt nicht der geringste Flecken

zurück, gleichgültig welche Übel und Schrecken er erblicken muß. Im Unterschied zum Verlangen eines unerleuchteten Menschen nach allem, was er sieht und liebt, verweilen diese Spiegelbilder nicht. Taoisten lieben es auch, Menschen von hohem spirituellen Rang mit dahinschwebenden Wolken zu vergleichen, in sich eine schöne Erscheinung, die einfach da ist, ohne um ihre Existenz bemüht zu sein. Die hauchzarte Leichtigkeit einer ziellos dahintreibenden Sommerwolke deutet das für Unsterbliche charakteristische Gefühl der Schwerelosigkeit an, ein Gefühl, das der völligen Freiheit von Angst und Sorge entspringt.

Außer einem längeren Gedicht von Shih Te bestehen alle bisher wiedergegebenen Gedichte im Original aus genau 28 Silben. Diese Gedichtform ist bestens geeignet, um in wenigen meisterhaften Strichen eine augenblickliche Empfindung oder Erscheinung, eine einzelne Regung des Gefühls einzufangen. Um die Essenz der Lehre zu übermitteln, bedarf es längerer Gedichte. Als Beispiel hierfür können die folgenden »Stanzen« von Lü Yen gelten. Im Chinesischen besitzen sie einen kräftigen alchimistischen Unterton, den diese Übersetzung zu bewahren sucht.

Stanzen

Vierzig Jahre sind vergangen,
Seit meine Seele auf die Erde fiel.
Vertrauend auf des Himmels Wahrheit
Pfleg ich das Nicht-Tun und die Muße.
Des Lebens Anfang liegt
Im Bronzetopf von *ch'ien* und *k'un*;[1]
Das Weiter folgt
Dem Mond- und Sonnenrad.[2]

1. in der Vereinigung des männlichen (*ch'ien*) und des weiblichen Prinzips (*k'un*)
2. dem Lauf der Natur

Im *ch'i* der Acht Trigramme[3]
Verbirgt sich ein Juwel.
Das Licht der Fünf Beweger[4]
Verhüllt die reine Geisteskraft.
Doch wandelt sich das Maulbeerfeld[5]
Zum Eigenwesen, ungebunden,
Dann wird der Mensch für ewig
Das Diesseits überschreiten.

Ich lache laut, wenn du
Nach meiner Wohnung fragst.
Mit meinem Zauber-Wolken-Stab
Hol ich vom Himmel Morgenwolken,
Und keine leeren Worte sind,
Daß sich ein Feuerblitz verbirgt[6]
Zwischen meinen Augenbrauen.
Doch darf ich mich nicht rühmen,
Daß meine Hand die Gold'ne Blüte pflanzte.[7]

Nur einen Stab aus T'ung-Baum-Holz[8]
Brauch ich in diesem Leben,
Und beste Nahrung ist
Mir eine Kanne guten Weins.
Ich flieg auf Drachenrücken fernehin
Zu den drei Inseln der Unsterblichen.
Kann dort von Menschen ungestört
in tiefer Nacht des Mondes Pracht genießen.

3. die verschiedenen Formen der Lebenskraft *ch'i* im Menschen
4. das zyklische Gesetz (der Natur und des Menschen), die Lehre von den Fünf Wandlungsphasen (»Elementen«)
5. ein alchimistischer Terminus für den »Mutterschoß des Geistes«
6. eine Anspielung auf das Licht, das bei der Meditation im »Dritten Auge«, der »Geheimnisvollen Pforte« der Taoisten, erscheint
7. daß ich das *tao*, das höchste Ziel erlangt habe
8. T'ung- oder Wu-t'ung-Baum, Baum der Gattung Paulownia, der einzige Baum, auf dem sich der Phönix (als Glücksbringer) niederläßt

Ein anderes längeres Gedicht, das trotz aller Schwierigkeiten beim Übersetzen gut in diesen Rahmen paßt, ist
Lü Yens (798–?) »Strophenlied«, das die wesentlichen
Punkte der Kultivierung des *tao* darlegt. Ein gutes Beispiel für diese schwere Aufgabe liefert die sechste Strophe, deren genaues Verständnis sich dem Nicht-Eingeweihten letztlich entziehen muß. Ganz allgemein soll
diese Strophe zum Ausdruck bringen, daß der Adept
nach Erlangung des *tao* nach Belieben durch die Welt und
über ihre Grenzen hinausfliegen kann. Trotz des lehrhaften Charakters ist das Gedicht voller Weisheit, auch
wenn es den Leser vielleicht weniger bezaubern mag.

»Strophenlied«

Den Bahnen der Gestirne und der Menschen
Trau ich nicht,
Den Weg der Götter und der *tao*-Priester,
Die acht ich nicht gering.
Doch fragt ihr mich, wie man
Das *tao* zu kultivieren habe,
So sage ich: »Bestell des Geistes Feld
Und pflege diesen Körper recht!«

Auf Berges Gipfel steige ich allein,
Ins Weite schweift mein Blick.
Die schwarzen Wolken weichen,
Einsam kehrt der Mond zurück.
Im grenzenlosen All die Menschen ohne Zahl –
Nur wenige sind auf dem rechten Pfad.

Sagt nicht, untätig sind die Eremiten;
Denn nur aus wahrer Muße
Wächst reiner Stille Kunst.
Das Tor im Morgengrauen schließen,
Die Schriften bis zum Abend lesen;

Der Boden wird gefegt,
Der Weihrauch angezündet.

Sechs Räuber gilt es täglich zu bekämpfen,[1]
Bis man erkennt, daß völlig leer
Die Welt der Sinne und der Formen;
Ursprünglich existiert kein einzig' Ding;[2]
Der tiefste Seelengrund liegt hier
Im Innern unseres Herzens.

Ist der Empfindung Band zerschnitten,
Löst sich das Ego auf.
In reiner Stille wird es klar,
Leer ist die Welt der Sinne,
Das Herz ist Buddha,
Buddha ist das Herz,[3]
Gleich einem blauen Berg,
Gehüllt in weiße Wolken.

Über das Nordmeer fahren ich des Morgens,
Komme des Abends zum Wu-Baum, dem grünen.[4]
Grob ist das Gallen-*ch'i*[5]
Der blauen Schlange in meinem Arm.
Das reine *yang:* dreifach berauschend,
Doch kennen es die Menschen nicht.
Zu fliegen über den Tung-t'ing-See[6]
Kann auch nicht schöner sein.

1. die sechs Sinne
2. Anspielung auf das »Diamant-Sutra«, einen buddhistischen Lehrtext, der die ursprüngliche Leerheit aller Erscheinungen betont
3. ein Hinweis auf einen Satz des »Herz-Sutra«: »Form ist Leere,
   Leere ist Form.«
4. Wu-t'ung-Baum, s. Anm. 8 zum vorigen Gedicht
5. vermutlich eines der Ingredienzen, das in der äußeren Alchimie zur
   Herstellung des Goldenen Elixiers benutzt wurde
6. Großer See in der Provinz Hunan

Rastlos machen Gold und
Jade – laß sie gehen!
Kaum daß die Blume frisch erblüht,
Senkt sich des Herbstes Frost.
Tao-Schüler preisen gern
Ein Leben über tausend Jahre;
Doch diese gleichen nur
Dem Blitz aus einer Wolke.

Ertönt der Flöte Lied
Am Pavillon des Gelben Kranichs,[7]
Sind Ufer rot und weiß von Blumen.
Wer könnte Worte finden
Für seiner Seele tiefstes Fühlen?
Der klare Mond, die frische Brise,
Sie wissen es zu sagen.

Das Gedicht macht deutlich, wie gut der Verfasser mit
den Lehren des Taoismus und des Buddhismus vertraut
ist. Obgleich er den Wert der von vielen Taoisten prakti-
zierten Übungsmethoden anerkennt, zieht er einen gänzlich spirituellen Weg vor, wobei er dem Geist mehr
Bedeutung beimißt als der Umwandlung der Drei
Schätze *ching, ch'i* und *shen*. Er erkennt, daß die höheren
Stufen der taoistischen Kultivierung – abgesehen von der
inneren Alchimie – mit den Methoden des *ch'an*-Budd-
hismus so sehr übereinstimmen, daß man in der Tat von
einer Ehe zwischen Taoismus und Buddhismus sprechen
kann. Beide Lehren betonen die grundsätzliche Leerheit
der gegenständlichen Welt. Das bedeutet, daß kein Ding
von Dauer ist oder unabhängig von anderen Dingen
existieren kann. Alle Erscheinungen gleichen Wellen:
wenn sie auf der Meeresoberfläche erscheinen, besitzen

7. berühmtes Gebäude bei Wuhan mit großartigem Blick auf den
   Yangtse, hier aber eher Symbol für das taoistische Paradies

Ch'iu Ying: Die Flöte des Fischers erklingt über dem See (Ausschnitt). Tusche und Farbe auf Papier, 16. Jahrhundert.

sie eine flüchtige Identität, die bald wieder in den Ozean eintaucht, aus dem sie entstand. Genauso wie zwischen zwei Meereswogen keine wirklichen und dauerhaften Unterschiede bestehen, gibt es keinen realen Unterschied zwischen den Objekten, da sie doch alle aus der universalen ›Nicht-Substanz‹ hervortreten und wieder zu ihr zurückkehren.

Obschon dieses Gedicht unser Interesse verdient, ist es doch in einem lehrhaften Ton verfaßt. Es verliert daher ein wenig von dem besonderen Reiz, den man sich von taoistischen Gedichten verspricht. Zum Ausgleich folgt nun ein Gedicht über die Wu-I-Berge, das keine Botschaft, sondern nur überschwengliche Freude an der Schönheit der Natur ausdrückt. Es stammt von dem taoistischen Eremiten Pai Yü Ch'an. Sein Name bedeutet »Weiße-Jade-Kröte«, und bezeichnet ein Fabelwesen, das auf dem Mond lebt und mit der Herstellung des Goldenen Elixiers zu tun hat.

Gesang in den Wu-I-Bergen

Duftendes Gras färbt
Grün den fließenden Bach.
Im fernen Berge stehen
Die alten Kiefern blau.
Allein an Baches Ende
Heb ich die Silberflöte,
Spiel den Unsterblichen,
Dort, in der Höhle.
Im dichten Nebel unter dem Fels
Erscheint keines Menschen Gestalt.
Das grüne Moos bedeckt
Von einsam weißen Wolken.
Beim Fall der Kiefernzapfen
Verstummt der Vögel Sang.
Ein frischer Wind bringt einen Traum.

Die folgenden Verse, verfaßt von Ch'ang Ch'ao (8. Jh.), schildern den Gegensatz zwischen taoistischen Eremiten und Bewohnern der Welt des Staubes:

Das klare Wasser, mit sanftem Klang
Bewegt es die Saiten der Ch'in,[1]
Wirbelnde Blätter
Begolden die Erde.
Im Bergwald, was für ein Reichtum!
Wie traurig, daß niemand versteht.

Der konfuzianische Gelehrte Wang Yang-ming (1472–1529) empfand eine lebenslange Zuneigung zum Taoismus, obwohl er es für seine Pflicht hielt, sich dieser dem Konfuzianismus entgegenstehenden Lehre zu widersetzen. Nach einem Besuch des Wu Hsiang Ssu, des »Tempels der Nicht-Form«, schrieb er ein Gedicht in durchaus taoistischem Stil. In nur zwanzig Silben spricht es vom Gleichmut der Berg-Einsiedler gegenüber der Schönheit wie auch der Grausamkeit der Natur.

Im Tempel der Nicht-Form

Ein alter Mönch wohnt unter dem Felsen,
Bambus und Kiefern umwachsen sein Haus.
Morgens das Singen der Frühlingsvögel,
Nachts auf dem Felsen schläft der Tiger auch.

In einem anderen Gedicht mit dem Titel »Hua Ch'eng Ssu« (der »Tempel der verzauberten Stadt«) besingt Wang Yang-ming eine Nacht, die er in einem buddhistischen Kloster verbrachte. Das Kloster lag so hoch in den Bergen, daß diese vom Mondlicht beschienen wurden, während in den tiefer gelegenen Gebieten Regen fiel. Die

---

1. die chinesische Griffbrettzither, das Instrument der Taoisten

Anspielung auf einen Drachen ist an dieser Stelle nicht ganz klar. Gewiß bilden Tiger und Drachen ein Paar, das an Bedeutung kaum hinter *yin* und *yang* zurücksteht, dieser Drachen könnte jedoch eine Sternschnuppe oder eine Wolkenformation symbolisieren. Schnelligkeit und Stärke sprechen aus dem Bild des Windes, der durch die Zweige der Bäume fährt, wenn der Tiger vorbeihuscht. In den beiden letzten Zeilen wird das Licht der Lampe in der Tempelhalle zum Freund des Mönches, der sich beim Rezitieren seiner Gebete einsam fühlen könnte.

Der Hua Ch'eng-Tempel

Inmitten von zehntausend Bergen
Erhebt sich der Hua Ch'eng-Tempel.
Nahe dem Himmel gelegen,
Dringt er ins Jenseits vor.
Erdenfern strahlt der Mond
Hell am herbstklaren Himmel.
Unten in der Menschenwelt
Frühlingsdunst und feiner Regen.

Wo der Drachen landet,
Bildet sich ein Wolkenthron.
Kehrt der Tiger heim zum Fels,
Rauscht im Wald der Wind.
Der Mönch im Berge, reine Freude,
Geht eifrig seinen Pflichten nach.
Einsames Singen in der Nacht,
Begleitet vom Lichtschein der Halle.

Ein weiteres Gedicht des konfuzianischen Gelehrten Wang Yang-ming, der eine so ungewöhnliche Vorliebe für die Taoisten hegte, heißt: »Eine Nacht in Meister Lins Klause auf dem Duftenden Berg«. Obwohl meine Übertragung weit hinter der Schönheit des Originals zurückbleibt, habe ich es als Beispiel für ein bevorzugtes chinesisches Stilmittel in dieses Kapitel aufgenommen: Der Dichter sucht die Totalität seines Fühlens dadurch zu vermitteln, daß er eine Reihe unverbundener Einzelheiten skizziert, von denen jede ihren Anteil zum Gesamtbild beiträgt. Von der dritten Zeile an beschreibt jedes Verspaar einen der Grundbestandteile der Stille, die die Behausung des taoistischen Eremiten umgibt.

Im ruhigen Tal zu suchen,
Außerirdisches Gemüt.
Das Steintor steht, wo
Weiße Wolken wachsen.
Manchmal im Wald
Hört man das Schlagen des Holzes.
Am Eingang des Tales treff ich
Einen Mönch ohne Namen.

Im See leuchtet der Mond
Aus gespiegeltem Himmel.
Stufen aus Dunst winden
Steigend sich ins Firmament.
Nur ein *tao*-Mensch haust
Über Efeu-Geranke.
Von der Spitze des Berges leuchtet
Der Mond, tönt der Klangstein.

Am Ende dieses Kapitels stehen vier Gedichte stellvertretend für die volle Blüte der taoistischen Mystik.
Wang Ching-yangs Gedicht »Gedanken zum *tao*« erinnert stark an die Werke der *ch'an*-Dichtung. Von einem gewissen Erkenntnisstand an laufen die Pfade der Taoisten und der Buddhisten von selbst zusammmen, wobei die Unterschiede zwischen beiden Lehren immer mehr verblassen. Die zweite Strophe warnt davor, die Leere mit bloßer Nicht-Existenz zu verwechseln. Nicht-Existenz

ist das Gegenteil von Existenz, und beide haben ihren Platz im Plan des Ganzen. Dagegen steht die Leere über beiden, und beinhaltet vielmehr Nicht-Existenz und Existenz zugleich – sofern man sie im Lichte einer höheren Wahrheit betrachtet, auf einer Stufe, wo Begriffe wie »sein« und »nicht sein« ihren Sinn verlieren. Die vierte und die fünfte Strophe zeigen, daß der Gedanke der Unterscheidung allein unseren eigenen Köpfen entspringt. Wenn man keine falschen Unterscheidungen macht, dann sind die Dinge in ihrem Sosein weder gut noch schlecht, weder das eine noch das andere.

Die dritte und vierte Zeile in der ersten Strophe beschwören die quälende Vorstellung herauf, plötzlich die Herrschaft über seine eigene Identität zu verlieren. Die Zauberperle am Ende der zweiten Strophe steht für die höchste Wahrheit. Die letzte Zeile der dritten Strophe bezieht sich auf die vollkommene Freiheit und das Gefühl des Seins aus sich selbst, das der erleuchtete Weise genießen kann. Die vierte Strophe beginnt mit einem Zitat aus einem berühmten buddhistischen Sutra (Lehrtext); darin soll zum Ausdruck kommen, daß die letzte Wirklichkeit weder entsteht noch vergeht: Entstehen und Vergehen existieren nur in der flüchtigen Erscheinung, die wir für wirklich halten. Der helle Mond am Ende dieser Strophe deutet auf eine mystische Erfahrung, die mit der Vollendung des *tao* einhergeht. Die ersten drei Zeilen der letzten Strophe bedeuten, daß man sich um vollkommene Einsicht nicht bemühen muß, sondern nur sein soll, was man immer in Wirklichkeit schon war.

Gedanken zum tao

Kennt man die wahre Leere nicht,
So rede man nicht davon.
Beim Erfassen der Leere
Verliert man sein altes Ich.

Will man die Wahrheit der Leere wissen:
Sie liegt im Ununterschiedenen.

Hohl sind die zehntausend Dinge,
Doch leer ihr Wesen.
In wahrer Leere ist Schöpfung;
Kein Platz dort für ein Staubkorn.
In der Halle goldenem Licht
Zeigt sich die Zauberperle.

Zu lernen das *tao*,
Muß man Leben und Tod wissen.
Sonst ist vergebens
Unsterblichkeitsstreben.
Wer Leben erfährt,
Weiß auch um Tod.
Lebt fortan frei
Durch sich selbst.

Im Ursprung ist Tod nicht,
Nicht Leben.
Ein einziger Gedanke
Schafft zahllose Formen.
Weiß man, wo Gedanken werden,
Wo sie vergehen,
Strahlt hell der Mond
In die Tempelhalle.

Klar vor Augen,
Wie sinnlos das Streben:
Von selbst ist, daß die Berge grünen,
Von selbst ist, daß die Wasser fließen.
Bewahre in allen Stunden
Diesen einen Gedanken.
Zu denken ohne Gedanken:
Das ist die Übung, der Weg.

Li Feng, von dem wir in diesem Kapitel bereits vier Gedichte kennenlernten, ist der Autor der restlichen mystischen Gedichte. Im ersten preist er einen Eremiten, der die höchsten Stufen erreicht hat:

Ein zarter, leichter Dunst
Umzeichnet schwach die Berge.
Noch weilt des Meisters Körper
In ihren grünen Tiefen,
Im Tal der weißen Wolken,
Das keines Menschen Fuß betrat.
Doch sind unsterblich Leib und Seele,
Entschwinden sie am Himmel.

Das nächste Gedicht bezieht sich auf Lao Tzus berühmte Worte: »Verbannt die Weisen, weg mit den Gelehrten!«

Zu suchen den Meister, das *tao*,
Wie bitter dies Streben,
Unfrei noch ist der gefangene Geist.
Verbanne endloses Mystik-Gerede!
Dann, an des Berges Spitze,
Der helle Mond geht auf.

Im letzten Gedicht huldigt Li Feng einem Weisen aus der Provinz Kansu im fernen Nordwesten Chinas, die Lao Tzu auf seinem Weg in die Wildnis Zentralasiens auf seinem Ochsen durchritten haben soll. Aufs neue spricht zu uns der Dichter von den Wundern der Natur und den Freuden der mystischen Vollendung. Das Bild des Zinnober-Himmels, den der Unsterbliche erreicht, spielt auf eine alchimistische Methode an, bei der Zinnober, in konkreter wie auch in symbolischer Bedeutung, eine wichtige Rolle spielt.

An den Alten aus Lunghsi

Den Blick nach Süden und Osten
Sieht er die wirbelnden Blätter.
Himmel und Farbe des Herbstes
Durchdringen sein Kleid.
Den Zinnober-Himmel hat
Der Unsterbliche erreicht.
Inmitten der Kiefern atmet
Den Duft der Berge er leicht.

V.
Das dunkle Tor

Legenden von taoistischen
Unsterblichen

Durch Hsüan Men, das dunkle Tor,
gelangen sie über die Welt des Staubes hinaus
in ein Reich der Unsterblichen.   *(alte Weisheit)*

Dieses Kapitel ist voller seltsamer Geschichten, in denen
auf unterschiedliche Weise über allerlei Unsterbliche
erzählt werden soll. Ich erinnere mich, wie mir vor
Jahren ein Pfirsichstein geschenkt wurde, in den das
Schriftzeichen für Unsterblichkeit eingeschnitten war.
Der Einsiedler, der ihn mir in die Hand legte, rief
lachend aus:
»Da! Jetzt hast du den gesamten Taoismus im Griff!«
Damals erschienen mir seine Worte unverständlich; aber
sie erfaßten tatsächlich den Kern der Sache. Einfache
Naturen, die nach ewigem Leben in den himmlischen
Höfen oder nach Fleisch- und Blut- Unsterblichkeit stre-
ben, Philosophen, welche die Weisheit des duldsamen
Hinnehmens nach der Art des Lao Tzu erwerben, Adepten der taoistischen Alchimie und Mystiker, die die
›Rückkehr zur Quelle‹ anstreben, fassen es alle in die
gleichen Worte: *ch'eng hsien*, ein Unsterblicher werden.
Der wahre Unsterbliche wird von Professor Chou folgendermaßen beschrieben: »Sein Geist ist voller Weisheit, sein Wesen heilig, so erhellt er das Geheimnisvolle
und Subtile und versteht die Gesetzmäßigkeiten des
Seins. Selbst aus einer gewissen Distanz sieht er sich und
das gesamte Universum noch als eins, als Teilhaber an
derselben ewigen Natur. Nichts auf Erden oder im Himmel hindert sein Kommen und Gehen. Er schwimmt
durch das Azurgewölbe des Himmels und blickt hinunter
auf die Gelben Quellen (Tor des Todes). Obgleich er das
Universum von einem Ende zum anderen durchwandert,
werden weder sein Geist noch sein Wesen eine weitere
Wandlung erfahren. Für ihn gibt es keine Geburt und
keinen Tod; weder Glück noch Kummer hält er der Rede
wert. Dergestalt ist die wahre Verfassung eines Unsterb-

lichen, die nicht einmal der Begabteste ohne Mühe erreichen kann, denn sie kann nicht durch Wissen erlangt werden – sei es nun menschliches oder göttliches. Weder Tugend noch Untugend führen zum Ziel, ebensowenig wie eine tiefe Einsicht in die Naturvorgänge. Der einzige Weg zur Unsterblichkeit besteht in der rechten Beherrschung der maßgebenden Prinzipien, wie sie in den klassischen Schriften von LAO TZU, CHUANG TZU und LIEH TZU aufgezeichnet sind; aber auch dann muß man sich der Führung eines Lehrers versichern, der in Weisheit und Tugend den Alten gleicht.«

Das klassische Werk *Der Weg zum verborgenen Geheimnis* enthält einen ähnlichen Abschnitt, der aber in einer Weise formuliert ist, welche die Unachtsamen in der Vergangenheit oft vom rechten Weg abführte und sie veranlaßte, an eher aufsehenerregende Wunder zu glauben: »Ein Mann, der Großes erlangt hat, besitzt ein heiteres Gemüt und ist frei von müßigen Gedanken und lästigen Sorgen. Mit dem Himmel als Dach und der Erde als Wagen lenkt er die Jahreszeiten wie seine Rösser und macht *yin* und *yang* zu seinen Kutschern. Er steigt auf durch die Wolken, fliegt weiter bis jenseits der Milchstraße, und erhebt sich auf eine Stufe mit dem schöpferischen *tao*. Vorwärtsdrängend und den Verstand frei von gewöhnlichen Wünschen, gelangt er zu den himmlischen Gefilden, dort schreitet er, ohne seine Füße zu benutzen, rasch aber ohne Eile, voran und bedient sich des Regens, um seinen Pfad zu ebnen, und des Windes, um den Staub fortzublasen. Den Blitz macht er zu seiner Peitsche, den Donner zu Wagenrädern – so schwingt er sich empor, um im Strom der Milchstraße zu baden. Von dort oben schwebt er hinab und passiert die Pforte der Unendlichkeit.«

KO HUNG, der die Unsterblichkeit in ähnlich poetischer Sprache beschrieb, erachtete es als notwendig, die folgende Mahnung hinzuzufügen – allerdings in eher amüsanter Weise, wie ich meine: »Es gibt ja auch Einsiedler, die wegen recht armseliger Künste zu Ruhm gelangen, wie von marodierenden Soldaten verschont zu bleiben, Dämonen zu bannen, immun gegen Gift und Krankheit zu sein, sicher und unbedrängt von wilden Tieren durch das Gebirge zu reisen, oder unbehelligt von Krokodilen und Drachen Ströme zu durchqueren, gegen Seuchen gefeit zu sein, sich bei Gefahr unsichtbar zu machen: all diese Dinge sind recht trivial, gleichwohl sollte man sie nicht geringschätzen.«

Es überrascht nicht, daß solche mahnenden Worte eher selten Beachtung fanden. Die erhabene Vorstellung von Unsterblichen als Wesen, die ihre Mitmenschen durch spirituelle Wiedergeburt übertroffen und eine geistige Verfassung erlangt haben, in der es keinen Tod gibt und in der sie mit dem *tao* vereint sind, ist für einfache Menschen nicht so leicht zu akzeptieren wie z. B. der Besitz magischer Kräfte. Die Menschen lassen sich viel stärker durch Texte beeinrucken, wie man sie in einem Werk mit dem Titel *Geschichten von Unsterblichen* finden kann, aus dem hier ein Beispiel abgedruckt ist: »Tseng Ying, der in seinen Achtzigern zum *tao* gelangt war, besaß wieder das glänzende schwarze Haar seiner Jugendtage und solche körperliche Geschmeidigkeit, daß seine Pfeile ein hundert Schritte entferntes Ziel trafen. An einem einzigen Tag konnte er mehrere hundert Meilen in einem Tempo zurücklegen, daß sogar Jünglinge nur unter Schwierigkeiten mithalten konnten. Einmal fastete er fünfzig Tage lang, ohne vom Hunger geplagt zu werden.«

Wir können einfache Naturen, die solche Wunderge-schichten lieben, besser verstehen, wenn wir uns ins Gedächtnis rufen, daß solche Schilderungen trotz aller Übertreibungen auf Wahrheit beruhen. Viele Personen haben bezeugt, daß der *ch'an*-Meister Hsü Yin, der erst kürzlich im Alter von weit über hundertzwanzig starb, noch wenige Jahre vor seinem Tod junge Leute bei

Fußmärschen hinter sich ließ. Hierfür kann ich mich verbürgen, weil ich einer der jungen Männer war, die er in seinen späten Neunzigern beim Marschieren übertraf! Dann gibt es noch eine Geschichte, die ich bereits an anderer Stelle erzählt habe; sie handelt von dem tibetischen Lama, der mein erster Lehrer werden sollte. Dieser hatte, bevor er sich zur Meditation niederließ, ein paar Laibe frischen chinesischen Brots gekauft. Als er von der Meditation aufstand, um sein Mahl einzunehmen, mußte er feststellen, daß so viele Tage verstrichen waren, daß das Brot Schimmel angesetzt hatte.

Zu allen Zeiten der Geschichte haben sich die chinesischen Dichter und Maler viel stärker von den volkstümlichen Vorstellungen von Unsterblichkeit anregen lassen als von mystischen Visionen.

Jeder mit chinesischer Kunst Vertraute hat schon den Zauber jener Gruppen farbenprächtig gekleideter Unsterblicher mit ihrer gütigen Ausstrahlung empfunden. Sie ergehen sich vor einem Hintergrund schattenhaft aufragender Berge zwischen phantastischen Felsformationen, malerisch gewundenen Bäumen und exotischen Blumen; zuweilen erheben sich in der Ferne anmutige Pavillons, die von elegant geschwungenen Dächern gekrönt werden. Diese Gestalten bilden eine entzückkende, bunte Versammlung: ein oder zwei bärtige Weise, die ihre Bäuche den himmlischen Winden entblößen, ein gut aussehender alter Gelehrter in eleganter Seidenkleidung, zierliche Damen, die sich mitunter weniger damenhaft verhalten, als es den Anschein hat, zuweilen auch ein Bettler, und junge Leute mit bewundernswert zarter Haut und rosig-weißer Gesichtsfarbe, ein alter Mann mit außergewöhnlich hoher, kuppelförmiger Stirn, der einen Pfirsich trägt, und neben diesen Gestalten befinden sich noch viele andere mehr. Immer werden sie in der Haltung von Müßiggängern dargestellt, in glücklicher Übereinstimmung miteinander und mit der Welt.

Das taoistische Paradies. Detail eines Wandschirms, frühes 17. Jahrhundert.

Zwei Leute spielen vielleicht *wei ch'i*, eine altertümliche Art des Brettspiels (jap. *go*-Spiel), einige mögen finger-hutgroße Schalen voll Wein trinken (oder ist es Tau oder flüssiges Mondlicht?), einer von ihnen kann über einen irdenen Teeofen gebeugt sein und mit lässigen Bewegungen glühende Holzkohle anfachen, oder die Flöte spielen, während ein anderer Unsterblicher ihn auf der Mondgitarre begleitet. Viel seltener sieht man sie mit einem gezähmten Drachen spielen, auf einem riesigen

Kranich oder einem wohlgenährten chinesischen Einhorn reiten. Häufig sieht man sie lachen oder leuchtenden Auges in stiller Zufriedenheit dasitzen. Wer wünschte da nicht, zu dieser glücklichen Schar zu gehören?

Nach einer grundverschiedenen Vorstellung werden die Unsterblichen als ernste ältere Herren dargestellt, die sicherlich nicht dabei beobachtet werden wollen, wie sie in der Öffentlichkeit trinken (selbst wenn es sich dabei nur um Mondstrahlen handeln sollte), geschweige denn, wie sie ihre Schmerbäuche und fleischigen Brustwarzen den himmlischen Winden aussetzen. Bekanntlich wird die Bezeichnung »Unsterblicher« auch für das Gegenstück des vollendeten taoistischen Weisen verwendet, den konfuzianischen Edlen Menschen – einen Gelehrten von hoher Tugend und vortrefflicher Weisheit, der so auf den Pfad der Tugend eingestimmt ist, daß er sich jenseits der gewöhnlichen Freuden und Unannehmlichkeiten des Lebens befindet. Hier liegt die Betonung eindeutig auf der Tugend (wenn auch nicht ganz im konfuzianischen Sinne) und auf der Weisheit, obgleich allgemein angenommen wird, daß Wesen mit so weitreichenden geistigen Fertigkeiten gewißlich übernatürliche Kräfte besitzen, die sie in ihrer Zurückhaltung aber nur für einige wenige, erhabene Zwecke einzusetzen geneigt sind. Trotzdem besitzen die Taoisten meistens auch einen ausgeprägten Sinn für Humor, und es erschiene unvorstellbar, einen taoistischen Weisen als ehrfurchtgebietende Gestalt abzubilden.

Für Reisende, die in gleichermaßen entfernten wie malerischen Orten weilten, bildete die Begegnung mit wahren Unsterblichen ein unvergeßliches Erlebnis. Dabei handelte es sich nicht um Einsiedler, die auf Drachen flogen, um Weise, die von einem Ausflug zur Milchstraße zurückkehrten oder um verspielte Jongleure, die mit Mondringen tändelten, sondern um zurückgezogen lebende Männer, die den Zustand der Unsterblichkeit tatsächlich erreicht hatten. Diese Unsterblichen standen auf vertrautem Fuß mit dem *tao*, sie hatten den Tod überwunden, und es war ihnen nichts zu tun geblieben, als den Tag geduldig zu erwarten, an dem sie von ihren vergänglichen Körpern befreit würden. Ich glaube wirklich, daß ein paar der Einsiedler, denen ich begegnet bin, dieser Beschreibung gerecht werden; einige hatten ein ehrwürdiges Alter erreicht, darunter einer, der noch erstaunlich jugendlich wirkte.

Es versteht sich von selbst, daß nur wenige Unsterbliche Wert darauf legen, sich in der Welt des Staubes aufzuhalten; sie sind fast immer in der Gesellschaft von einzelnen Eremiten oder kleinen Gruppen von Einsiedlern anzutreffen, die weitab von menschlichen Siedlungen tief in den Bergen leben. Der Nachdruck, mit dem LAO TZU und CHUANG TZU den geistigen Rückzug von der Welt betonten, trug zweifellos zur begrifflichen Verfestigung des tatsächlichen, physischen Rückzugs bei. Der taoistische Unsterbliche hatte, im Gegensatz zu seinem konfuzianischen Gegenstück, kein Interesse an der Aufgabe, die Gesellschaft zu reformieren. Außerdem führte die Unterwerfung des Verlangens in der Bergeinsamkeit offensichtlich viel eher zum Erfolg als in dicht bewohnten Städten und Dörfern. Die Taoisten, die entschlossen waren, das *tao* zu kultivieren, lebten fast immer in abgelegenen Orten. Das chinesische Schriftzeichen für »Unsterblicher« trägt ja auch die Nebenbedeutung »Bergmensch«. Es wird 仙 geschrieben; der linke Teil 人 bedeutet »Mensch und der rechte 山 steht für Berg. Von Anfang an war das taoistische Ideal der Weise, der, vom intuitiven Verständnis des *tao* beseelt, mit Vorliebe zwischen majestätischen Berggipfeln allein umherwanderte – Sonne und Mond dienten ihm als Lichter, der Himmel als Dach und die sanft wiegenden Gräser als Bett. Die Vorstellung von Tugend in einem weltlichen Sinne war ihm fremd. Gewiß hielt man die Unsterblichen

in dem Maße für tugendhaft, wie sie Leidenschaft und Begehren, jene Bollwerke des Ego, besiegt hatten. Die Einmischung in gesellschaftliche und administrative Angelegenheiten wurde von ihnen dagegen nicht als Tugend angesehen. Die Unsterblichen beachteten das Prinzip des *wu wei*, nämlich alles sich selbst zu überlassen, so daß alles seinen natürlichen Gang nehmen könnte. Diese Lebenshaltung war, dank LAO TZU und CHUANG TZU, tief im taoistischen Bewußtsein verankert. Die Verwirrung über die wahre Bedeutung von Unsterblichkeit wurde, zumindest in den Köpfen einfacher Leute, noch durch das Fehlen von Vorstellungen verstärkt, nach denen man die Unsterblichen, die sich aus eigener Kraft über den Zustand der Sterblichkeit erhoben hatten, von den mythologischen Unsterblichen hätte unterscheiden können. Letztere bildeten, wie die Vertreter der verbreiteten Volksreligion behaupteten, eine Spezies für sich und ähnelten sehr stark den Geschöpfen, die wir in Europa als Feen bezeichnen, jedoch mit dem Unterschied, daß man sie sich nicht als winzige Wesen, sondern eher als außergewöhnlich gut aussehende Menschen vorstellte. Einige dieser anmutigen Wesen wurden für Quell-, Fluß- und Baumgeister gehalten, von anderen glaubte man, daß sie in abgelegenen Bergregionen, auf Inseln in fernen Meeren, in den Wolken oder auf dem Mond lebten. In dem Maße, wie sich einige Richtungen des Taoismus zunehmend mit der Volksreligion vermischten, verschwammen auch die Unterschiede zwischen »Unsterblichen aus eigener Kraft« und »Unsterblichen von Geburt«. Was sich für den Taoismus möglicherweise als Verlust bemerkbar machte, erwies sich für die Kunst sicherlich als Gewinn; Motive, wie die Insel der Seligen (P'ENG LAI SHAN) und ihre strahlenden, überirdisch schönen Bewohner lieferten Dichtern und Malern unerschöpflichen Stoff für ihre Werke.
Einfältige Gemüter, die daran glaubten, daß sich Men-

schen wirklich über die Naturgesetze hinwegsetzen und von Wind und Tau leben könnten, wurden von den Adepten, welche die tiefere Bedeutung der Unsterblichkeit erkannt hatten, selten verspottet. Solche Torheit hatte, abgesehen davon, daß sie liebenswürdig und harmlos war, sogar ihren Nutzen. In erster Linie bildeten die naiven, volkstümlichen Vorstellungen einen Schirm, unter dessen Schutz die taoistischen Weisen das spirituelle und alchimistische Wissen gegen Entweihung und Mißbrauch schützen konnten. Dieses Wissen sollte auf keinen Fall an Unwürdige vermittelt werden. Es besteht kein Zweifel darüber, daß mystische und alchimistische Praktiken tatsächlich zum Erwerb von spirituellen Kräften führen, die bei falscher Anwendung für ihre Träger wie auch für ihre Opfer gefährlich werden können. Das Gerücht, nach dem Mao Tse-Tung und Chou En-Lai ihren überwältigenden Erfolg zum Großteil der geheimen Beherrschung der Lehre von *yin* und *yang* zu verdanken hätten, erscheint mir eher böswillig als lächerlich. Ein weiterer Vorteil der volkstümlichen Annahme, die Adepten des *tao* seien in Zauberkräften und Wundertaten bewandert, bestand darin, daß solche Vorstellungen das Interesse an der Kultivierung des *tao* weckten. Die naiven Menschen, die sich von der Welt des Staubes abwandten und magische Kräfte zu erwerben trachteten, um Fleisch- und Blut- Unsterblichkeit zu erlangen, hatten jedoch bei vorhandenem Talent und rechter Unterweisung die Gelegenheit, das Gaukelwerk bald vom Wahren zu unterscheiden. Ihr ursprüngliches Streben ließ sich auf das Ziel wahrer Unsterblichkeit umleiten. Sie konnten stufenweise in der Koordinierung und Entwicklung der vollständigen körperlichen und geistigen Kräfte unterwiesen werden, um die plötzliche geistige Wandlung, die bei den Buddhisten als Erleuchtung bekannt ist, zu erfahren. Bei dieser Entwicklung würde das wahre Selbst, das seinem Wesen nach mit dem reinen, undifferenzierten Sein identisch ist, zu Tage treten und die Illusion des individuellen Ichs zerstören. Der Vorgang der Wandlung besteht gemäß der traditionellen taoistischen Terminologie im Läutern und Veredeln von *ching*, *ch'i* und *shen* zu gereinigtem *yang shen*, welches durch Vereinigung mit dem kosmischen *yang shen* zu wahrer Unsterblichkeit führt (siehe Kapitel 7–9). Im Verlauf dieser Wandlung tritt intuitive Erkenntnis an die Stelle des fehlgeleiteten Denkens, die Fesseln der Leidenschaft und der Begierde lösen sich, und wahre Tugend kann sich nun entfalten, eine Tugend, die den Wunsch und die Kraft beinhaltet, alle lebenden Wesen mit wahrer Unvoreingenommenheit zu fördern.

In unzähligen Legenden und Anekdoten von Unsterblichen, die in China überliefert sind, kommen die verschiedenen Vorstellungen von Unsterblichkeit zum Ausdruck, die vom Grotesken und Phantastischen bis zum Anregenden und Erhabenen reichen. Schriftsteller und Geschichtenerzähler beschränken sich nicht darauf, wie Maler, Schnitzer und Bildhauer die Unsterblichen als elfenartige Wesen in Holz, Lack, Elfenbein oder Jade darzustellen, sie können im Rahmen ihrer Möglichkeiten spirituelle Kräfte und Erfahrungen beschreiben, wie es in den abbildenden Künsten nicht so leicht gelingen mag. Dennoch sind die folgenden Geschichten in der Hauptsache wegen ihrer malerischen Züge ausgewählt worden und weniger wegen ihres spirituellen Gehalts; die Wege zu wahrer Unsterblichkeit werden in weiteren Kapiteln ausführlich dargestellt. Wie andere Mythen, Legenden und Märchen können auch diese Geschichten einfach zum Vergnügen gelesen werden.

Die Lehren des Weißen Nebels

Unter der Regierung des Kaisers Shen Tsung (1573–1620) zeichnete sich ein Gelehrter namens Fan aus dem Ort I Ping durch hervorragende Leistungen bei den staatlichen Prüfungen aus, die ihm eine Reihe von Berufungen in verschiedene Provinzen des Reiches verschafften. Wo immer er hinging, brachte ihn die Ausübung seines Amtes mit der Verderbtheit der Gesellschaft in Berührung: Habsucht, Geiz, Wollust, Eitelkeit, Grausamkeit und Amtsmißbrauch. Als er Urlaub erhielt, um die Trauerzeit für den verstorbenen Vater in seiner Heimatstadt zu verbringen, faßte er den Entschluß, nicht mehr in sein Amt zurückzukehren, sondern die Einsamkeit der Berge aufzusuchen und das *tao* zu kultivieren. In der Nähe des Berges O Mei erwarb er eine kleine Hütte, in die er sich bei unfreundlichem Wetter mit seinen Büchern zurückzog. Mehrere Stunden widmete er täglich der Meditation. Ein naher Bach, der zwischen moosbewachsenen Felsen und dichtem Farnkraut dahinfloß, versorgte ihn mit klarem Trinkwasser. Seine mitgebrachten Vorräte von einigen Säcken Reis und ein oder zwei Krügen Öl ergänzte er mit den Gaben des Waldes: silberfarbenen Baumschwämmen, Bambusschößlingen und allerlei schmackhaften und nahrhaften Pflanzen. Bei schönem Wetter erhob er sich früh von seinem Lager, um den Anblick der dahinziehenden Wolken zu genießen, die verschwenderisch in Korallenrot, Rosa oder Karmin leuchteten und von einem goldenen Rand umgeben waren; dann streifte er auf der Suche nach Heilkräutern und Leckerbissen über Gipfel und durch Täler. Oftmals verbrachte er die ganze Nacht unter dem Sternenzelt. Innerhalb von drei Jahren hatte sich sein Herz auf die einfacheren Mysterien der Natur eingestimmt, und doch blieb ihm das *tao* fern. »Ich sehe, daß es da ist. Ich beobachte seine Wandlungen, sein Geben und Nehmen; aber da es dunkel und flüchtig ist, frage ich mich, wie es erfaßt werden soll.« Obgleich ihn seine wenigen Nachbarn als geschickten Heiler und vollendeten Unsterblichen kannten, war ihm selbst bewußt, daß er ein Suchender war, der die Welt des Staubes umsonst verlassen hatte.

Eines Tages erhielt Fan Besuch von einem Mann, der trotz seiner groben Bauerntracht den weisen und doch jugendlichen Ausdruck eines wahren Unsterblichen besaß. Er brach einen Krug Wein an, den er seit seiner Ankunft ungeöffnet aufbewahrt hatte, und hörte dem Gast voller Verehrung zu. Der Besucher sprach: »Ich habe die Ehre, Euer nächster Nachbar zu sein, denn ich bin der Geist des Baches, der hinter Eurer ehrenwerten Behausung fließt. Darf ich wohl zu fragen wagen, warum ein Gelehrter von solchem Rang wie Ihr den Zugang zum *tao* nicht hat finden können, wo er doch direkt vor Eurer Nase liegt?« Dann fügte er hinzu, wohl um Fans Verwirrung zu mildern und ihn zu trösten: »Es ist ein Zeichen Eurer hohen Intelligenz, mein Herr. Viele Einsiedler, die sich einreden, daß sie das *tao* gefunden haben, haben Schwierigkeiten, Beweise für ihre Behauptung zu liefern. Sucht es nicht in den leuchtenden Wolken des Sonnenaufgangs oder des Sonnenuntergangs, und auch nicht in dem Leuchten, das im Frühherbst von wolkenlosen Himmeln ausstrahlt. Sucht es in den Nebeln, welche die Täler verhüllen, und auf die Ihr bis jetzt kaum einmal hinabgeblickt habt.« Nach diesen Worten machte er eine artige Verbeugung und verschwand.

Von da an stieg unser Gelehrter jeden Morgen auf einen Hügel, setzte sich dort nieder und blickte auf den weißen Nebel hinab, der sich in den tieferliegenden Tälern zusammenbraute. Auf diese Weise vergingen weitere drei Jahre. Die Jäger und Holzfäller sahen, wie er stundenlang unbeweglich wie der Fels unter ihm dasaß, und dankten dem Himmel für seine Güte, ihnen einen Unsterblichen gesandt zu haben. Günstiges Wetter schrieb man dem

Wirken seiner Tugend zu, ungünstiges Wetter wurde zumindest durch seine Gegenwart gemildert. Nur Fan wußte es besser. Dann kam der Tag, an dem er überglücklich zu der Stelle hastete, an welcher der Bach aus einer unterirdischen Höhle hervorsprudelte, und nach dem Geist rief. Dieser erschien sogleich. Über feinen Seidenkleidern trug er ein Sommergewand aus gold- und silberdurchwirkter Gaze.

»Ihr braucht mir nichts zu berichten!« tönte der Schutzgeist mit gedämpfter Donnerstimme. »Ihr habt das *tao* gefunden! Darf ich es wohl wagen, danach zu fragen, wie Ihr es angestellt habt?«

»Hahaha!« lachte Fan. »Warum habt Ihr es mir nicht früher erklärt? Ich habe es nicht gefunden, sondern ganz plötzlich wurde mir bewußt, daß ich das *tao* nie verloren hatte. Jene karminfarbenen Wolken zu Sonnenaufgang, das strahlende Mittagslicht, die Folge der Jahreszeiten, das Zunehmen und Abnehmen des Mondes – das alles sind nicht erhabene Zeichen oder verheißungsvolle Symbole dessen, was sich dahinter verbirgt: sie *sind* das *tao*. Geboren zu werden, zu atmen, zu essen, zu trinken, zu gehen, zu sitzen, zu wachen, zu schlafen, zu leben, zu sterben: das zu tun heißt, zum *tao* gelangt zu sein. Wenn man die Dinge zu nehmen versteht, wie sie kommen, und sich nicht um Glück und Sorge schert, wenn man ein gestepptes oder ungefüttertes Gewand nicht deshalb trägt, weil es Mode ist, sondern weil die Witterung den Wechsel erfordert, wenn man Kiefernsamen oder Pilze nicht um ihres Geschmackes willen sammelt, sondern um den Hunger zu stillen, wenn man niemals die Hand oder den Fuß bewegt, um mehr als das Notwendige zu erledigen, wenn man sich treiben läßt, ohne einen Gedanken daran zu verschwenden, daß etwas anders sein sollte, als es ist – dann ist man eins mit dem Nebel des Tales, mit den dahinziehenden Wolken. Dann hat man das *tao* gefunden und Unsterblichkeit erlangt. Jahre auf der

Suche nach etwas zu verschwenden, was man niemals verloren hatte, ist wirklich ein Witz.«

Die Höhle, vor der sie standen, hallte nun mehrfach von ihrem Gelächter wider. Dann setzte der Schutzgeist des Baches eine ernste Miene auf. Die Schöße seines Brokatgewandes und die Bänder seines seidenen Gazehuts flatterten im Wind, er neigte sein Haupt, wie vor dem Kaiser, neunmal zur Erde und rief mit glücklicher Stimme aus: »Endlich, endlich habe ich meinen Meister gefunden!«

Die Insel der Seligen

Hsü zählte zu jenen, die der Welt aus einem wahrlich trivialen Anlaß den Rücken gekehrt hatten – Enttäuschung in der Liebe. Angesichts eines solchen, wenig Erfolg verheißenden Beginns konnte man nicht erwarten, daß er ohne Mühe zur Unsterblichkeit gelangen sollte. Jeder hätte ihm erklären können, daß sich ein bezauberndes Mädchen genauso leicht als Xanthippe erweist wie irgendein weniger schönes, daß geschwungene Brauen und weidengleiche Anmut selten die Erwartungen erfüllen, daß die Blume der Schönheit schon zur Hochzeitsnacht ihre Blütenblätter zu verlieren beginnt, und daß er einen verständlicheren Anlaß zum Wehklagen gehabt hätte, wenn er einen guten Kochtopf oder Teekessel verloren hätte. Trotzdem war er froh, die Stätte eines, wie er glaubte, tragischen Verlustes hinter sich zu lassen. Er zog auf den Berg T'ai, der wegen der prachtvollen Wolkenbildungen berühmt war, die es bei Sonnenaufgang vom Ostmeer herübertrieb. Er suchte dort einen Einsiedler nach dem anderen auf und bestürmte sie um Unterweisung im *tao*. Der einzige Weise, der sich bereiterklärte, einen Schüler von so geringem Format anzunehmen, ließ ihn von früh bis spät hart arbeiten; er mußte auf den spärlich bewaldeten Hängen Brennholz sammeln oder ähnlich mühselige Aufgaben als Gegenleistung für nur wenige Unterrichtsstunden verrichten.

Auf dem Berg lebten auch wahre Unsterbliche, die man sofort an ihren leuchtenden Augen, ihrem gütigen Gesichtsausdruck, ihrer glatten, faltenlosen Haut sowie einem federnd leichten Gang erkennen konnte, der ihnen die Erscheinung anmutig über Felshänge streifender Rehe verlieh. Obgleich diese Weisen nicht davonliefen, wenn Hsü in ihre Nähe kam, kühlten sich ihre freundlichen Mienen schnell ab, wenn sie erfuhren, aus welch banalem Anlaß er sich der Kultivierung des *tao* zugewandt hatte.

Traurig machte sich Hsü auf, um im Bergland an der Küste noch tiefere Abgeschiedenheit zu suchen – dort, wo in alten Zeiten der Kaiser Wu das Geheimnis des Goldenen Elixiers gefunden hatte. Hier traf er auf einen Weisen, der ihn als Famulus willkommen hieß. Hinter seiner Behausung befand sich eine geräumige Höhle, die mit Kesseln, Dreifüßen, Behältern und Vorräten an Flüssigkeiten, Pulvern, gehackten Wurzeln, Blättern, Rinde, Harz, Mineralien und weiteren Stoffen gefüllt war. In Hsüs zweitem Lehrjahr erstieg der Weise einen benachbarten Hügel und verschwand. Er ließ ein Paar Schuhe als Zeichen dafür zurück, daß die Suche nach seinen sterblichen Resten sich als fruchtlos erweisen würde, außerdem ein Schriftstück, mit dem er alles in der Höhle seinem Lehrling vermachte. Im Nachlaß fand sich ein Rezeptbuch zur Herstellung einer goldenen Pille und ein weiteres zur Verwandlung von unedlen Metallen in Gold. Jedes der beiden Bücher wäre für sich allein schon eine wertvolle Erbschaft gewesen, wenn nicht Bezeichnungen und Mengen wichtiger Ingredienzen ausgelassen worden wären – aus Furcht, daß die Anweisungen in unwürdige Hände fallen könnten. Die Pillen, wie sie der arme Hsü herstellte, verursachten Schwindelgefühle, die zuweilen von Fieber und Schüttelfrost begleitet waren.

Nachdem er sich durch den Verzehr der seiner Ansicht nach vollkommenen goldenen Pille fast umgebracht hatte, kniete er eines Tages nieder und begrüßte den Sonnenaufgang. Sein Gesicht hatte er den perlfarbenen Wolken zugewandt, welche die Insel der Seligen vor den Blicken der Sterblichen verbergen, und er schrie mit aller Kraft in den Wind, der von dem nebelverhangenen Meer herüberkam: »Vermaledeite Unsterbliche, die Ihr Euch selbstsüchtig darin vertieft, eine sorgenfreie und ungezwungene Existenz zu erlangen, ich erkläre Euch zu verachtenswerten Betrügern. Wenn Eure Herzen nicht aus Bronze sind, verlange ich von Euch einen der Pfirsiche der unbegrenzten Langlebigkeit. Nachdem ich lange und gewissenhaft für andere Bewohner der Abgeschiedenheit gearbeitet habe, verdiene ich mehr als nur geringe Beachtung. Bleibt Ihr still, so werde ich wissen, daß Ihr samt Euren Pfirsichen und goldenen Pillen nur leeren Träumen angehört, über die man lachen sollte. Um Eures guten Rufes willen tätet Ihr besser daran, auf meine vernünftige Forderung einzugehen.«

Während er so schrie, verdüsterte sich der Himmel. Das leuchtende Blau verschwand hinter einer dicken Wolkenwand. Rollender Donner und Regentropfen, so groß wie Holzäpfel, kündigten ein drohendes Unwetter an. Über seinen eigenen Wagemut bestürzt, wollte er schnell davonlaufen, aber eine schwere Hand legte sich auf seine Schulter. Hinter ihm erhob sich ein stämmiger Einsiedler von bedrohlicher Miene und durchdringendem Blick.

»Dummkopf! Taube Nuß! Wer hat dir erlaubt, solch einen Aufruhr zu machen? Hätte der Wind deine Worte zu denen da hinübergetragen, glaubst du, daß du jetzt noch am Leben wärst oder auch nur einen Augenblick länger zu leben hättest? Steh auf und folge mir!«

Der Unbekannte schritt so schnell voran, daß Hsü sich ständig die Zehen anstieß und bei seinem Bemühen, das Tempo mitzuhalten, zweimal der Länge nach hinschlug.

Jäh führte der Pfad um einen Vorsprung und öffnete den Blick auf einen völlig unerwarteten Schauplatz. Auf einem kleinen Hochplateau erhob sich eine von Felswänden umgebene Gruppe prächtiger Gebäude, deren elegant aufwärts geschwungene Dächer mit smaragdgrün leuchtenden Porzellanziegeln gedeckt waren. In die purpurroten Wände war ein Paar kunstvoll lackierter Torflügel eingelassen, und der ganze Platz strahlte eine Pracht aus, die eher einer Hauptstadt als dieser unwirtlichen und abgelegenen Umgebung angemessen schien. Aus dem Innern erscholl der Klang ritueller Musik: die hohen Töne von Flöten, das rasselnde Pochen einer Trommel und das reine Geläut von Jadeplättchen, die an seidenen Fäden hingen.

Halb ohnmächtig vor Angst sah sich Hsü durch das Tor geführt und zu einem Saal im Innern geleitet, wo er vor einem Greis mit pfirsichroten Wangen, hüftlangem schneeweißen Bart und wasserklaren Augen auf die Knie fiel.

Nachdem der Alte dem Bericht des vierschrötigen Burschen über Hsüs Verhalten gelauscht hatte, bemerkte er: »Mir scheint, junger Mann, Ihr habt einen Wutanfall gehabt. Was habt Ihr Euch von solch ungehörigem Verhalten erhofft? Als Anhänger des *tao* solltet Ihr Euch schämen.«

Während Hsü seine traurige Geschichte vortrug, strich sich der Weise nachdenklich über den Bart. Alsdann sprach er: »Die Pfirsiche der Unsterblichkeit werden nicht auf Anfrage vergeben. Wer hätte solches schon gehört? Sie werden so sorgsam bewacht, daß selbst wenn mich danach verlangte, ich sie entweder stehlen oder einem der himmlischen Gärtner ein großes Bestechungsgeld zahlen müßte. Auch dann würde ihr Fehlen unweigerlich bemerkt werden und in den himmlischen Höfen zu einem gewaltigen Tumult führen. Du müßtest doch den klassischen Roman *Die Reise nach dem Westen*, gelesen haben und dich erinnern können, was geschah, als der Affenkönig einige der Pfirsiche stehlen wollte. Nun noch ein paar Worte zu deinem Versuchslabor: Ist dir nicht in den Sinn gekommen, daß die Ingredienzen für die goldene Pille alle in dir vorrätig sind? Versuche nicht, sie mit dem Messer zu gewinnen, du unbesonnenes Geschöpf, oder es wird wenig von dir übrigbleiben, um von dem Experiment zu profitieren. Den einzig wirksamen Schmelzofen trägst du hinter deinem Nabel, und das einzig sichere Gefäß für die fertige Pille befindet sich im Innern deines Schädels, einige Haare breit unter dem Scheitelpunkt.«

Darauf unterwies ihn der Weise in der geheimen Alchimie und lehrte ihn, wie er sich am besten seiner eigenen Gaben von *ching, ch'i* und *shen* bedienen könnte. Hsü dankte demütig und bat zu erfahren, wen er vor sich habe.

»Nun«, erwiderte der Weise, »ich gebe den Menschen meinen Namen selten preis. Wenn ich es täte, würde ich sicher als Lügner gelten. Aber es macht mir nichts aus, dir zu erzählen, daß ich auf der Insel der Seligen zu Besuch weilte und dem Geburtstagsfest des Drachenkönigs vom Ostmeer beiwohnte, als du so unüberlegt deine Herausforderung an die Bewohner herausschriest. Wenn ich nicht rechtzeitig zurückgekehrt wäre, um dich zu warnen, hätte es mit dir früher oder später ein böses Ende genommen.« Nachdem sie den außergewöhnlichen Ort verlassen hatten, wandte sich Hsü zu einem letzten Blick zurück. Voller Erstaunen gewahrte er, daß alles verschwunden war. Nur der Wind fuhr durch die Gräser des Hochplateaus. Die einzigen sichtbaren Wesen waren kreisende Seevögel.

Er kehrte zu seiner Höhle zurück, versah sich mit Lebensmitteln und weiteren notwendigen Dingen und zog in eine kleine Höhle, die den Blick über das Meer gestattete. Jeden Tag unterbrach er seine alchimistischen

Verrichtungen nur für kurze Zeit, um in Richtung von P'eng Lai Shan zu blicken und für das freundliche Entgegenkommen zu danken, das man ihm auf sein lautstark geäußertes Verlangen hin erwiesen hatte. Im Laufe eines Jahres hatte er ohne äußere Hilfe das goldene Elixier fertiggestellt. Als er sich aus dem tiefen Schlummer erhob, in den er während der Nacht nach seinem erfolgreichen Experiment gefallen war, ging er in die Küche, um für ein bescheidenes Frühstück die Reisreste aus seinem Topf zu kratzen. Als er den Deckel hob, sah er auf dem kalten Reis vom Vortrag einen saftigen, vollreifen Pfirsich liegen. Dieser schien ihn geradezu zum Verzehr aufzufordern!

Ein Geschenk der Mondgöttin

Die dritte Geschichte stammt aus dem gemeinsamen Bereich von volkstümlichem Taoismus und Volksreligion. Obgleich in ihr nichts Moralisches oder Mystisches ausgedrückt werden soll, besitzt sie einen Charme, der für unzählige Legenden dieser Art typisch ist und sie erzählenswert macht.

In den frühen Jahren der Ch'ing-Dynastie (1644–1911) kam es eines Tages in der Stadt Kuang-chou (Kanton) zu einem Auflauf, just am Morgen des Tages, den man zu Ehren des Geburtstages der Mondgöttin feierte. Ein Wanderhändler schritt die Straße herunter und schob eine Handkarre mit leckeren Birnen vor sich her. Ihm waren zwei baumstarke Flegel vom Amtssitz des Bezirksrichters (Yamen) auf den Fersen, die sich gerade mit einer gehörigen Menge der süßen Früchte eindeckten und ohne Bezahlung davonzukommen trachteten. Gerade wollten sie sich feixend über ihre Beute hermachen, als zu ihrer großen Verwunderung ihre Köpfe, gleich einem Paar riesiger Holzklappern, kräftig gegen-

einandergeschlagen wurden. Mit hochroten Gesichtern –
immerhin fühlten sie sich von einem älteren Mann niederen Standes gedemütigt – ergriffen sie ihn auf der Stelle
und führten ihn in Polizeigewahrsam. Nun ergab es sich,
daß ein gewisser Shen Ch'ing-yao, ein junger Gelehrter
im untersten Beamtenrang, die ganze Sache beobachtet
hatte. Durch den direkten Appell eines Gelehrten an den
anderen konnte er beim richterlichen Beamten die sofor-
tige Freilassung des Händlers erreichen. In der folgenden
Nacht saß er bei Kerzenlicht in seinem Studierzimmer,
als ihm der ehemalige Wanderhändler einen Besuch
abstattete. Dieser trug nun das einem Taoisten angemessene Gewand und grüßte mit einer höflichen Verbeugung:
»Junger Herr, ich stehe in Eurer Schuld. Bevor wir uns
aber weiter unterhalten, bitte ich Euch, mir diese Frage
zu beantworten: Welchen Ort aus dem Universum würdet Ihr besuchen, wenn sich eine günstige Gelegenheit
ergäbe?«
Shen hielt das für einen Spaß und antwortete: »Die
leuchtenden Gestade der Milchstraße – nein, nein, den
Eispalast auf dem Mond, um der Mondgöttin zum
Geburtstag zu gratulieren; man sagt ja von ihr, daß sie
eine Gottheit von außergewöhnlicher Schönheit sei.«
»Also gut«, erwiderte der Taoist in aller Gelassenheit,
ganz so, als ob der andere eine Spritztour zu einem
nahen, schön gelegenen Ausflugsziel wie z.B. zum Berg
der Weißen Wolke, vorgeschlagen hätte. »Darf ich Euch
bemühen, als Bild des Mondes einen Kreis auf einem
Bogen Papier zu ziehen?«
Shen war jetzt sicher, daß sein Besucher ein Spaßvogel
war; gleichwohl erfüllte er den Wunsch bereitwillig. Auf
Anweisung des Taoisten befestigte er die Zeichnung an
der Wand, und dieser blies die Kerze aus. Die Studierstube, anstatt in völlige Dunkelheit zu versinken, wurde
hell erleuchtet, weil der an einem Balken befestigte

»Mond« nun wie der echte Himmelskörper milchweiß
erstrahlte und zusehends größer wurde.

»Seid so gut und geht diesen Weg«, sprach der Taoist,
und der junge Gelehrte, über den Verlauf der Dinge ein
wenig amüsiert, folgte seinem neuen Freund in eine
strahlende Landschaft. Dort war der Grund so weich und
nachgiebig, daß er glaubte, seine Schuhe besäßen Flügel.
Sie durchquerten einen »Steingarten« aus Eiszapfen, die
geschickt in der Form einer Bergkette angeordnet waren,
und gelangten an eine Wasserburg mit zinnenbewehrten
Wällen, Türmchen und Galeriedächern, alle aus blitzen-
dem Eis gebaut. Hohe Tore aus getriebenem Silber
schwangen bei ihrer Ankunft auf, und gehorsame
Lakaien in zeremonieller Tracht geleiteten sie durch ein
Labyrinth von Höfen zu einem geräumigen Saal. Dort
saß eine ehrwürdige Kröte von erstaunlicher Größe,
deren Körper allem Anschein nach von schimmernder
weißer Jade war; sie machte sich mit der Art von Stößel
und Mörser zu schaffen, die bei Drogisten in Gebrauch
sind.

Auf den Gruß des Taoisten entgegnete die Kröte: »Bruder, du weißt, daß ich jetzt nicht aufhören kann.« Sie
nahm keine weitere Notiz von den Besuchern und fuhr
fort, ein paar funkelnde Kristalle zu zerstoßen. Davon
ging ein regenbogenfarbenes Licht aus, wie es zuweilen
an Sonnentagen über Wasserfällen erstrahlt. Sogleich gab
der Taoist Shen ein Zeichen, und sie überließen die
geschäftige Kröte ihrer Arbeit; das rhythmische Stamp-
fen begleitete sie mit seinem p'ang-p'ang-p'ang den Kor-
ridor hinunter, der in einen malerischen Innenhof führte.
Dieser Hof war zum Himmel hin offen und wurde
teilweise vom gewundenen Astwerk riesiger alter Zedern
überdacht, die mit ihren silberweißen Stämmen den
Schein einer Halle zurückwarfen, deren dreigeschossiges
Dach wie der ganze Palast aus Eis bestand. Die großen
Türen standen offen, und eine Schar prachtvoll gekleide-

ter Höflinge beiderlei Geschlechts drängte nach vorn, um vor der Herrin des Palastes niederzuknien und Geburtstagswünsche zu entbieten. Shen und der Taoist wurden von der Welle der Besucher mitgerissen, und bald knieten auch sie vor einem Thron aus kunstvoll geschmiedetem Silber, auf dem sich jene unnahbare und keusche Gottheit CH'ANG O, Göttin des Mondes, niedergelassen hatte.

Dieses liebreizendste unter den göttlichen Wesen trug ihr Haar, das dunkler und glänzender war als das Fell eines kaiserlichen »Mitternachtsrosses«, anmutig nach der Phönixschwanz-Mode. Die mit Perlen übersäte und mit Türkisspangen geschmückte Haartracht bildete einen aparten Kontrast zu ihrer marmorglatten, rosa und korallenrot getönten Haut. Ihre weiten, sanften Mandelaugen leuchteten wie von dunklen Bergseen zurückgeworfenes Mondlicht. Der Blick war so strahlend, daß Shen erbebte und seine Augen niederschlug, er wagte kaum, mehr als die winzigen Satinschuhe zu betrachten, die unter einer anmutigen Robe aus weißem und silbernem Brokat mit perlenbesetztem Rand hervorlugten.

»Eure Unsterblichkeit«, sprach sie sanft. Ihre Worte an den Taositen klangen wohltönender als die Musik, die von feinen Jadetäfelchen erklang: »Wir sind hocherfreut, daß wir diesen jungen Gelehrten für seine rechtzeitige Hilfe belohnen können, obgleich Euer Unterfangen, die ermüdende Welt der Sterblichen als Obsthändler verkleidet zu bereisen, jenseits Unseres Verständnisses ist. Euer Begleiter, so erkennen Wir, ist von dieser ungewohnten Umgebung etwas verwirrt und wird sich wohler fühlen, wenn er wieder sicher daheim angelangt ist. Findet also einen Weg, ihn ohne Verzug zurückzuführen, nicht ohne ihm ein bescheidenes Zeichen Unserer Anerkennung zu überreichen, das wir für ihn vorgesehen haben.«

Damit war ihre Rede aber noch nicht beendet. Sie geruhte Shen mit ein paar wohlgesetzten Worten der Höflichkeit zu ehren und ließ dabei ihren strahlenden

Blick auf ihm ruhen, so daß er in seinen klopfenden Adern flüssiges Mondfeuer zu spüren vermeinte. Bevor sie ihn entließ, trug sie ihm auf, keinem anderen Sterblichen auch nur ein Wort von dem zu entdecken, was sich seit seiner Ankunft auf dem Mond ereignet hatte, und das Schweigen so lange zu wahren, bis sein Ende nahte und seine Schüler, deren er viele haben würde, zu ihm kämen, um Abschied zu nehmen.

Während er Shen aus dem Thronsaal geleitete, murmelte der Weise einige geheimnisvolle Silben. Im Nu verwandelte sich alles wie durch Zauberhand, und der junge Gelehrte fand sich in seiner Studierstube wieder, als sei er von einem Traum erwacht. Aber es war kein Traum gewesen: vor ihm auf dem Tisch, zwischen seinen Büchern und Schreibutensilien, befand sich ein seltsam geformtes Kästchen aus Alabaster, das der Taoist ihm zum Abschied überreicht hatte. Noch etwas verwirrt, setzte er seinen Teekessel auf den Dreifuß über dem Holzkohlebecken und goß zur gebührenden Feier der Gelegenheit den feinsten Tee auf. Anschließend entnahm er dem Kästchen seinen Inhalt: zwei Kristalle aus einer schimmernden Substanz, die in allen Regenbogenfarben erstrahlten. Er legte die beiden Steine auf seine Zunge und spülte sie mit einem Schluck Tee hinunter. Wieder schien es ihm, als ob flüssiges Mondfeuer durch seine Adern pulsierte.

Nach diesem Erlebnis verließ der junge Gelehrte das trockene Studium der konfuzianischen Klassiker; er begab sich in die Einsamkeit der Berge und versenkte sich völlig in die Betrachtung des *tao*. Es wird heute noch berichtet, daß seine Stirn auch im hohen Alter glatt war und seine Wangen so jugendlich frisch leuchteten, daß die Enkel seiner ersten Schüler ihn noch als einen Mann in der vollen Kraft der besten Jahre kennenlernten. Mit 163 Jahren verabschiedete er sich von seinen Schülern und erklomm den Berg, der seine schlichte Behausung beschützte. Auf dem Gipfel entledigte er sich seines Gewandes zum Zeichen, daß er schließlich das Ziel erreicht hatte, und fuhr von dort auf zu den himmlischen Gefilden.

Die Mauern niederreißen

Diese letzte Geschichte unterscheidet sich stark von den anderen, weil sie keine Legende ist, sondern eine auf Tatsachen beruhende Beschreibung über die Erlangung von Unsterblichkeit – im wahrsten taoistischen Sinn. Ich hörte sie vor vielen Jahren von einem taoistischen Einsiedler auf dem Berg Heng, und obgleich ich mich nicht mehr an die tatsächlichen Beispiele erinnern kann, die er für die taoistische verschlüsselte Rede anführte, kann ich mich doch für sinngemäße Vollständigkeit, wenn auch nicht für detailgetreue Wiedergabe, verbürgen.

Der alte Einsiedler, der die Geschichte erzählte, bezeichnete sich selbst als »geistigen Nachkommen dritten Grades« des Weißer-Reiher-Unsterblichen.

Es war zur Regierungszeit des Kaisers Hsien Feng (1851–1862), als auf den Hängen des Berges Heng ein Einsiedler mit Namen Wespentaillen-Kalebassen-Unsterblicher lebte. Allgemein war er eher als Hulu Weng bekannt, der Kalebassen-Alte, oder es kann auch Hu Lao-weng gewesen sein, was die gleiche Bedeutung hat. Neben einigen Schülern mittleren Alters versorgten ihn zwei Kinder, die man für Jungen hielt; andere behaupteten dagegen, sie seien seine Enkeltöchter, die Kinder eines Sohns, den er vor seinem Abschied von der Welt des Staubes gezeugt hatte. Fremde, die ihre Aufwartung machen wollten, wurden stets von einem der beiden Kinder empfangen, die scharfsinnig Falsches von Wahrem unterscheiden konnten. Denjenigen, die die Kinder als halbherzige Anhänger des *tao* erkannt hatten, wurde gesagt, daß der Unsterbliche sich in tiefer Meditation befände und in den folgenden Tagen niemanden empfangen könne.

Wenn sich jedoch herausstellte, daß die Gäste nicht locker ließen und um Unterkunft baten, bis es dem Unsterblichen genehm wäre, ihnen seine kostbare Zeit zu widmen, dann schwand die distanzierte Haltung umgehend und man hieß sie willkommen. Vielleicht wurde ihrem Anliegen schon am gleichen Abend entsprochen, wenn der Unsterbliche plötzlich aus seiner Stube im Innern heraustrat und ausrief: »So, so. Auf welche Weise kann sich ein alter und unwissender Mann Euer Ehren dienstbar erweisen?«

Eines Tages erschien ein Gelehrter aus der Hauptstadt. Er hieß Pai und wies schon im Alter von 30 Jahren einen durch übermäßiges Studium der konfuzianischen Klassiker geschwächten Körper und Kurzsichtigkeit auf. Er erweckte einen gleichermaßen verstörten wie ungeduldigen Eindruck, so daß es vielleicht ganz gut war, daß die Mädchen positiv über seine seelische und geistige Verfassung berichteten. Sowie er des Unsterblichen gewahr wurde, konnte er nur mit Mühe davon abgehalten werden, niederzuknien und mit seinem Kopf den Boden zu berühren, als ob er sich vor einem konfuzianischen Würdenträger befände. »Ich trete vor Eure Unsterblichkeit«, rief er aus, »und betrachte Euch als letzte Rettung. Entweder zeigt Ihr mir das Antlitz der Wahrheit, oder ich werde mich mit Hilfe meines Seidengürtels zu den Gelben Quellen befördern. Mein ganzes Leben habe ich damit verbracht, nach der Wahrheit zu suchen, mich in die Klassiker zu vertiefen, sogenannten Weisen ohne jeden Erfolg zuzuhören und die Gesellschaft hervorragender konfuzianischer Gelehrter aufzusuchen. Eine glänzende Beamtenlaufbahn lag vor mir, als mir plötzlich bewußt wurde, daß all die großen Worte von Menschlichkeit, Kindespflicht und Sittlichkeit leeres Geschwätz sind. Wie kann denn die Sittlichkeit in irgendeiner Weise etwas mit dem großen *tao* zu tun haben? Erfordert die Kultivierung des *tao*, daß wir auf diese oder jene Weise schreiten oder uns verneigen? Natürlich nicht! Eure Unsterblichkeit muß mir behilflich sein, all die vielen Jahre, die ich mit einem derartigen Unsinn vertan habe, wiedergutzumachen!«

Der Kalebassen-Unsterbliche war von solch einer Aufrichtigkeit beeindruckt und bat den jungen Beamten, eine Weile zu bleiben, um »die armselige Unterweisung, wie sie ein unwissender, alter Mann zu geben vermöchte«, zu erhalten. Pai war hocherfreut; aber schon am folgenden Tag erwartete ihn eine furchtbare Enttäuschung, weil der Unsterbliche in einer Art zu ihm sprach, die Pais Auffassung von Wissen und Weisheit überhaupt nicht entsprach. Im folgenden Absatz ist das Wesentliche aus Hulu Wengs erstem Unterricht, den er dem verblüfften Gelehrten erteilte, zusammengefaßt:

»Ich bin nicht fähig, dir das Unbeschreibliche zu beschreiben, aber ich kann dich einige, keinesfalls geringzuschätzende Künste lehren: Unsichtbarkeit, Fliegen ohne Flügel, Unverwundbarkeit gegen Schwert und Schlangenbiß – du hast ja von diesen Dingen schon gehört. Hier ist also der Studienplan: Wenn du das Geheimnisvolle Tor erreichen willst, mußt du dich zunächst mit den erforderlichen Mitteln versehen, um die Wachen zu bestechen und dich unsichtbar zu machen, so daß du unbemerkt durchschlüpfen kannst. Solche Dinge beherrscht man nicht nach einem Tag. Als nächstes wirst du lernen, wie man vom Geheimnisvollen Tor zu den Höfen des Himmels fliegt, den Weg zum Inneren Saal findet, Fürst LAO beim Frühstück überrascht, ihm sein Fläschchen mit dem goldenen Elixier stibitzt, jene, die zu Hilfe eilen, erschlägt, die Mauern des Himmelsschlosses niederreißt und als Unsterblicher zur Erde zurückkehrt. Ein Mann von deiner Entschlossenheit braucht nur meine

Lehren zu befolgen, um sich des Erfolges sicher zu sein.«

Pai, der aufrichtig hoffte, daß der Unsterbliche sich nur ein wenig über ihn lustig machte, betrachtete den Weisen voller Ernst und versuchte, aus seinem Gesichtsausdruck klug zu werden. Zu seiner Enttäuschung blieben dessen Züge unbewegt und ernst. Nur die Augen des Alten erstrahlten in einem überirdischen Glanz, und Pai stellte sich die Frage, ob er es nicht mit einem gefährlichen Verrückten zu tun hätte. Sollte er in großer Eile aus der Hauptstadt abgereist sein, den Sattel wochenlang kaum verlassen haben, ohne an Essen und Schlaf zu denken, nur um sich solchen Unsinn anzuhören, wie ihn jedes Kind in Büchern findet, die es ohne Wissen der Eltern von den Dienstboten ausleihen kann? Der Gedanke erschien ihm unerträglich. Am folgenden Tag, lange vor Sonnenaufgang, stand er auf und packte seine wenigen Habseligkeiten. Er wollte sich davonstehlen, ohne peinliche Entschuldigungen abgeben zu müssen. Pai schnürte gerade sein Bündel, als eines der kleinen Mädchen mit einer Teekanne hereintrat. Sie erkannte die Lage, lächelte und sagte: »Bitte, Onkel, verlasse uns nicht so bald. Wenn du das tust, werde ich dafür verantwortlich gemacht, daß man sich nicht in geziemender Weise um dich gekümmert hat. Du möchtest doch nicht, daß so etwas geschieht, nicht wahr, Onkel? Ich weiß, warum du ärgerlich bist. Der Unsterbliche hat etwas gesagt, das dir nicht gefallen hat, ist es nicht so? Hast du denn noch nie von Berggottheiten gehört, die als furchtbare, feuerzüngige Dämonen erscheinen, nur um den Mut der Pilger zu prüfen? Du würdest dich sicher nicht hereinlegen lassen, nicht wahr, Onkel?«

Pai wollte dem freundlichen Kind keine Schwierigkeiten bereiten und entschied sich, die Abreise für einige Tage aufzuschieben, weil er die wahren Beweggründe für seine schnelle Abreise unmöglich nennen konnte. Unterdessen ging der Unterricht weiter, und er fand daran so starkes Interesse, daß aus einigen Tagen viele wurden. Am Ende verließ Pai die Einsiedelei nie mehr und blieb mehr als siebzig oder achtzig Jahre lang dort.

Da eine Voraussetzung für das Fliegen ohne Flügel die Gewichtslosigkeit ist, wurde in den ersten Unterrichtsstunden das »Abwerfen von Dingen« behandelt. Im Unterschied zu vielen anderen hatte Pai Habsucht und Ehrgeiz schon überwunden, bevor er auf den Berg gekommen war, aber er besaß immer noch lästiges Gepäck, dessen er sich zu entledigen hatte: z. B. maßlose Begeisterung, übermäßiges Streben nach Erfolg und Überängstlichkeit vor dem Scheitern. Ihm wurde beigebracht, das Gefühl der Unrast völlig abzulegen und seinen Hang zu Überarbeitung zu beherrschen. Er mußte lernen, sich wie eine ziehende Wolke auf dem *ch'i* des Himmels treiben zu lassen. Gleichzeitig begann er, sich in der Kunst der Unsichtbarkeit zu üben. Dazu wurde innere Ruhe benötigt, sowie die Fähigkeit, sich so unauffällig wie eine Eidechse auf einem Zweig zu verhalten; also mischte er sich unter die Pilger, die an den Feiertagen kamen – er war da, aber niemand bemerkte ihn. Das Bestechungsgeschenk, das den Wächtern des Geheimnisvollen Tors gegeben werden sollte, erwies sich als ein Gelübde. Pai hatte zu versprechen, daß er sich nach Erlangen des goldenen Elixiers nicht sofort zur endgültigen Seligkeit verabschieden, sondern noch eine Reihe von Schülern aufnehmen und fördern würde, die das Rezept der Unsterblichkeit an zukünftige Generationen weitergeben könnten. Über das Portal selbst erfuhr er, daß es sich im Raum des kostbaren Geviertzolls (oberes *tan t'ien*) befände, der genau hinter dem Dritten Auge liegt. Und der Tag kam, an dem er sein Pensum soweit beherrschte, daß er jederzeit die Strahlen des himmlischen Lichts erblicken konnte, die auf ewig durch dieses Tor strömen; diese waren ihm solange verborgen geblie-

ben, bis er gelernt hatte, sein inneres Sehen zu entwik-
keln. Fliegen zu lernen wurde zur längsten und schwie-
rigsten Aufgabe, weil hierbei verlangt wurde, die körperlichen Gaben des Adepten – Sperma und feinstoffliche
Essenz *(ching)*, Atem und vermischte individuelle und
kosmische Lebenskraft *(ch'i)*, individueller und kosmischer Geist *(shen)* – zu einem Geist-Körper zu veredeln,
der sich in der Meditation über die Sterne aufschwingen
könnte. Die Höfe des Himmels zu betreten bedeutete,
sich willentlich in ekstatische Trance zu versetzen. In den
inneren Saal zu gelangen war das Ergebnis einer alchimistischen Technik, bei der das Endprodukt von vermisch-
tem *ching, ch'i* und *shen* von dem Bereich unterhalb des
Herzens hinauf zum *niwan*-Hohlraum geleitet wird, der
sich im Innern des Schädels direkt unter dem Scheitelpunkt befindet. Fürst LAO das goldene Elixier wegzu-
nehmen hieß, das vollendete Elixier auf der zentralen
Energiebahn ab- und wiederaufsteigen zu lassen, die
zwischen Becken und *niwan* verläuft. Die Wachen zu
erschlagen erwies sich als Bezeichnung für den entscheidenden Schlag gegen die letzten Anstrengungen des trü-
gerischen Ego, das die ihm bislang als selbständige Einheit zuteilgewordene Anerkennung zu bewahren suchte.
Die Mauern niederzureißen stellte sich als abschließende
und höchste Aufgabe heraus: die letzten Barrieren zwischen der Existenz des Adepten und der Quelle des Seins
zu zerstören, um die Unsterblichkeit im wahren und
tiefsten Sinn des Wortes zu erlangen. Tatsächlich bedeutete dies die »Rückkehr zur Quelle« – Inhalt und Ziel
allen taoistischen Strebens, der Kultivierung des *tao*!
Der ehemals konfuzianische Gelehrte, der innerhalb
eines Jahrzehnts nach seiner bewegten Ankunft durch
hingebungsvolle Bemühung und die wohlgesinnte Hilfe
seines Lehrers den Zustand der Unsterblichkeit erlangt
hatte, war dazu ausersehen, die Einsiedelei des Kalebas-
sen-Unsterblichen zu seinem ständigen Sitz zu machen.

Bevor sich sein früherer Inhaber »auf einem Drachenrük-
ken zu den Sternen erhob«, bestätigte er Pai als seinen
spirituellen Nachfolger. Schüler von Pais Schülern wurden dort noch in den dreißiger Jahren unseres Jahrhunderts angetroffen, und es waren wahrscheinlich deren
Schüler, die vertrieben wurden, als die kommunistischen
Truppen um 1950 den Berg Heng erreichten.

VI.
Der Hof des Jadekaisers
Taoismus als Volksreligion

Alles, was mit dem Taoismus zusammenhängt, steckt voller Paradoxien. Sein Pantheon kann man als so groß bezeichnen, daß niemand die Namen aller ihm zugehörigen Gottheiten nennen könnte; man kann aber auch behaupten, daß es im Taoismus gar keine Götter gibt und daß einzig das erhabene, unpersönliche *tao* verehrt wird. Auf den spirituell anspruchsvolleren Stufen besitzt der Taoismus in dem Sinne Religionscharakter, als er erhabene mystische Ziele umfaßt – nicht aber in dem Sinne, daß ein Gott oder Götter anerkannt würden. Taoismus – das bedeutet gleichermaßen Philosophie und Lebenshaltung, also einen Weg der Selbstkultivierung. Sogar Laurence Sterne, in dessen *Tristram Shandy* die Hauptperson überhaupt erst geboren wird, nachdem wir uns durch die Hälfte von mehreren hundert Seiten gelesen haben, hätte es wohl kaum gewagt, ein Buch über das Christentum zu schreiben, in dem weder Gott noch Jesus, weder Heilige noch Engel ein einziges Mal vorkommen; und doch enthält Chou Shao-Hsiens Werk *Taoisten und Unsterbliche*, in dem die Grundzüge der umfangreichen taoistischen Schriften *(Tao Tsang)* zusammengefaßt sind, keinen einzigen Absatz über Gottheiten. Das Entscheidende dieser Unterlassung ist, daß sie zu Recht besteht: die heute bekannten Gottheiten gerieten mehr oder weniger zufällig in das taoistische System und können nach Belieben respektiert oder ignoriert werden.

Die Chinesen haben nie der Ansicht zustimmen können, daß die Zugehörigkeit zu einer Religion die Zugehörigkeit zu einer anderen – oder gar zu mehreren anderen – ausschließt. Von jeher betrachteten sich die meisten Chinesen gleichzeitig als Konfuzianer, Taoisten, Buddhisten und Anhänger der alten Volksreligion, die niemals eine eigene Bezeichnung besaß. Bis zum letzten Jahrhundert existierte im Chinesischen nicht einmal ein Wort für Religion. Die drei erstgenannten Konfessionen waren unter dem gemeinsamen Begriff der »Drei Lehren«

bekannt; und dieser praktische Begriff umfaßte oft auch noch, allerdings ziemlich unbestimmt, die alte Volksreligion. Ausländische Besucher haben die Angewohnheit, alle Tempel, die nicht deutlich als buddhistisch oder (noch viel seltener) als konfuzianisch ausgewiesen sind, als taoistisch zu bezeichnen; die Chinesen widersprechen ihnen selten, weil sie den Sinn solcher Unterscheidungen nur schwer verstehen und keinen Nutzen darin erkennen können. In der Frühzeit schenkten die geistig und mystisch fortgeschrittenen Taoisten göttlichen Wesen keine Beachtung. Lao Tzu erwähnt sie nur beiläufig und mit sichtbarer Gleichgültigkeit. Wahrscheinlich glaubten zu seiner Zeit alle Taoisten an Götter, etwa so, wie wir daran glauben, daß es am Nordpol Eisbären gibt, an eine Gattung von Lebewesen also, die zwar existiert, aber für uns keine weitere Bedeutung besitzt. Intellektuell oder spirituell weniger begabte Taoisten fühlten sich dagegen den Göttern näher verbunden, die sie, gleich anderen Chinesen, aus der Volksreligion übernommen hatten. Im übrigen bekannten sie sich auch zur alten Volksreligon, ohne eine besondere Unterscheidung zwischen ihr und dem wahren Taoismus zu treffen. In einer späteren Entwicklungsphase kam es auf einer institutionalisierten Ebene zur Vermischung vom volkstümlichen Taoismus und der Volksreligion.

Die frühen Anhänger des *tao* lebten als Eremiten oder Wandermönche, manchmal mit einer kleinen Schar von Anhängern. Aber eine solche Existenz muß wirtschaftlich bald untragbar geworden sein; an die Stelle der Eremiten traten Einsiedlergemeinschaften, die sich alle an entlegenen und ungewöhnlich malerischen Orten niederließen. So anspruchslos ihre Lebensweise auch gewesen sein mag, so waren sie doch auf ein bescheidenes Einkommen angewiesen, wenn ihre Gemeinschaften gedeihen sollten. Die traditionelle Art, sich ihren Lebensunterhalt durch Verkauf von Kräuterarzneien und durch das Angebot ärztlicher Dienste zu sichern, brachte an derart entlegenen Orten gewiß nur wenig ein. Eine zusätzliche Einnahmequelle mußte ausfindig gemacht werden; hier bot sich eine verhältnismäßig naheliegende Lösung an: Die Landbevölkerung suchte die Betreuung durch Heilkundige, die nicht nur mit körperlichen Leiden oder von bösen Teufeln verursachten Beschwerden fertig wurden, sondern die auch als Mittelsmänner mit Göttern und Geistern auf vertrautem Fuß standen. Von solchen Männern wurde erwartet, daß sie Totenfeiern und Leichenbegängnisse für die Verstorbenen durchführten, göttliche Hilfe für weltliche Projekte gewannen und feindlich gesinnte Dämonen entweder beruhigten oder überwältigten. Die Landbevölkerung hielt jeden Mann, der solche Dienste versah, für einen Heiligen, und es spielte keine Rolle, welcher Konfession er angehörte. Auf diese Weise ergab es sich von selbst, daß buddhistische Mönche und taoistische Einsiedler, die nach weitverbreiteter Meinung wegen ihrer asketischen Lebensweise das Vertrauen der Götter genossen, in solchen Angelegenheiten gerufen wurden. Die buddhistischen Mönche neigten allerdings dazu, ihre Klienten nach und nach von der Verehrung der einheimischen Götter abzubringen und deren Frömmigkeit mit Nachdruck auf die Buddhas und Bodhisattvas zu lenken. Dadurch fiel den taoistischen Mönchen bald die Aufgabe zu, das Priesteramt der traditionellen Gottheiten zu versehen. Taoistische Gemeinschaften, die über ausreichendes Einkommen verfügten, um ihren geringen Ansprüchen zu genügen, waren nicht immer zu solchen Diensten bereit, weil die Priesterpflichten auf Kosten jener Zeit gingen, die sie für die wichtigste Aufgabe überhaupt, die Kultivierung des *tao*, vorgesehen hatten. Da jedoch die meisten Gemeinschaften keine regelmäßige Einnahmequelle hatten, führte das schnell dazu, daß ihre Zeit zunehmend von der Priestertätigkeit in Anspruch genommen wurde.

Darüber hinaus mußten die taoistischen Mönche ihre Schreine verschönern und ihre Riten eindrucksvoller gestalten, um sich im Wettbewerb mit den immer zahlreicheren und immer prächtigeren buddhistischen Einrichtungen die oft nur mageren Einkünfte zu sichern.

Die Lage gestaltete sich noch undurchsichtiger, als sich zu einem frühen Zeitpunkt die Sekte der Himmelsmeister auf Kosten der wahren taoistischen Lehre stärker der alten Volksreligion zuwandte. Außerdem eigneten sich eine große Zahl von Tempeln in den Städten und weitere leicht zugängliche Einrichtungen der Volksreligion widerrechtlich die Bezeichung »taoistisch« an, kleideten ihre Priester in taoistische Gewänder, gaben ihnen taoistische Titel und behaupteten sogar, daß einige von ihnen wahre Unsterbliche wären. Dabei hatten sie nicht einmal betrügerische Absichten, denn den Inhabern des Priesteramtes (in der Hauptsache von sehr einfacher Herkunft) war sicher nicht bewußt, daß ihr Tun beträchtlich von der wahren Lehre des Taoismus abwich. In ihrer Einfalt betrachteten sie alle religiösen Lehren als mehr oder weniger zusammengehörig. Das alles führte begreiflicherweise zu einem erheblichen Durcheinander. Die Kultivierung des *tao* ist eine persönliche Angelegenheit, über welche die Adepten sich in zurückhaltendes Schweigen hüllen, während sich die Verrichtung der priesterlichen Aufgaben vor aller Augen abspielt. Unter den geschilderten Umständen fällt es oft nicht leicht festzustellen, ob man zufällig auf ein taoistisches Kloster gestoßen ist, in dem das öffentliche Priesteramt eine untergeordnete Rolle spielt, oder ob es sich um einen Schrein handelt, der dem Verkehr mit Göttern und Dämonen überlassen worden ist und dessen Diener sich nicht mehr ernsthaft der Kultivierung des *tao* widmen. Als Folge dieses Durcheinanders wird der existierende Taoismus heute noch verschiedentlich für völlig degeneriert gehalten, und nur die *tao chia* gelten als »Taoisten«, die

Respekt verdienen. Unter den *tao chia* versteht man die Anhängerschaft von LAO TZUS und CHUANG TZUS Philosophie, die in ihrer Mehrzahl an den übernatürlichen Aspekten des Taoismus nicht interessiert ist. Nach meiner Ansicht sollte man die Grenze – wenn solche sinnlosen Trennlinien überhaupt sein müssen – nicht zwischen den *tao chia*-Philosophen und der Gesamtheit der *huang lao*-Taoisten ziehen, sondern zwischen *tao chia* und den aufrichtig nach Unsterblichkeit (im höheren Sinne) Suchenden auf der einen Seite, und den Priestern, die sich nur der Bezeichnung »taoistisch« bedienen, auf der anderen Seite. Allerdings ist auch eine solche Unterscheidung sehr schwierig zu treffen. Nur wenn man einzelne Gemeinschaften oder Einsiedler näher kennenlernt, kann man entscheiden, ob es sich um wahre Taoisten im Sinne der Kultivierung des *tao* handelt. Allgemein läßt sich sagen, daß die meisten Tempel in den Städten und viele Pilgerziele auf den zugänglicheren heiligen Bergen in den ersten Jahrzehnten unseres Jahrhunderts nur noch dem Namen nach taoistisch waren. In den kleineren und entlegeneren Einsiedeleien dagegen waren hingebungsvolle Anhänger des *tao* keinesfalls selten. Diesen Sachverhalt haben viele Autoren übersehen, ich habe darum die Hoffnung fast aufgegeben, daß man mir Glauben schenkt. Eine Ausnahme bilden allerdings die Menschen, die jene Orte selbst besucht haben und die Wahrheit kennen.

Auf jeden Fall haben in den verschiedenen Bereichen des Taoismus so viele gegenseitige Einflüsse gewirkt, daß man ein Buch wie dieses nicht schreiben kann, ohne dem volkstümlichen Taoismus ein Kapitel zu widmen. Dies ist umso verständlicher, wenn man die Gläubigen berücksichtigt, die sich ursprünglich wegen der Aussicht auf ein leichtes und angenehmes Leben zum Priesteramt hingezogen fühlten und gegenüber den taoistischen Idealen nur Lippenbekenntnisse ablegten, sich aber später zu aufrichtigen und wahren Taoisten entwickelten und ihren Sinn fest auf die Kultivierung des *tao* richteten.

Eine Beschreibung des volkstümlichen Taoismus sollte wohl zunächst mit der Schilderung des taoistischen Pantheons beginnen.

Göttliche Wesen

Die Chinesen haben den Ruf eines materialistisch gesinnten Volkes, weil die weit verbreitete Vorstellung von den himmlischen Gefilden erstaunlich getreu die Verhältnisse des chinesischen Kaiserreichs im Diesseits wiedergibt. Diese Meinung sollte aber revidiert werden, denn nach der traditionellen chinesischen Auffassung besteht das gesamte Universum aus Geist, während das chinesische Kaiserreich Abbild des Himmels ist – und nicht umgekehrt. Die chinesischen Gelehrten der alten Schule betrachteten den Himmel als ein mehr oder weniger abstraktes moralisches Prinzip, das die Welt der Lebewesen ordnet und daher mit dem *tao* nahezu synonym ist. Die gewöhnlichen Sterblichen hielten dagegen Himmel und Hölle für wirklich existierende Reiche, die von einer komplexen Hierarchie von Geisterbeamten beherrscht wurden; diese weitläufigen Bereiche unterstanden der Herrschaft von Fürsten, die ihrerseits Vasallen von Yü Huang Shang Ti, dem Jadekaiser, waren. Obwohl es angebracht erschien, dieses Kapitel seiner Himmlischen Majestät zu widmen, gibt es über derart ehrfurchtgebietende Gestalten eigentlich nichts zu berichten, weil sie uns viel zu entrückt sind, als daß wir von ihnen noch irgendetwas Persönliches wissen könnten. Aus diesem Grund gehören die Gottheiten, die von den Sterblichen am häufigsten um Hilfe gebeten werden, zu den untergeordneten Rängen der göttlichen Hierarchie. Unter ihnen waren die Polarsterngottheit und die Beherrscher der benachbarten Sterne schon seit frühesten Zeiten bekannt und wurden wahrscheinlich schon verehrt, bevor irgendjemand den Jadekaiser oder andere göttliche Wesen von kaiserlichem Rang kannte. Eine Göttin, die als Himmelskönigin und Heilige Mutter bekannt ist, und die man nicht mit der Jadekaiserin verwechseln darf, erfreut sich ebenfalls großer Beliebtheit. Aber die dem Volke am nächsten stehenden Gottheiten sind sehr häufig historische Gestalten, die nach ihrem Tode zu Göttern erhoben wurden, und zwar nicht durch himmlischen Erlaß, sondern durch den einen oder anderen historisch nachgewiesenen chinesischen Kaiser, der die Beförderung in seiner Eigenschaft als Sohn oder Vizekönig des Himmels vornahm. Der populärste unter diesen geschichtlichen Gestalten ist KUAN KUNG, auch KUAN TI genannt, ein chinesischer General, der wegen seiner unerschütterlichen Treue zu seinem Land, und zu seinen Freunden und Blutsbrüdern berühmt wurde. Nach der Hinrichtung durch seine Feinde wurde er von einem Kaiser der T'ang-Dynastie postum in den Rang eines Gottes erhoben und versieht seitdem die Aufgaben eines himmlischen Patrons über die Literatur und den Handel. Seine Wangen leuchten rot wie die Sonne, seine Gestalt ist neun Fuß hoch, er hat einen eindrucksvollen Bart und seine Brauen gleichen »schlafenden Seidenraupen«. Eine eher gefürchtete als geliebte Gottheit ist YEN LO WANG, der unvoreingenommen über die Verurteilung von Sündern wacht. Manche erhalten höchst qualvolle Höllenstrafen, die sie im Feuer oder im Eis abbüßen müssen, aber die Urteile entsprechen durchaus der Schwere der Vergehen. So verabscheuungswürdig die Verbrechen auch sein mögen, kein Sünder wird für alle Ewigkeit verdammt. Ein solch grausamer Spruch ist weder in den Bestimmungen enthalten, noch gibt es Aufzeichnungen darüber, daß eine solche Buße jemals ausgesprochen wurde.

Neben den Gouverneuren der himmlischen Bezirke – die

Kaiser des östlichen, südlichen, westlichen, nördlichen und zentralen Reiches – und ihren zahlreichen Gefolgsleuten, gibt es noch Sternengötter sowie Gottheiten, die sich ganz oder teilweise in der Welt der Sterblichen aufhalten: die Götter des Donners und des Blitzes, die Götter der Berge, Felsen, Seen, Flüsse, Bäche, Bäume und Blumen; die Götter der irdischen Städte (deren Bilder zuweilen in den sengenden Sonnenschein hinausgetragen wurden, um auf Geheiß des örtlichen Beamten die Prügelstrafe zu erhalten, wenn sie in einer Dürreperiode keinen Regen brachten); die Hausgötter für Tür, Küche, Herd, Speicher und Brunnen; die göttlichen Schutzherren der Berufe und Berufszweige, wie beispielsweise der Literatur, des Schneiderhandwerks, des Glücksspiels und der Prostitution. Dazu kommen noch Abermillionen von Naturgeistern, so daß auf Erden kein Fels, Teich, Bach oder Baum ohne einen Schutzgeist existiert. Einige ranghohe Wesen haben den Aufstieg aus überraschend bescheidener Herkunft geschafft; beispielsweise ist die gegenwärtige Himmelskönigin Tochter eines einfachen Seemanns von der chinesischen Küste.

Die Zahl der bösen Geister ist kaum kleiner, im Ganzen gesehen besitzen sie aber weniger Macht als die wohltätigen Gottheiten. Manche sind Seelen von Menschen, die auf gewalttätige Weise ums Leben gekommen sind, oder Seelen von kinderlosen Ehepaaren, für die keine Nachkommen die vorgeschriebenen Riten vollziehen können. Andere sind von Anbeginn Dämonen gewesen und würden liebend gern menschliche Gestalt annehmen. Gelegentlich ermorden sie Menschenwesen, um in den Besitz ihrer Körper zu gelangen. Dennoch besitzen selbst die fürchterlichsten unter den bösen Geistern versöhnlich stimmende Eigenschaften und sind dafür bekannt geworden, daß sie Freundlichkeit mit Ergebenheit und treuen Diensten belohnen. Alle zeigen sich für Zuneigung empfänglich.

Nur wenige dieser Wesen, seien sie göttlich oder dämonisch, haben mit der Kultivierung des *tao* zu tun. Im Altertum verfügten die taoistischen Einsiedeleien über keinen besonderen Schreinraum; die einzige Verbindung der Einsiedler mit überirdischen Mächten bestand darin, daß sie als Heiler die Krankheiten verursachenden Dämonen zu bezwingen hatten. Als die buddhistischen Klöster größer und prächtiger wurden, gerieten die taoistischen Mönche mit ihnen in einen Wettstreit um die Einnahmen aus Pilgerbesuchen. Zu diesem Zweck errichteten sie an einigen Orten große Tempelanlagen. Das Gegenstück zu den drei großen Buddhabildnissen in den Haupthallen der buddhistischen Tempel bildete eine taoistische Trinität, die der Drei Reinen. Die Tatsache, daß die Figuren dieser Trinität nicht einmal in allen Tempeln die gleichen sind, kann als unmißverständlicher Beleg für die relative Bedeutungslosigkeit angesehen werden, welche die der Kultivierung des *tao* zugeneigten Eremiten den dreien beimaßen. Man kann sich kaum vorstellen, daß Christen darüber streiten, ob der Heilige Geist oder die Jungfrau Maria zur Dreifaltigkeit gehören sollen, weil beide nicht gleichzeitig dazu zählen können. Im allgemeinen besteht die Trinität der Taoisten aus:

LING PAO	YÜ HUANG	LAO CHÜN
des Himmels wunderbar reagierendes Juwel, Verkörperung des Zusammenwirkens von *yin* und *yang* sowie der Vergangenheit.	der Jadekaiser, Verkörperung der Ersten Ursache sowie der Gegenwart	(LAO TZU) Verkörperung der taoistischen Lehre sowie der Zukunft.

Die Statuen dieser drei vertreten auf den verschiedenen Verständnisstufen esoterische Bedeutungen, die aber nicht jedem zufälligen Besucher vollständig und in allen Einzelheiten eröffnet werden. Unter anderem verkörpern sie die »wahre Trinität der Taoisten«, nämlich *ching* (Essenz), *ch'i* (Lebenskraft) und *shen* (Geist).

Im Gegensatz zu denen, die die Volksreligion übernommen hat, sind die liebenswürdigsten der ursprünglichen taoistischen Götterwesen eigentlich gar keine göttlichen Wesen, sondern bezaubernde Verkörperungen der volkstümlichen Vorstellung von Unsterblichen. Überall, wo chinesische Kunstgegenstände aufgestellt werden, finden sich Abbildungen der Acht Unsterblichen. Zwei oder drei von ihnen sind hübsch anzusehen, andere wirken majestätisch, und mindestens einer erscheint auf belustigende Weise grotesk. Sie werden auf Rollbildern, Fächern, Seidenstoffen, Vasen, Teekannen oder anderen Gebrauchsgegenständen aus Porzellan oder Lack abgebildet; überall kann man ihnen in der Form von Figuren aus Ton, Porzellan, Holz, Bronze, Elfenbein oder Jade begegnen. LÜ TUNG-PIN ist unter ihnen im Grunde der einzige, der im Zusammenhang mit Weissagung und diversen alchimistischen Praktiken angerufen wird; dennoch ist eine taoistische Einsiedelei ohne die Darstellung der Acht Unsterblichen kaum vorstellbar. In den folgenden Abschnitten werden sie einzeln vorgestellt. Die charakteristischen Attribute, die sie manchmal bei sich führen, werden nach dem Namen in Klammern angegeben.

CHUNG-LI CH'ÜAN (ein Fächer), auch unter dem Namen HAN CHUNG-LI bekannt, wendet seinen großen, entblößten Bauch den Stürmen des Himmels zu. In der Zeit der Han-Dynastie erhielt dieser General den Auftrag, tibetische Rebellen zu unterwerfen. Seine Truppen wurden vernichtend geschlagen, und er floh in die Wildnis, wo ihm ein umherziehender Taoist das Geheimnis der Langlebigkeit anvertraute.Außer sich vor Glück rief er aus: »Krieg ist menschliches Teufelswerk. Ich stimme mit LAO TZU überein, daß der Glückliche, der dem Schlacht-

Die Acht Unsterblichen. Kolorierter chinesischer Holzschnitt.

feld heil an Leib und Leben entkommt, der wahre Sieger ist. Tausend Männer zu töten, das ist kein bemerkenswerter Sieg im Vergleich zum Sieg über die Begierde.«
CHANG KUO-LAO (eine Bambustrommel mit zwei Holzstäben), recht betagt und mit einem wallenden Bart, trägt

jede vorstellbare Kopfbedeckung vom eleganten Hut bis
zum Kohlblatt. Er besitzt ein weißes Maultier, das ver-
kleinert und wie ein Taschentuch zusammengefaltet werden kann, bei Bedarf wird es durch Besprühen mit einem
Mundvoll kalten Wassers wiederbelebt. Ein Weiser

bemerkte einmal über dieses Tier: »CHANGS Maultier ist letzen Endes ein armseliges Reittier, denn es braucht vier Beine; ich dagegen reite während der Meditation auf dem *ch'i* des Universums und gelange zum Polarstern, bevor CHANG mit seinem Maultier eine einzige Meile zurückgelegt hat.« Darauf entgegnete CHANG: »Das kann ich auch, aber ich halte nichts davon, mit solchen Lappalien zu prahlen.«

LÜ TUNG-PIN (ein Schwert) ist von gutaussehender, bärtiger Erscheinung in den besten Mannesjahren. Er hat zwar sein Schwert auf den Rücken geschnallt, ist aber kein Krieger, denn, wie er selbst sagte, »abgesehen davon, daß es mir ab und zu nützlich ist, mich unsichtbar zu machen, erstickt es Leidenschaften und Begierden sofort im Keime.« Als er noch ein Sterblicher war, fiel er trotz seiner großen Gelehrsamkeit bei der allerersten Prüfung des Staatsexamens durch, weil er seine Abscheu vor dem von den konfuzianischen Prüfern geforderten geschwollenen Stil des achtschwänzigen Essays nicht überwinden konnte.

TS'AO KUO-CHIU (ein Paar Kastagnetten aus Holz) hat einen Bart und ein blühendes Äußeres. Er erscheint oft in Amtstracht, zu der er einen Flügelhut trägt. Als Schwager eines Mongolenkaisers besaß er ein Rangabzeichen, das ihm überall kostenlose, großzügige Bewirtung garantierte. Als ihn ein taoistischer Bettelmönch tadelte, weil er sich dieses goldenen Abzeichens bediente, um ohne Bezahlung in den Genuß von Essen, Trinken und Transport zu kommen, warf er es achtlos in einen Fluß. Auf die Frage, wo sich das *tao* befände, zeigte er auf den Himmel. »Aber wo ist denn der Himmel nun wirklich?« fuhren die Unsterblichen fort, die die erste Frage nur gestellt hatten, um ihn bei einem Fehler zu ertappen. Diesmal wies er auf sein Herz, und die Unsterblichen brachen in Gelächter aus, als sie feststellten: »Ha! Hier ist jemand, der das *tao* kennt!«

Li Hsüan (ein Flaschenkürbis und ein eiserner Stab) ist eher unter dem Namen Li T'ieh-Kuai oder Eisenstab-Li bekannt. Ursprünglich war er ein bildhübscher Kerl, später ereilte ihn ein Mißgeschick, dem er ein verkürztes Bein verdankte. Fortan konnte er nur noch mit Hilfe eines Stabes gehen. Er erweckt ganz und gar nicht den Eindruck eines Unsterblichen, der sich ewiger Jugend erfreut. Schon als Sterblicher erlernte er die Kunst, seinen Geist auf Reisen zu schicken. Von einem solchen Ausflug kehrte sein Geist einmal zurück und mußte feststellen, daß sein Diener, dem er die Bewachung seines zurückgelassenen Körpers anvertraut hatte, zum Sterbebett seiner Mutter gerufen worden war, und nun wilde Tiere seinen Körper aufgefressen hatten. Lis Geist benötigte umgehend einen Ersatz und mußte mit dem verkrüppelten Leichnam eines gerade verstorbenen Bettlers vorlieb nehmen. Trotz dieser Behinderung ist er ein vergnügter Geselle, der geringschätzig auf Äußerlichkeiten hinabsieht.

Han Hsiang-Tzu (eine Flöte, die zuweilen in einem bestickten Futteral mitgeführt wird) ist ein jugendlich aussehender Unsterblicher, der manchmal als Kind abgebildet wird. Von Haus aus war er ein Gelehrter, den die konfuzianische Pedanterie abstieß, seine Zuneigung galt von Anfang an der Musik und der Dichtung. In einem Gedicht, das er vor Erlangen der Unsterblichkeit verfaßt hatte, beschreibt er das Glück, in einer von einem nebelumwobenen Sturzbach verborgenen Grotte zu leben, Mitternachtstau zu schlürfen, bei Sonnenaufgang von rosafarbenen Wolken zu frühstücken und Perlen durch die Kraft der Musik zu schmelzen.

Lan Ts'ai-Ho (ein Blumenkorb), ein Jüngling von rosiger Gesichtsfarbe, trägt sein Haar in zwei seitlichen Knoten und wird von Unwissenden oft für ein Mädchen gehalten. Seine jugendliche Erscheinung erinnert daran, daß er als Sterblicher das Geheimnis der sich unablässig erneuernden Jugend erfuhr. In jener Zeit fand er Spaß daran, mit dem einen Fuß nackt und dem anderen bekleidet, im Sommer mit warmen Sachen und im Winter mit dünnen Kleidern durch die Straßen zu laufen, um seine Geringschätzung der Konvention kundzutun. In einem Wort, man könnte ihn als wahres Blumenkind oder Hippie bezeichnen. Einstmals zechte er in einer Schenke, als er in der Nachbarschaft überirdische Musik vernahm. Sogleich entledigte er sich seiner Fetzen, sprang auf einen Kranich und stieg auf zum Firmament.

Ho Hsien-Ku (ein langstieliges Lotosblatt oder ein Zauberpilz), ist die einzige Dame in der Runde. Nachdem sie als Kind Glimmerpulver geschluckt und so die Unsterblichkeit erlangt hatte, legte sie ein Keuschheitsgelübde ab. Als eine bösartige Stiefmutter sie zur Heirat zwingen wollte, entfloh sie. Zum Zeichen, daß sie zu himmlischen Regionen aufgestiegen war, ließ sie ihre Hausschuhe zurück. Auf die Frage, ob sie sich nicht nach weiblicher Gesellschaft sehnte, antwortete sie: »Meine unsterblichen Kameraden, die das *tao* gefunden haben, besitzen alle Eigenschaften beider Geschlechter in Vollendung.« »Dennoch kann man Eisenstab-Li kaum als Schönheit bezeichnen«, warf darauf ein Witzbold ein. »Er würde Euch aber so erscheinen, wenn Ihr in Eurem innersten Selbst Schönheit besäßet«, lautete die tiefgründige Antwort.

Eine weitere Gruppe Unsterblicher, die allen Liebhabern chinesischer Kunst bekannt ist, besteht aus Figuren, welche die drei grundlegenden Wünsche des breiten Volkes darstellen: Fu (Reichtum), Lu (gesellschaftlicher Rang) und Shou (langes Leben). Lu trägt den Flügelhut und das gegürtete Gewand eines hohen Beamten; dazu führt er ein Jadezepter, das auf den Rang eines Ministers weist. Fu steht ihm zur Rechten und hält eine Art Füllhorn, seine Kleidung ist einfacher und entspricht etwa der eines Kaufmanns. Shou befindet sich links von Lu und ist an verschiedenen Symbolen für Langlebigkeit zu erkennen: einem außergewöhnlich hohen, unbehaarten Schädel, einem Stab aus Pfirsichholz, einem Pfirsich, einem Kranich und einem gefleckten Hirsch, der sich an ihn schmiegt. Millionen von Chinesen sehnen sich nach den Wohltaten, die sie repräsentieren. An zweien dieser Wohltaten wird deutlich, wie weit die alte Volksreligion in ihrem Gehalt doch noch vom wahren Taoismus entfernt ist: Reichtum und gesellschaftlicher Rang lasten auf der Menschheit wie zwei Flüche, denen die Anhänger des *tao* aus dem Wege zu gehen trachten. Auf jeden Fall bleibt festzuhalten, daß die Bilder des ehrwürdigen Shou, Schutzgeist des langen Lebens, sehr oft von bezaubernder Schönheit sind, und mit Sicherheit stellt er ein durch und durch taoistisches Ideal dar – um so mehr, wenn man »langes Leben« im Sinne von Unsterblichkeit versteht, wofür es ja oft als Synonym verwendet wird.

Zeremonien

Im Lauf der Jahrhunderte haben die taoistischen Mönche bis in alle Einzelheiten durchdachte Zeremonien entwikkelt, die ein wenig denen der buddhistischen Tempel ähneln. Der helle Schein, der von Opferlampen und geweihten Kerzen ausgeht, die Schwaden parfümierten Rauchs und die farbenprächtigen Gewänder der Priester erzeugen manchmal überwältigende Wirkungen. Sie sind dann besonders eindrucksvoll, wenn sonore Stimmen ertönen und schmeichelnde Flötenklänge die ziemlich grelle Musik von Klarinette, Trommel, Becken und Holzfischtrommel ersetzen. In den großen Tempeln widmet man sich vor allem den priesterlichen Aufgaben, dort geraten die Zeremonien leicht etwas zu farbenprächtig. In kleineren Einsiedeleien, in denen zuweilen gelehrte Eremiten mit hervorragenden künstlerischen Begabungen leben, können die Riten gleichzeitig zauberhaft und ergreifend sein. Musik und gemessene rituelle Tänze dienen als Medium für die ekstatischen Empfindungen und Sehnsüchte der Mystiker; durch ihre intime Kenntnis der Natur verstehen sie es zudem, die Laute der Natur sehr geschickt wiederzugeben. Vogelstimmen werden am besten mit Flöten imitiert, während das aufgeregte Gezwitscher einer bei Gefahr plötzlich auffliegenden Vogelschar das bevorzugte Thema für die klassische Laute ist. Dieses Instrument besitzt sieben Saiten aus Seide, auf denen viele Einsiedler die wunderbarsten Melodien zu spielen vermochten. Einige Lieder und Gesänge sind von übernatürlicher Schönheit. Dies trifft besonders auf jene Stücke zu, die zu Dämonenbeschwörungen gespielt werden; sie sind so melancholisch, daß es niemanden überraschen würde, zwischen den Schatten der Schreine in den Saalecken die traurigen, weißen Gesichter von unerlösten Geistern zu erblicken. Mit Ausnahme der Festtagsriten zu Ehren der verschiedenen Gottheiten werden Zeremonien am häufigsten zur Überwindung von Krankheiten und aus Anlaß von Trauerfeierlichkeiten vor und nach der Beerdigung durchgeführt. Einzelne Bittsteller können jederzeit zum Tempel kommen, um göttlichen Beistand zu erflehen, und dazu Weihrauch entzünden und sich zum Boden verneigen. In spirituellen Angelegenheiten wird sehr selten göttlicher Beistand gesucht; in der Hauptsache suchen die Pilger in weltlichen Angelegenheiten wie Geschäften, Streitigkeiten, Krankheiten, Unfruchtbarkeit, Kauf von Lotterielosen und dergleichen die göttliche Unterstützung. Auch hier wird deutlich, wie dürftig die Verbindungen zum wahren Taoismus sind.

Beschwörung von Göttern und Geistern

Dieser bedeutsame Aspekt des Priesteramtes hat seine Wurzeln in der alten Volksreligion, die ursprünglich eine schamanistische Religion war. Medien beiderlei Geschlechts versetzen sich in einen Trancezustand, in dem sie beben, zittern, mit fremdartigen Stimmen sprechen. Sie sind sich dabei ihrer Bewegungen und Ausdrücke gewiß nicht bewußt. Die Bittsteller halten den angerufenen Gott oder Geist im Körper des Mediums für tatsächlich anwesend und verbeugen sich bis zur Erde, um Fragen zu stellen. Gewöhnlich erhalten sie die Antwort des Gottes direkt aus dem Mund des Mediums. Es kommt auch vor, daß Fragen im Zustand der Trance schriftlich beantwortet werden, was besonders dann erstaunlich ist, wenn man Medien beobachten kann, die nachgewiesenermaßen Analphabeten sind. Zweifellos wird zuweilen in diesen wie auch anderen Dingen mit Tricks gearbeitet. Aber abgesehen von der Tatsache, daß die Medien und ihre Assistenten oft tiefreligiöse Menschen sind, die das Vortäuschen der göttlichen Stimmen oder von Handlungen als ein Vergehen betrachten würden, für das sie mit ihrem Leben büßen müßten, kann man sich ja mit eigenen Augen und Ohren von der Echtheit überzeugen. Es kann zum Beispiel vorkommen, daß man dem in Trance versetzten Medium, oder vielmehr dem Gott in dessen Körper, eine Frage stellt und eine Antwort erhält, die auf Kenntnis von Angelegenheiten schließen läßt, mit denen man nur selbst vertraut ist, die aber dem Medium auch bei außergewöhnlichster Vorstellungskraft nicht bekannt sein können. Zudem sind nur wenige Medien gewitzte Scharlatane. Sie können zu jeder Tageszeit in normaler geistiger Verfassung beobachtet werden, und die meisten sind von eher geringer als ungewöhnlich hoher Intelligenz.

Von Zeit zu Zeit geben Medien und andere aufrichtige

Gläubige Proben ihrer Unverwundbarkeit – zumindest bis zu einem bestimmten Grad –, indem sie auf glühenden Kohlen gehen, ohne sich auch nur eine Brandblase zu holen, oder ihren Körper mit Fleischspießen, Haken, Äxten und Messern durchbohren. Unabhängig von der Tiefe der Wunde fließt selten oder überhaupt nie Blut, und die Heilung verläuft verblüffend schnell, ohne Narben zu hinterlassen. Wenn ich die Narben am Ringfinger meiner rechten Hand und an meiner Unterlippe betrachte, die vor etwa 50 Jahren durch relativ geringe Verletzungen mit Glasscherben entstanden, dann kann ich Leon Comber nicht rechtgeben. Er versucht in seinem Buch über derartige Phänomene in der chinesischen Kolonie von Singapur das Geheimnis wegzudiskutieren und beharrt darauf, daß die Wunden nichts als geringfügige Schnittwunden seien. Aber genau diese Beschreibung trifft auch auf meine Verletzungen zu, die noch nach 50 Jahren sichtbar sind, während die Narben, die ein durch beide Wangen gebohrter Fleischspieß hinterläßt, schon nach wenigen Tagen völlig verschwunden sind. Ebenso verhält es sich mit den narbenfreien Füßen derer, die über die Glut gegangen sind. Auf meinem Arm befinden sich die Brandnarben von zwölf sehr dünnen Räucherstäbchen, die vor über vierzig Jahren bei einer Initiationszeremonie bis auf die Haut herunterglühten. Solche Narben bleiben erhalten, während die Fußsohlen, die direkt mit der Glut in Kontakt kommen, keinerlei sichtbare Spuren davontragen. Es sind weitere Fälle bekannt, in denen Medien im Trancezustand auf Stühlen sitzen, deren Sitzflächen aus aneinandergereihten Messerklingen bestehen oder sich auf ähnlich konstruierten Betten wälzen. Die völlige Abwesenheit von sichtbaren Verletzungen läßt sich nicht nur mit körperlicher Geschicklichkeit erklären, denn dann müßten Anfänger während ihrer Lehrzeit furchtbare Verletzungen davontragen. Darüber hinaus würden die leichten Schnittwunden, zu denen es manchmal kommt, so häufig auftreten, daß die Medien eigentlich ständig mit frischen Narben übersät sein müßten – und das sind sie eben nicht! Die Medien selbst versichern, daß sie, solange sie von Göttern oder Geistern besessen sind, von nichts ernsthaft verletzt werden können.

Mit dieser Art der selbstinduzierten Besessenheit ist eine andere eng verbunden: ungewollte Besessenheit durch böse Geister. Von Dämonen verursachte Besessenheit erscheint unserer modernen Auffassung zu bizarr, als daß wir die Möglichkeit ihres Vorkommens akzeptieren könnten. Dennoch wird von Fällen berichtet, die allem Anschein nach in diese Kategorie gehören, und es sieht ganz so aus, als ob die westliche Medizin bei der Namensfindung für solche Zustände erfolgreicher war als bei deren Heilung. In taoistischen Klöstern konnte man Mönchen begegnen, die in der Lage waren, solche Patienten in erstaunlich kurzer Zeit zu heilen. Man brachte Kranke, die von zahlreichen der in dem Film *Der Exorzist* dargestellten Schrecken gezeichnet waren, in die Berge hinauf. Schon nach ein oder zwei Tagen Aufenthalt wurden sie, offensichtlich wieder in ganz normaler Verfassung, nach Hause entlassen. Ich konnte nicht feststellen, ob solche Heilungen von Dauer waren, und es wurde mir auch nicht gestattet, bei der Behandlung zuzuschauen; ich kann aber sagen, daß die Veränderung im Verhalten der Patienten so auffällig war, daß es fast ans Wunderbare grenzte. Nach Meinung der taoistischen Heilkundigen bestanden nicht die geringsten Zweifel über den Ursprung dieser Art von Krankheiten: die Schuld wurde in vollem Umfang den Dämonen gegeben. Diejenigen Heilmethoden, die bei Krankheiten nicht-dämonischen Ursprungs angewandt werden, gehören in den Bereich des wahren Taoismus, in einigen Fällen sind sie zufällige Nebenprodukte der äußeren Alchimie, die in Kapitel 7 eingehender behandelt wird.

Talismane

Seit der Epoche der Fünf Weisen Herrscher sind Talismane für medizinische und andere Zwecke immer hoch geschätzt worden. Die Kunst ihrer Herstellung haben die taoistischen Priester und die Anhänger der alten Volksreligion aus der gleichen Quelle übernommen. Obschon diese Kunst keinen Einfluß auf die Kultivierung des *tao* hat, legten selbst die gelehrten Taoisten der Frühzeit großen Wert auf diese Heilmittel gegen alle Übel, ebenso wie auf Glück bringende Talismane. Die allerältesten Talismane sind die zwei magischen Darstellungen: *ho t'u* (Plan des Gelben Flusses) und *lo shu* (Diagramm des Flusses Lo). Jede Darstellung besteht aus einer unterschiedlichen Anordnung schwarzer und weißer Kreise, die durch gerade Linien verbunden sind, wobei schwarz für *yang*, weiß für *yin* steht. Das *ho-t'u*-Diagramm soll einerseits den Zustand vor der Entstehung des Universums und andererseits die schöpferischen Naturkräfte während der ersten Jahreshälfte symbolisieren, das *lo-shu*-Diagramm dagegen den Zustand nach der Entste-

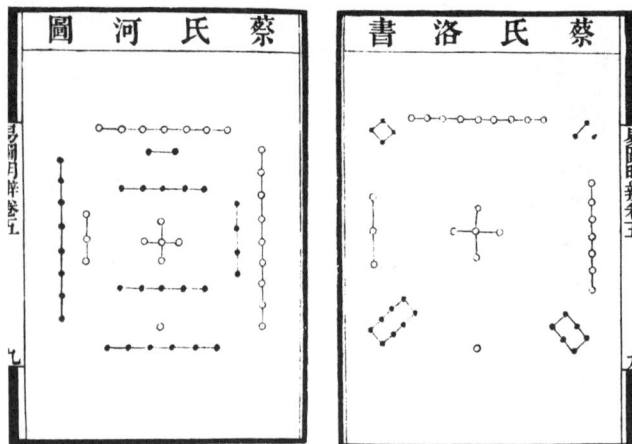

Links: *ho-t'u*-Diagramm, rechts: *lo-shu*-Diagramm.

hung des Universums, sowie das Sterben bzw. den *yin*-Aspekt der Fünf Wandlungsphasen im Verlauf der zweiten Jahreshälfte. Ihre Bekanntheit ist nur auf ihr hohes Alter zurückzuführen (mindestens 3000 Jahre) und auf die bemerkenswerte Eigenschaft, daß die Anordnung im Zentrum des *ho-t'u*-Diagramms, fast weltweit von religiöser Bedeutung ist. Neben ihrer zentralen Position in den wichtigsten tibetischen Mandalas, stellt diese Anordnung im wesentlichen das Kreuz dar; dieses weitverbreitete Symbol der Religionen des alten Ägyptens, des Christentums und anderer Glaubenslehren ist natürlich auch mit der Swastika des Hinduismus und des Buddhismus verwandt. Daraus läßt sich schließen, daß diese Anordnung tiefgründige archetypische Bedeutung besitzt. Wie die acht Trigramme im *I Ching* (Buch der Wandlungen) bildet sie eine der verborgenen Wahrheiten ab, die dem Wirken von Geist und Materie innewohnen (vorausgesetzt, daß eine Unterscheidung zwischen diesen beiden Faktoren überhaupt von Wert ist – was taoistische Philosophen bekanntlich verneinen).

Links: Talisman eines Botschafters der Neun Himmel, der Krankheiten heilt. Mitte: Talisman zum Schutze des Körpers, zusammengesetzt aus dem Schriftzeichen *sheng* (Leben). Rechts: Talisman gegen die schädlichen Einflüsse des Schwarzen Tigers der Berge und den Schwarzen Frosch.

Allgemein wird angenommen, daß die Weisen des frühen Altertums die von ihnen überlieferten Talismane mit ihrer eigenen Zauberkraft erfüllen konnten. Ko Hung sagte darüber: »Talismane, die von Lao Chün stammen, sind in der ›Himmelsschrift‹ gestaltet, denn er gehörte zu denen, die jene spirituelle Ausstrahlung erlangten, auf der die Wirkung dieser Zaubersprüche beruht. Wahrlich, Lao Chün ist die Ausstrahlung des Himmels!« Eine andere Quelle empfiehlt: »Wenn du Talismane erhalten möchtest, vorausgesetzt, du bist zum *tao* gelangt, erhebe dich bei Sonnenaufgang, verbrenne Weihrauch in deinem Hof, sprich Gebete und vollziehe die Riten, dann stelle dir eine wunderbare junge, unsterbliche Dame vor, die in prächtige Gewänder gekleidet und mit einem Jadegürtel geschmückt ist. In ihrer Hand hält sie den ›Wahren jadeklaren Purpurwolken-Talisman des Sonnenkaisers‹. Bei ihrem Anblick wird sich dein Geist konzentrieren können und frei von müßigen Gedanken sein. Dann wird der gesuchte, wahrhaft wirksame Talisman in deiner Vorstellung erscheinen.« Professor Chou berichtet davon, daß diese Talismane »Spontane Inschriften von Jade-Klarheit« genannt werden. Im Geist kann man sie auf roten und korallenfarbenen Wolken sehen. Normale Sterbliche erblicken sie nie. Einem heiligen Adepten, der alle notwendigen Vorbereitungen getroffen hat, erscheint es jedoch, daß sie allen Menschen sichtbar sind – das heißt, daß er sie als objektiv existierend wahrnimmt. Wir sprechen hier nicht über banale Zaubertricks von Scharlatanen, sondern über die geistige Verfassung eines erleuchteten Adepten, die als Quelle für wirksame Talismane dient. Es klingt nicht überraschend, daß ein erleuchteter Adept, ein Mann von tiefer spiritueller Einsicht, in seinem Innern Symbole von großer alchimistischer oder psychologischr Bedeutung finden kann. Bedauerlicherweise hat sich C. G. Jung mit diesem Abschnitt aus Ko Hungs Schriften nicht intensiver auseinandergesetzt.

Die im vorangehenden Absatz erwähnte »Himmels-schrift« kann als Hinweis auf den Ursprung der geheimen Schriften gelten, auf die sich die taoistischen Verfasser von Talismanen reichlich stützen. Zu diesen Schriften gehören das *shen shu* (göttliche Schrift) und das *yün shu* (Wolkenschrift), die nur für Eingeweihte verständlich sind. Einige dieser Schriften sind von atemberaubender Schönheit, und alle zeichnen sich durch geheimnisvollen Reiz und Rätselhaftigkeit aus. Ihre Muster erinnern an Formen, die sich in der Natur beobachten lassen, wie z.B. Wellenmuster oder Vogelspuren. Im Taoismus sind derartige Phänomene auf keinen Fall als rein zufällig zu verstehen, sondern Ergebnis aufmerksamer Beobachtung der Natur und ihres Wirkens. Über die Herkunft der verschiedenen Schriften kursieren alle möglichen Legenden. Von einigen heißt es, daß sie mit einem Griffel aus weißer Jade auf Gold geritzt und auf der »Dunklen Terrasse der sieben Schätze« versteckt wurden. Dort können sie nur jene finden, die zum *tao* gelangt sind. Dies scheint eine Metapher zu sein, die, wie so viele andere, für Eingeweihte eine tiefere Bedeutung enthalten mag.

Glaube und Selbst-Kultivierung

Der Taoismus ähnelt dem Buddhismus darin, daß auch in seinem Lehrgebäude jegliches Dogma fehlt. Gleichwohl wird in beiden Systemen Glaube verlangt – nicht in einzelnen Glaubenssätzen, denn dann gäbe es ja ein Dogma, sondern ein Glauben an ein höheres Gut, einen höheren Seinszustand, der erreicht werden kann. Wahres Verstehen unterscheidet sich von dem, was im normalen Sprachgebrauch für Verstehen gehalten wird, durch die Erkenntnis, daß Glaube allein, trotz seiner unbedingten Notwendigkeit, niemals ausreicht. Unsterblichkeit oder, in buddhistischer Terminologie ausgedrückt, Erleuchtung, muß durch intensive und unermüdliche Anstrengung erworben werden. Weder göttliche Wesen noch Weise besitzen die Kraft, sie weiterzugeben; Erfolg oder Mißerfolg sind so vom Einzelnen selbst abhängig. Diese fundamentale Erkenntnis wird auf der volkstümlichen Ebene des Taoismus gewöhnlich ignoriert. Die Anhänger des Himmelsmeisters CHANG legten zum Beispiel großen Wert auf magische oder göttliche Hilfe. Ernsthafte Anhänger des *tao* erkennen dagegen nur Selbstbeherrschung und Selbstverwirklichung als Weg zum Erfolg an. Eine kleine Anekdote aus dem *Tao Tsang* soll an dieser Stelle einen Eindruck von dem volkstümlichen Vertrauen in die Macht des Glaubens vermitteln.

Es wird erzählt, daß einem jungen Mann vom Lande mit großer Sehnsucht nach dem *tao*, aber ohne Vorstellung, wie er es erlangen könnte, nichts Besseres einfiel, als den ganzen Tag vor einem verdorrten Baum niederzuknien. So bat er Monat für Monat, Jahr für Jahr, daß der alte Baum ihm die Gnade der Unsterblichkeit gewähren möge. Den ganzen Tag lang flehte er vor dem Baum: »Gib mir Unsterblichkeit! Gib mir Unsterblichkeit!« Es überrascht niemanden, daß dies jahrelang andauerte, ohne die geringste Wirkung zu zeitigen. Seine Hartnäckigkeit war jedoch so groß, daß der verdorrte Baum sich schließlich gezwungen sah, liebliche Blüten zu treiben und einen honigsüßen Saft abzusondern. Auf Anraten seiner Freunde aß und trank der einfache Bursche davon und wurde unverzüglich in den Stand der Unsterblichkeit erhoben.

Auf den ersten Blick erscheint diese Anekdote dermaßen seicht, daß man sich über ihre Aufnahme in die geheiligten Texte des *Tao Tsang* nur wundern möchte. Im Grunde genommen enthält sie aber eine tiefe poetische Wahrheit, und darin unterscheidet sie sich nicht von abendländischen Märchen, denen sie auch sonst sehr ähnelt. Das unentwegte Wiederholen einer Formel hat sich als erfolgreiche Methode erwiesen, den Geist so sehr auf eine Sache zu konzentrieren, daß die Sinne gegen ablenkende Einflüsse verschlossen werden und sich schließlich tiefe mystische Erleuchtung einstellt. Das ist nicht nur in China bekannt, sondern bei Mystikern auf der ganzen Welt: es existieren buddhistische, hinduistische, christliche und sogar islamische Versionen dieser Technik. Auf diese Weise kann der Weg des Glaubens zum Weg der Selbstverwirklichung werden.

Im Anschluß werde ich nun drei längere Geschichten erzählen, die Einblicke in eine Seite des Taoismus vermitteln, die starke Züge der Volksreligion trägt. Die erste beschreibt auf unterhaltsame Weise, in welchem Umfang die Vorstellung verbreitet ist, daß himmlische und höllische Bereiche der Menschenwelt gleichen. Die zweite Erzählung, in der sich magische und moralische Elemente vermischen, stellt die taoistische Richtung vor, die vom Drachen-Tiger-Berg ausging, dem Hauptsitz der Sekte der Himmelsmeister, deren Mitglieder selten um die Selbstverwirklichung bemüht waren. Die dritte gestattet uns, einen Blick in die geheime Welt der Unsterblichen zu werfen.

Geistergeld

Li Hua war ein reicher und geachteter Handelsmann, der sein Vermögen einem Betrug verdankte: Als junger Mann hatte er eine Witwe um ihren gesamten Besitz gebracht und sie in den Selbstmord getrieben. Keine lebende Seele war in das Geheimnis eingeweiht, aber, wie es in einem alten Sprichwort so treffend heißt, »dem Auge des Himmels entgeht kein Verbrechen.« Als Li Hua im Sterben lag, verdunkelten zwei Schatten die Tür seines Zimmers, und mit Schrecken erkannte er in den beiden eintretenden entsetzlichen Wesen Büttel, die ihm zweifellos einer der Hilfsrichter aus dem Reich der Toten gesandt hatte. »Ihr dürft mich noch nicht mitnehmen«, bäumte er sich auf. »Auf meinem Gewissen lastet ein Verbrechen, für das ich immer schon in angemessener Weise Buße tun wollte; aber irgendwie ist mir die Sache immer wieder entfallen. Ich werde mindestens ein Jahr benötigen, um genügend verdienstvolle Taten zu verrichten, die das begangene Unrecht ausgleichen können.« – »Sei versichert, daß wir darüber genau Bescheid wissen«, knurrte der eine, ein habichtköpfiges Monsterwesen, und klapperte unheilverkündend mit dem Schnabel. »Die von dir betrogene Dame hat Seiner Exzellenz, welche die Unterdrückung der Schwachen und Hilflosen zutiefst verabscheut, ihre Klage vorgetragen. Du brauchst aber nicht zu befürchten, daß seine Abscheu ihn über die Maßen streng werden läßt. Seine Exzellenz, hahaha, achtet immer darauf, daß die Strafe in vollem Maße dem Verbrechen entspricht. Du wirst wahrscheinlich dazu verurteilt, genausoviele Jahre, um die du durch deine Herzlosigkeit das Leben der tugendhaften Witwe verkürzt hast, auf einem rotglühenden Schwertbaum aufgespießt zu büßen. Als Entschädigung für die Zinsen auf das Kapital, die sich in all den Jahren angesammelt haben, werde ich wohl den Auftrag erhalten, meinen eisernen Schnabel mehrere hundertmal täglich an deinem Fleisch zu wetzen; oder aber mein Freund hier mit dem Bullenkopf erhält vielleicht den Befehl, dir täglich eine Stunde Tugendunterricht zu erteilen. Wer weiß?«

»Oh weh«, dachte der Händler bei sich, und es schauderte ihn sehr. »Wären diese beiden menschliche Büttel, könnte ich sie ohne die geringsten Umstände bestechen; aber was können diese Kreaturen wohl mit Goldbarren anfangen? Doch halt! Bei Trauerfeiern werden viele papierene Nachbildungen von Goldbarren verbrannt, um die Verschiedenen mit ausreichenden Mitteln zu versehen, die ihnen in den himmlischen Bereichen die Finanzierung eines angemessenen Haushalts ermöglichen. Es bliebe zu überlegen, ob der furchtbare Richter Yen Lo Wang oder einer seiner Untergebenen nicht glücklich wären, eine ansehnliche Summe in echtem Totengeld zu erhalten. Selbstverständlich müßten diese beiden gräßlichen Gestalten ihren Anteil bekommen. Hm, zehntausend solcher Goldbarren aus Papier werden meine Söhne höchstens zwei oder drei Silberstücke kosten.« In aller Eile entwickelte er den beiden Bütteln seinen Plan, die diesen aber nur mit höhnischem Gelächter quittierten und ihm in scharfem Ton befahlen, mit dem Sterben fertig zu werden, damit er seine letzte Reise antreten könne.

»Oh, Ihr Herren, haltet ein, wartet! Laßt mich einen Augenblick überlegen. Mein Verstand ist völlig durcheinander geraten. Ja, ich habe eine Idee: Ihr habt kein Recht, dem Geist jener armen Witwe eine Möglichkeit zur entscheidenden Verbesserung ihrer Verhältnisse in den himmlischen Gefilden zu versagen. Wenn Ihr mich wegschleppt, ohne mir die Zeit zu lassen, meine Angelegenheiten in Ordnung zu bringen, dann wird der Richter nämlich Euch etwas zu sagen haben! Ich verpflichte mich, die Summe in voller Höhe in Geistergeld zurückzuerstatten, die ich von ihr... äh... erworben habe; dazu kommen noch die vollen Zinsen für all die Jahre, die seit dem unglücklichen Ereignis vergangen sind. Man muß mir ein paar Minuten gewähren, damit ich mit meinen Söhnen die nötigen Vorkehrungen treffen kann.« Die Büttel aus dem Reich der Dämonen steckten ihre widerwärtigen Köpfe zusammen und berieten sich in rauhen, metallisch klingenden Flüstertönen. Sie sahen ein, daß dem Geist der armen Witwe nicht geholfen wäre, wenn man diesen niederträchtigen Geist nur leiden ließe – so amüsant dies auch zu werden versprach. Deshalb stimmten sie seinem Vorschlag zu, dem Geist der

Witwe eine ansehnliche Summe von Geistergeld durch die Himmlische Bank zu überweisen. Ein solcher Betrag würde ihr Ansehen bei den himmlischen Nachbarn entscheidend aufwerten und ihr den Erwerb eines schönen Grundstücks mit einem Garten voller himmlischer Obstbäume erlauben. Also gestatteten sie Li Hua, wenn auch mit einigem Zögern, eine weitere Stunde zu leben, denn ein solcher Aufschub war von Seiner Exzellenz nicht genehmigt worden. Die Büttel zogen sich zurück. Sogleich ließ Li seine Söhne rufen, und beauftragte sie, ohne ihnen den schimpflichen Grund zu eröffnen, während seiner Totenfeier eine bestimme Summe von Geistergeld in Scheinen verbrennen zu lassen. Nachdem er so seine Anordnungen getroffen hatte, ergab er sich dem Tod und begleitete die beiden Büttel auf die Reise hinab in die ehrfurchtgebietenden höllischen Regionen. Die einzige Musik, die man dort hören konnte, waren die gellenden Schreie der verurteilten Verbrecher, und die Luft stank nach versengtem Fleisch.

Kaum hatte der Vater seine Augen geschlossen, als der älteste Sohn zu seinen Brüdern sprach: »Es hat den Anschein, daß unser verehrter Vater ein wenig verwirrt war, als er seine hehren Anordnungen traf. Ein Dutzend Goldbarren aus Papier kosten in der Tat nicht mehr als ein Kupferstück, aber würden unsere Nachbarn es nicht geschmacklos finden, wenn wir vor allen Leuten soviel Geistergeld verbrennen ließen? Sie könnten sogar den Verdacht hegen, daß sich unser geschätzter Vater durch Bestechung von allen geringfügigen Schwierigkeiten befreien wollte, die den Geist eines so aufrechten Mannes erwarten könnten. Damit würden wir sicherlich keinen guten Eindruck machen.«

»Du hast recht, älterer Bruder«, erwiderte der zweite Sohn. »Wie du sagst, war unser teurer Vater vor seinem Ende etwas aus der Fassung. Es wäre wohl nicht ungehorsam, seine Anweisungen, die er unter solchen

Umständen gegeben hat, nicht zu befolgen. Laßt uns darin übereinkommen, über die Angelegenheit kein Wort mehr zu verlieren.«

Bei den folgenden Trauerfeierlichkeiten wurde nur die übliche Menge Geistergeld verbrannt – gerade ein Zehntel der von dem verstorbenen Li Hua genannten Summe. Wer kann ermessen, welchen Preis er für das pflichtvergessene Verhalten seiner Söhne zu zahlen hatte? In unserer Welt des Staubes kann sich nicht einmal ein Sterbender auf den Gehorsam seiner Nachkommen verlassen!

Der jüngere Bruder der Polarstern-Gottheit

Es begab sich zur Zeit der LIANG-Dynastie (502–556), daß ein sonderbarer junger Mann in einer Provinzstadt im Staate Lu auftauchte. Schnell entpuppte er sich als ein Liebhaber weltlicher Freuden und verbrachte die Nächte mit Spielen, Huren, Zechen und Tafeln. Jedermann hielt ihn für einen Taugenichts, und die Bürger achteten darauf, ihre Töchter aus seiner Reichweite zu halten, denn er war ein Jüngling von gewinnendem Charme, dessen lächelnd vorgetragenen Anträgen selbst ein wohlerzogenes Mädchen nur schwerlich widerstehen konnte. Eines Tages, als er noch spät in einer Schenke saß und speiste, geriet er mit drei Raufbolden aneinander. Aus seinem Jadeschmuck schlossen sie, daß er in seinem Ärmel ausreichend Gold bei sich tragen müßte. Das Risiko würde sich gewiß lohnen, ihn in die Welt der Schatten zu schicken, und so versuchten sie, ihn in einen Streit zu verwickeln. Unter einem fadenscheinigen Vorwand fielen sie mit gezogenen Waffen über ihn her, brachen seine beherzte Gegenwehr und erschlugen ihn noch an Ort und Stelle, bevor sie in die Nacht entflohen. Die Behörden verfolgten die Übeltäter nur halbherzig, weil ihnen schien, daß die Schurken allen Vätern hübscher Mädchen in dieser Gegend einen wertvollen Dienst erwiesen hatten. In der Zwischenzeit hatten die Räuber die Beute aus Jade und Gold unter sich aufgeteilt, und jeder ging seiner Wege. Aber kaum hatte sich der Besitzer der zierlich geschnitzten Gürtelschnalle aus Jade zum Schlaf niedergelegt, als die Schnalle in freundlichem Ton zu ihm sprach: »Du wirst mir doch beipflichten, daß du mich unehrenhaft erworben hast. Es wäre besser, die Angelegenheit ins Reine zu bringen, bevor dich die gerechte Strafe ereilt.«

»Die Angelegenheit ins Reine bringen?« stammelte der unglückliche Schurke. »Da ich ja unmöglich deinen früheren Besitzer ins Leben zurückrufen kann, bleibt wohl kaum etwas, das ich da noch tun könnte, oder?«

»Also«, entgegnete die Schnalle, »das hast du zu entscheiden. Du wirst die Konsequenzen für diese Unterlassung zu tragen haben. Ich rate dir, in die Berge zu gehen, alle weltlichen Besitztümer zurückzulassen und das *tao* zu kultivieren. Mir scheint, daß du noch etwa drei Tage hast, in denen du dich entscheiden kannst.«

Am folgenden Morgen, als der unglückliche Strolch seine beiden Kameraden auf dem Marktplatz traf, um weitere Raubzüge zu planen, erfuhr er, daß jeder den gleichen Traum gehabt hatte. Den einen hatte der Armreif des toten Jünglings ermahnt, den anderen das Juwel, das den Hut des Toten geschmückt hatte. Völlig aufgelöst rannten sie davon in die Berge. Nachdem sie dort tagelang hungrig und mutlos umhergezogen waren, trafen sie auf einen einsamen Unsterblichen, der in einer verfallenen Hütte wohnte. »Genau, was ich mir erhofft habe!« rief der bärtige Weise aus. »Drei kräftige Burschen wie ihr sollten in der Lage sein, mir beim Bau einer aus Steinen gefügten Einsiedelei zur Hand zu gehen. Ich brauche sie für ein paar Schüler, die am siebten Tag des siebten Mondes hier eintreffen sollen.« Nach diesen Worten gab er ihnen ein gutes Essen und trieb sie dann an die harte

Arbeit, für die sie fortan gerade soviel Reis und Gemüse erhielten, daß sie nicht Hungers starben. Für den Bau mußten Steinbrocken aus einer Felswand gebrochen, zur Baustelle geschleppt und an der vorgesehenen Stelle hochgezogen werden. Ein Tag solcher Arbeit war mehr, als sie ertragen konnten, aber jedesmal, wenn sie aufgeben wollten, kam der Einsiedler mit erhobenem Knüppel herbeigelaufen und ließ ihn auf ihren Köpfen und Schultern tanzen, bis sie um Erbarmen flehten. Wie konnten sie auch hoffen, einem Meister davonzulaufen, zu dessen übernatürlichen Kräften das Sehen und Hören über eine Entfernung von tausend Meilen gehörte?

Todunglücklich schufteten sie von früh bis spät und wünschten den Sonnenuntergang herbei. Doch selbst dann durften sie nicht ruhen, weil der Einsiedler in den Stunden vom Einfall der Dunkelheit bis Mitternacht über das *tao* zu predigen pflegte. Aber schließlich war der Bau vollendet, und der Einsiedler lächelte freundlich und sprach: »Kehrt zurück, von wo ihr gekommen seid, und bringt alle Schmuckstücke, die ihr besitzt, wie Jade, Goldmünzen, seidene Kleidungsstücke und dergleichen herbei. Dann können wir meinen Schülern einen prachtvollen Empfang bereiten.«

Tiefbetrübt eilten die Räuber heim, weil sie wußten, daß es töricht wäre, dem Einsiedler nicht zu gehorchen. Ein paar Tage später kehrten sie mit allen wertvollen Gegenständen zurück, die sie von ihrem unglücklichen Opfer oder bei früheren Verbrechen erbeutet hatten. »Sehr zufriedenstellend«, bemerkte der Einsiedler, wandte den dreien seinen Rücken zu und legte den Schmuck des Jünglings an. Als er sich wieder umdrehte, fuhren sie vor Schreck zusammen. Der wallende Bart war verschwunden und stattdessen erblickten sie ein Gesicht, an das sie sich nur zu gut erinnerten – das des Taugenichts, den sie erschlagen hatten.

»Nun also«, sagte der Einsiedler und lächelte liebenswürdig, »wir sind quitt. Ihr Herren, Ihr habt mir erst einen schlechten und dann einen guten Dienst erwiesen. Die Schuld ist beglichen. Ihr könnt nach Hause gehen.« Wie auf ein Kommando verneigten sich die Räuber und flehten ihn an, als Schüler bei ihm bleiben zu dürfen.

»So steht es also, meine Freunde – genau, wie ich es erwartet habe. Heute ist, wie Ihr Euch erinnern werdet, der siebte Tag des siebten Mondes. Und Ihr seid, nebenbei bemerkt, die Schüler, für die diese stattliche Einsiedelei errichtet wurde.«

Daraufhin offenbarte er sich als ein berühmter Unsterblicher, der weit und breit als der Jüngere Bruder der Polarstern-Gottheit bekannt war. Als sein allumfassendes Auge drei gelehrige junge Herren erspähte, die auf die schiefe Bahn geraten waren, hatte er nicht nur darauf geachtet, daß sie für ihr Verbrechen angemessen büßten und vor weiterer Strafe bewahrt blieben, sondern daß sie auch über das *tao* unterrichtet wurden. Alle erlangten dank seiner Lehren die Unsterblichkeit und folgten ihrem Meister, als dieser sich im Palast der Polarstern-Gottheit niederließ.

Ach könnten doch alle Spitzbuben solch einen verständnisvollen Richter finden!

Ein verborgenes Reich

Gouverneur Wu aus Kiangsi, verdientes Mitglied der Kaiserlichen Hanlin-Akademie, besaß vier Söhne, die gleich ihm Gelehrte wurden. Allerdings befiel den jüngsten, Wu Lien, eine unerklärliche Abneigung gegen den Heiligen Weisen, KONFUZIUS, und er verbrachte seine Zeit damit, sich in die Geschichten über Unsterbliche zu vertiefen. Entsetzt über eine solche Pietätlosigkeit machte der Gouverneur seinem Sohn mehrere Male Vorhaltungen und schlug ihn am Ende sogar. Daraufhin machte der Sohn eine tiefe Verbeugung vor dem Vater und verließ das Haus auf Nimmerwiedersehen. Einige Tage später fand man seine Kleidungsstücke am Ufer des P'o-yang-Sees. Es hatte den Anschein, als sei auch hier der in der konfuzianisch-geordneten Gesellschaft nur allzu bekannte Fall eingetreten: Selbstmord eines Sohns, der seine Gewissensbisse nach dem Vorwurf pietätlosen Betragens nicht ertragen konnte.

Ein paar Jahre später ging das Gerücht um, in den Wu-I-Bergen würde zuweilen ein junger Unsterblicher gesehen, der dem vermißten Wu Lien verblüffend ähnlich sei. Der Gouverneur verbarg seine Freude, schickte aber seinen zuverlässigsten Diener mit einem schnellen Pferd auf Erkundung. Dieser, Lo Chu genannt, erreichte die Gegend der Wu-I-Berge mit einer Militäreskorte. Einige Dorfbewohner gaben ihm den guten Rat: »Er ist scheu und schwer zu fassen, Herr, und er verabscheut Soldaten. Geht in Begleitung bewaffneter Männer und Ihr werdet keine Spur von ihm erblicken.«

Zu jener Zeit waren die Wu-I-Berge noch stark bewaldet. Lo Chu zog tagelang umher, ohne dem gesuchten Jüngling zu begegnen. Eines Tages nun, als er sich niederbeugte, um aus einem Bergbach zu trinken, beobachtete er im aufsprühenden Wasser einen Regenbogen. Dieser erhob sich von den übereinander gewälzten schwarzen Felsen, aus denen der Bach hervorquoll. Voller Ehrfurcht kletterte er hinauf, um der Sache auf den Grund zu gehen, und stand plötzlich – vor dem Sohn seines Herrn! Aber war er es auch wirklich? Obgleich er ihm auffallend ähnelte, drückte die Haltung dieses jungen Mannes eine sonderbare Selbstsicherheit aus, seine Augen leuchteten im Glanze so außergewöhnlicher Weisheit, daß es ihm schwerfiel, seinem Blick standzuhalten. Das Außergewöhnliche seiner Erscheinung wurde noch von den Strahlen verstärkt, die von seiner Gestalt ausgingen; sie bildeten eine regenbogenfarbene Aura, wie sie bei Sonnenschein im aufsprühenden Wasserdunst über Sturzbächen entsteht. Er war so wunderbar anzuschauen und wirkte dennoch so ehrfurchtgebietend, daß Lo Chu seine Augen abwenden mußte und mit der Versuchung kämpfte, sich umzudrehen und davonzulaufen.

Der Unsterbliche, der wohl zur Flucht bereit war, erlaubte ihm näherzukommen. Nun zeigte er auf einmal ein strahlendes Lächeln. »Onkel Lo, wie lieb von dir, daß du gekommen bist! Ich habe dich nicht so bald erwartet. Da doch meine Eltern und Brüder wohlauf sind und die Krankheit der jüngsten Schwester nicht kritisch ist, hätte mein Vater dir eine so anstrengende Reise ersparen können.« Das war ein weiteres Wunder. Der Jüngling hatte sich nicht besorgt nach seiner Familie erkundigt, sondern sprach, als sei er selbst derjenige, der gerade aus Nanch'ang angekommen sei. Jetzt wurde er sich auch seiner Aura bewußt, denn er errötete und ließ die Strahlen langsam vergehen. Gemeinsam wanderten sie zwischen den Bäumen zu seiner Wohnstatt, einer Grotte mit glattem Steinboden, auf dem sich ein Stapel Decken befand, ein Teekocher, ein paar Bücher und einige wenige Haushaltsgeräte. Von all den Gegenständen schienen in letzter Zeit nur die Bücher benutzt worden zu sein. Durch den weiten, sonnenbeleuchteten Eingang flogen in leuchtenden Farben gefiederte Vögel und prächtige Schmetterlinge ein und aus, waren aber zu ehrerbietig, den Boden mit den üblichen Hinterlassenschaften zu verunreinigen; er war fleckenlos. Der Unsterbliche saß bewegungslos, um diese Geschöpfe zu ermutigen, sich auf ihm niederzulassen. Dann begann er, seine Geschichte zu erzählen:

Beim Abschied von zu Hause hatte er vermeintliche Beweise für einen Selbstmord zurückgelassen, weil er wußte, daß sein Vater ihn eher tot denn als »taoistischen Bettelmann« gesehen hätte. Die Berühmtheit des Kristall-Quellen-Unsterblichen bewegte ihn, zum Wu-I-Gebirge zu eilen und sich unter die Schüler des großen

Mannes einzureihen. »Im letzten Jahr, in der Mittsommernacht, stieg mein Meister zu den Wolken auf und ließ uns zurück, auf daß wir uns verstreuten. Vor seinem Abschied hat er mir aber noch die Gunst erwiesen, mir in wenigen Monaten das ganze wertvolle Wissen zu vermitteln, das er sich in einem Leben voller Mühe angeeignet hatte. Vergib mir, wenn es so aussieht, als ob ich prahlen wollte, aber es ist wohl besser, daß du alles erfährst.«

Auf alle Bitten Lo Chus, er möge doch nach Nan-ch'ang zurückkehren, antwortete der Jüngling mit lächelnder Ablehnung. Er überredete den Sekretär vielmehr, eine Weile zu bleiben und die »wahren« Schönheiten des Berges kennenzulernen. Dort, wo Lo bis jetzt nichts als Wildnis und die eine oder andere Einsiedelei oder Holzfällerhütte gesehen hatte, gewahrte er nun Wunder auf Wunder. In manch einer versteckt liegenden Grotte oder Höhle lebten strahlende Geschöpfe, an deren Existenz er nie so richtig hatte glauben können. In einer beobachtete er ein Paar majestätischer Phönixe mit strahlendem Gefieder, deren lange Schwanzfedern wie Bänder aus farbigen Flammen leuchteten. In einer anderen Höhle stöberten sie eine Brut frisch geschlüpfter Drachen auf, die von den Nüstern zum Schwanz nicht mehr als zwei Fuß maßen. Dort, wo sich später scharlachrote Schuppen bilden würden, war ihre Haut noch rosarot. Noch öfter waren jene verborgenen Schlupfwinkel von *ch'i-lin* (chinesischen Einhörnern) oder *shih-tzu* (langbehaarten, löwenähnlichen Kreaturen) mit funkelnd buntem Fell bewohnt – himmelblau, jadegrün, karmesinrot, rosa und gelb. »Warum habe ich keines dieser Geschöpfe erblickt, als ich hier allein umherzog?« fragte Lo. »Sie sind scheu, Onkel, und verbergen sich vor den Augen der Sterblichen. Du möchtest doch diese kleinen Drachen nicht im Garten eines reichen Mannes angekettet oder im Kochtopf eines Feinschmeckers schmoren sehen?«

Einige ihrer Ausflüge führten sie zu Unsterblichen: zu

weisen Männern, die in leuchtende Gewänder gekleidet waren und von denen manche mit naivem Stolz auf die Pracht ihres langen, seidenweichen Barts blickten. Gewöhnlich willigten sie zu einem Spiel *wei ch'i* oder Elephantenschach ein oder erklärten sich bereit, eine Probe ihrer Virtuosität auf der Flöte oder *sheng* (einer Panflöte aus verschieden langen, fest miteinander verbundenen Bambuspfeifen) zu geben. Aber nicht alle verbrachten ihre Tage mit Müßiggang. Viele konnten an einem Schmelztiegel beobachtet werden, in dem sich eine glühende Substanz befand, von der geheimnisvoll duftende, goldene Dämpfe aufstiegen. Von Zeit zu Zeit warfen sie geringe Mengen eines farbigen Pulvers hinein und warteten gespannt auf ein Resultat, das sich niemals einzustellen schien; dann pflegten sie verhalten zu lachen und liebenswürdige Anspielungen auf die Unfähigkeit des anderen zu machen. Keinen dieser Unsterblichen konnten sie jemals beim Essen beobachten, geschweige denn bei anderen natürlichen Regungen. »Nein, Onkel, da hast du nicht recht. Selbstverständlich brauchen sie Nahrung, aber ein Tropfen Honig oder so viel Tau, wie du auf einer einzigen Blüte findest, reicht ihnen rund einen Monat lang. Es gibt einen, der immer noch einen Heißhunger auf Reis verspürt und seine Freunde damit in Aufregung versetzt, daß er bei einer einzigen Mahlzeit sage und schreibe fünf oder sechs Körnchen verzehrt. Das ist ein unseliger Appetit, der den Glanz seines Strahlenkranzes vermindert. Aber ihn, ha-ha, bekümmert das nicht. Stolz auf seinen Strahlenkranz zu sein, sagt er, ist ein Merkmal der jungen Unsterblichen. Als Altersgenosse von Fürst LAO glaubt er, lange genug unsterblich gewesen zu sein, um sich eine kleine Schwäche erlauben zu können. Wie ist es, möchtest du mit ein paar Dämonen speisen, Onkel? Sie sind starke Esser und trinken mit dir Schale um Schale, bis deine Beine nachgeben.«
»Dä-Dämonen?«

»Ja, warum nicht. Du brauchst keine Furcht zu haben. Obgleich sie über alle Maßen heimtückisch sein können, sind sie doch klug genug, meinen Freunden keinen Verdruß zu bereiten.«

Lo Chu konnte seiner Ungeduld nur mühsam Herr werden, als er sich das Aufsehen in Nan-ch'ang vorstellte, das seine getreue Schilderung von einem Gastmahl mit Dämonen hervorrufen würde. Am folgenden Tag befanden sie sich bei Sonnenaufgang auf dem Gipfel eines hohen Berges; dort verbrachte der Unsterbliche einige Zeit damit, in einem eigens zu diesem Zweck mitgebrachten kleinen Lederbeutel kosmisches *ch'i* zu sammeln. Daheim in der Grotte sprach er einige Worte über den Beutel und schlug ein paar magische Zeichen, dann öffnete er ihn, hielt ihn mit der Öffnung nach unten und verstreute seinen mit Geisteskraft erzeugten Inhalt auf dem Boden vor der Hütte. Da fielen aus der engen Öffnung mindestens ein dutzend knusprig gebratener Ochsen und eine Unzahl köstlich gefüllter Hühner und Wildvögel, ganz zu schweigen von der Leibspeise der Dämonen: in Honig gebackene fette, weiße Ratten.

Als die Sonne sich dem Horizont zuneigte, kamen die ersten Gäste. Die meisten hatten ein abstoßendes Äußeres mit entsetzlichen Hauern und Klauen. Sie streckten scharlachrote Zungen heraus und trugen grotesk geschwollene Bäuche vor sich her; aber wenigstens besaßen sie noch eine entfernte Ähnlichkeit mit menschlichen Wesen. Andere dagegen waren nur dunkle Schatten ohne erkennbare Körperpartien, mit Ausnahme eines höhlenartigen roten Mauls an der Stelle, an der sich bei anderen Wesen der Bauch befindet. Verschiedene Dämonen hatten Tierköpfe oder mehrere Augen. Einer besaß das Antlitz eines außergewöhnlich hübschen Mädchens, darüber hinaus bestand er jedoch nur aus heraushängenden Eingeweiden. In der Gegenwart des Unsterblichen benahmen sich alle einigermaßen gesittet – wenn man einmal von ihren Eßgewohnheiten absah. Sie rissen das Fleisch auseinander, stopften sich riesige Fetzen ins Maul, schnappten nach den Knochen und zermalmten sie zu Staub. Als Anerkennung für ein so prächtiges Festmahl führten sie zur Begleitung von aufeinandergeschlagenen Knochen Dämonentänze auf. Dabei war ein Stöhnen, Heulen und Kreischen zu vernehmen, wie bei einem Sturmwind, der über Gebirgshöhlen hinwegheult. Was dem Tanz an Eleganz fehlte, wurde durch die erstaunliche Behendigkeit der Tänzer ausgeglichen.

In der letzten Nacht führte der Unsterbliche Lo Chu zu einer Terrasse mit Aussicht auf den Mond. Von dort richtete er seinen Blick fest auf einen hellen Stern und ließ ihn näher und näher an die Welt heranrücken. Der strahlende Himmelskörper war in kurzer Zeit so nahe, daß sie einer Gruppe Unsterblicher zunicken und zuwinken konnten, die vor einem prächtigen Pavillon aus perl- und korallenfarbigen Wolken tanzten. Einer von ihnen, ein weißbärtiger Weiser, blickte beim Tanzen zu ihnen herüber und hatte die Lippen zu einem Lächeln geöffnet. Der Jüngling verneigte sich vor ihm bis zur Erde und forderte Lo Chu auf, das Gleiche zu tun; dabei flüsterte er ihm zu, daß der Weise sein alter Lehrer wäre, der Kristall-Quellen-Unsterbliche.

Am Morgen bat Lo mit Tränen in den Augen, als Schüler des Jünglings bleiben zu dürfen.

»Nein, nein, Onkel. Das hätte keinen Sinn. Mein Vater hat schon einen wertlosen Sohn verloren und darf nicht noch durch den Verlust eines verläßlichen Sekretärs enttäuscht werden. Hier gebe ich dir eine Schachtel mit einem Pulver, das die Krankheit der jüngsten Schwester im Handumdrehen heilen wird. Und hier ist ein Buch für dich, Onkel. Lies es genau und, wenn du das Alter erreichst, um dich zur Ruhe zu setzen, komm wieder zurück. Du wirst ausreichend Zeit haben, um das *tao* zu kultivieren.«

VII.
Grüner Drache,
weißer Tiger

Taoistische Alchimie

»Grüner Drache, weißer Tiger!« Mit diesen poetischen Worten verbinden sich viele sonderbare Bedeutungen. Wie *yin* und *yang* bezeichnen sie verschiedene Gegensatzpaare – vor allem männlich und weiblich; und diese zu einer unteilbaren Einheit zu verschmelzen, bildet die Aufgabe des taoistischen Magiers, Alchimisten, Yogi oder Mystikers. Oft deuten diese vier Wörter auf ein den Nicht-Eingeweihten nur selten enthülltes Geheimnis. Ihre rein magischen Bedeutungen sollen uns hier nicht beschäftigen, obwohl taoistische Magie ein faszinierendes Gebiet ist; einmal ist sie von einer geheimnisvollen Aura umgeben, zum anderen, weil sie so oft erfolgreich zu wirken scheint! Kann ihr Wirken nur psychologisch verstanden werden, oder ist es einem Magier tatsächlich möglich, verborgene Kräfte zu beherrschen und sie anzuwenden, wie Mao Tse-tung und Chou En-lai es insgeheim getan haben sollen? Ich weiß es nicht. Aber wieviel weniger trostlos sähe die moderne Welt aus, wenn wir glauben könnten, daß diese beiden Männer ihren unerhörten Erfolg nicht trockener Dialektik, sondern dem grünen Drachen und dem weißen Tiger verdankten; wenn das so wäre, dann bestünde die Aussicht auf eine Rückkehr zu Farbenfreude, Romantik und Mysterium, um die von Mao und Chou geschaffene trostlose Eintönigkeit zu mildern.

Das Ts'an T'ung Ch'i

Wie würden wir staunen über ein Werk, dessen Sinn sich auf so verschiedenartige Weise deuten ließe, daß man es gleichzeitig folgenden Theorien zuordnen könnte: der anthropomorphen Lehre von den Göttern des Olymp, der christlichen Religion mit ihrer Betonung des ewigen Lebens im Himmel oder in der Hölle und dem Buddhismus mit seiner Vorstellung, die vom Ego bewirkte Verblendung abzuwerfen und wie Regentropfen, die zu ihrer Quelle zurückfinden, in den Ozean des Nirwana einzutauchen! Taoisten wären dagegen wohl kaum überrascht, wenn sie von der Existenz eines solchen Buchs hörten; denn sie besitzen eines, das sich sogar auf noch vielfältigere Weise interpretieren läßt! Das *Ts'an T'ung Ch'i*, ein Werk, in dem – oberflächlich betrachtet – ein alchimistischer Prozeß beschrieben wird, um unedle Metalle in Gold umzuwandeln, ist von einigen ganz wörtlich verstanden worden; für andere enthielt dieses Traktat Anweisungen für die Herstellung einer goldenen Pille, die ewige Jugend, unvorstellbare Langlebigkeit und vielleicht Fleisch-und-Blut-Unsterblichkeit verleihen kann; andere wiederum entnehmen diesem Werk eine Methode, wie man mittels sexueller oder nicht-sexueller Praktiken einen Geist-Körper schafft, der ewiges Leben genießen kann; und für Mystiker gilt es als Schlüssel zu jener strahlenden Apotheose, in der der Mensch reiner Geist wird, bereit, in den leuchtenden, undifferenzierten Ozean des *tao* einzutauchen; ganz zu schweigen von einer fünften Deutung, die ein Handbuch der Staats- und Kriegskunst daraus macht! Welch eine Liste von Zielen – von untaoistisch-weltlichen zu unvergleichlich erhabenen! Daß überhaupt ein Buch existiert, das alle diese Ziele enthält, beruht auf zwei spezifisch taoistischen Vorstellungen über das Wesen der Existenz: 1) der Unteilbarkeit und tatsächlichen Identität von Geist und Materie; 2) dem identischen Wirken der Naturgesetze auf jeder möglichen Stufe und in jedem möglichen Zustand des Seins. Was die Geschichte dieses außergewöhnlichen Werks angeht, so wird berichtet, daß es kurz nach Beginn unserer Zeitrechnung von einem Eremiten verfaßt wurde, der als der Unsterbliche Hsü bekannt war; tatsächlich könnte es sehr viel älter sein, denn der Titel von Hsüs Version lautet: »Der alte Drachen-und-Tiger-Klassiker«. Warum alt, wenn er selbst der Autor war? Der große WEI PO-YANG überarbeitete es ein Jahrhundert später und fügte einen bedeutenden Kommentar hinzu; von da an war es als *Ts'an T'ung Ch'i* bekannt – ein Titel, der sich praktisch nicht übersetzen läßt, und der manchmal als »Dreifacher Einklang« (zwischen den Wegen des Himmels, der Erde und des Menschen) wiedergegeben wird. In seiner überarbeiteten Form hat es ohne weitere Änderungen überlebt – außer daß zusätzliche Kommentare hinzukamen. In welchem Maße dieses Traktat geschätzt wurde, läßt sich daraus erkennen, daß es als urzeitliches Werk (chinesisch wörtlich: »vor dem Himmel«) klassifiziert wurde; dies bedeutet, daß es dem Urzustand vor der Erschaffung des Universums zuzurechnen ist oder sogar der dem *tao* innewohnenden göttlichen Weisheit direkt entspringt.

Die im *Ts'an T'ung Ch'i* dargelegte Lehre basiert auf der Annahme, daß innerhalb des menschlichen Körpers ebenso wie innerhalb des Makrokosmos (»Himmel und Erde« genannt) drei Schätze existieren – *ching* (Essenz), *ch'i* (Lebenskraft) und *shen* (Geist). Durch die Veredlung dieser drei Schätze von ihrer groben in ihre subtile Form und die sich ergebenden Wechselwirkungen entsteht ein geheimnisvolles, elementares »Etwas«. Wenn dieser alchimistische Vorgang innerhalb des Körpers stattfindet, dann ist dieses »Etwas« ein Geist-Körper-Embryo oder, nach anderen Interpretationen, reiner Geist. Wendet man diesen Prozeß auf physikalische Substanzen an, dann erhält man eine besonders geläuterte Form von Materie (z. B. Gold). Wie dieses Traktat genau zu verstehen ist, hängt von der Auslegung durch einen vollendeten Meister ab, der den mündlich überlieferten, wesentlichen Schlüssel zu seinem Verständnis besitzt. Wie wir gesehen haben, kann es keine widerstreitenden Interpretationen geben (außer durch schlecht unterrichtete Personen), sondern nur solche, die verschiedenen Existenzstufen und -weisen angemessen sind. Das *Ts'an*

T'ung Ch'i enthält viele Hinweise auf die Verschmelzung von *yin* und *yang*, die manchmal eine sexuelle Nebenbedeutung haben und sich auf die Verschmelzung der männlichen und weiblichen Essenzen im Körper des Adepten beziehen; häufiger aber deutet man sie als Methoden, für die kein Partner benötigt wird. Immer taucht da der Gedanke auf, zu etwas zurückzukehren, das als »das Ursprüngliche« bezeichnet wird. So heißt es in einem Abschnitt:

»Die heiligen Weisen des Altertums hielten am ›Ursprünglichen‹ fest und erfaßten es in seiner unbefleckten Form, indem sie ihre Körper mit dem neunfach geläuterten Elixier nährten, einer reinen Substanz, die aus einer siedenden Flüssigkeit gebildet wird. Sie bewahrten ihre Essenz, nährten ihre Körper und erlangten so jene wunderbare Kraft, die Himmel, Erde und Mensch in ihrem ursprünglichen Zustand kennzeichnet; und indem sie das Prinzip des Absonderns ihrer Essenz befolgten, wonach man diese durch die Poren austreten läßt, bewirkten sie, daß Fleisch und Knochen in eine heilige Substanz umgewandelt wurden. Sie gaben irrige Methoden auf und konnten so ihre Lebenskraft regulieren und ihr ewige Dauer verleihen: Auf diese Weise wechselten sie vom sterblichen zum unsterblichen Zustand.«

In seinem bemerkenswerten Buch betont Professor Chou, daß das *Ts'an T'ung Ch'i* und ähnliche taoistische Lehrtexte die »gleichzeitige Erzeugung der inneren und der äußeren Pille« empfehlen. Das bedeutet, daß bei der Selbst-Kultivierung ein innerer Prozeß (meditativ und mystisch) und ein äußerer Prozeß (alchimistisch im wörtlichen Sinne) gleichzeitig durchzuführen sind. Deshalb ist es beispielsweise möglich, daß der taoistische Adept alchimistisch hergestellte Drogen zu sich nimmt, um durch diese Hilfsmittel Leib und Seele zu reinigen und umzuwandeln; aber er wird auch zugeben, daß solche Hilfen, im Vergleich zu spiritueller Kultivierung, von geringer Bedeutung sind. In den Texten gibt es Abschnitte, in die man nur schwer eine spirituelle Bedeutung hineinlesen kann; im Fall des *Ts'an T'ung Ch'i* muß man sich fragen, warum so große Weise wie der Unsterbliche Hsü und Meister WEI PO-YANG sie mit einbezogen haben sollen. Eine Erklärung besteht darin, daß sie Analogien beinhalten, die vom Nicht-Eingeweihten nicht zu erkennen sind; aber wahrscheinlicher ist dies eine Folge der taoistischen Lehrmeinung, daß in allem und jedem, vom winzigsten Teilchen bis zum großen Makrokosmos, die gleichen Naturgesetze am Werk sind. Daraus folgt, daß sich die gleichen Techniken für jede nur denkbare Stufe von Aktivität eignen. Sollte man danach streben, das höchste spirituelle Ziel zu erreichen, nun gut; sollte man rein weltliche Absichten haben oder glauben, daß die Umwandlung von Metallen für die Umwandlung des Geistes wichtig ist, warum nicht? Ein Taoist wäre kein Taoist, wollte er sich anmaßen, strenge und feste Regeln für das Verhalten anderer Menschen niederzulegen. Jeder muß die Freiheit besitzen, »seinen eigenen Weg zu gehen«; zieht er es vor, sein geheimes Wissen um das Wirken der Natur zu alltäglichen Zwecken einzusetzen, so geht das nur ihn etwas an. Indessen ist es die Pflicht des Weisen, die wunderbaren Kräfte der Natur in ihrer Ganzheit aufzuzeigen. Wie könnte ein erleuchteter Weiser es sich erlauben, Unterscheidungen zu treffen, lehrt er doch, daß die volle Erleuchtung die Versöhnung der Gegensätze einschließt?

Wie sehr Gold auch von den Gierigen mißbraucht wird, so ist es doch nicht weniger erfüllt von *te*, der Wirkkraft des *tao*, als irgendetwas anderes, das einem gerade einfallen könnte. In einem taoistischen Gedicht heißt es, es gebe 3600 Tore zum *tao*. Wie töricht ist dann doch die Behauptung, daß dieses oder jenes nicht das Geheimnisvolle Tor zum Höchsten Letzten sei!

Das allgemeine Prinzip des alchimistischen Prozesses, ob

er nun zur Entwicklung des Geistes oder zur Umwandlung von unedlen Metallen in Gold eingesetzt wird, kann so formuliert werden:

»*Ching, ch'i* und *shen* wirken ständig aufeinander. In der Natur führt die Abfolge ihrer Wechselwirkungen von der Leere zur Form, vom Allgemeinen zum Besonderen, vom Subtilen zum Groben. Ein Weiser zeichnet sich durch das Wissen aus, wie diese Abfolge umzukehren sei, wie man vom Groben zum Subtilen zurückgelangt und auf diese Weise die ursprüngliche Vollkommenheit der Substanz oder Nicht-Substanz, die man bearbeitet hat, wiedergewinnt.«

Es besteht völlige Übereinstimmung zwischen der Umwandlung der groben Körper- und Geisteskräfte in reinen Geist und jener von unedlen Metallen in das reine Element Gold.

Die Kompliziertheit der Terminologie in den taoistischen Lehrtexten und die Schwierigkeiten des Übersetzers kann man an folgendem Beispiel ermessen, das übrigens dem »Buch des Elixiers« entnommen ist. »Mit dem Himmel als Kessel und der Erde als Brennofen nimm die Medizin des schwarzen Hasen und erhitze sie.« Man muß dazu wissen, daß »Himmel« für das Herz steht, »Erde« für den Körper, »schwarz« für das *yang*-Prinzip und »Hase« für das *yin*-Prinzip; und außerdem sollte man dazu genau verstehen, wie dieses Wissen anzuwenden ist – daher die wesentliche Bedeutung des nur an Eingeweihte mündlich weitergegebenen Schlüssels.

Vor der Beschreibung der inneren Alchimie als dem wahren Mittel, geistige Vollkommenheit zu erlangen, möchte ich zwei Formen der äußeren Alchimie vorstellen, deren erste, der Komplex der sexuellen Übungen, in enger Beziehung zur inneren Alchimie steht.

Wechselseitige Kultivierung oder sexuelle Übungen

»Aus der Vereinigung der Energien des grünen Drachen und des weißen Tigers im Kessel des Körpers steigt der leuchtende Dampf des reinen Geistes in regenbogenfarbenen Wolken auf.« Die Ingredienzen sind Zinnober (weibliche Essenz) und Quecksilber (männliche Essenz). Der Körper jedes Partners kann als Kessel dienen. In der Verschmelzung von Zinnober und Quecksilber spiegelt sich die Vereinigung von Himmel und Erde, die Geburt der unzähligen Dinge im Schoß des formlosen *tao* wider. Die Sinnenlust muß gänzlich vermieden werden, damit der Adept nicht verführt und von der Kultivierung des *tao* abgebracht wird. Er oder sie sollte einen Partner wählen, der zwar über robuste Gesundheit, aber keine besonderen, die Leidenschaft weckenden äußeren Reize verfügt; in solch einem Fall können diese Praktiken nämlich die geistige Gesundheit gefährden. Nach Ansicht von Professor Chou läßt sich diese Methode, trotz eines gewissen Nutzens für Ehepaare, nicht mit Zurückhaltung oder Abstinenz vergleichen; denn die innere Alchimie – Kultivierung im eigenen Körper des Adepten – ist eine weit bessere Methode, um Essenz (*ching*), Lebenskraft (*ch'i*) und Geist (*shen*) zu reinem Geist zu veredeln. Meister KO HUNG erklärt, daß irregeleitete Paare, die keine volle Einsicht in die Tiefe des *tao* haben, bei der wechselseitigen Kultivierung »ihr *ching* und ihr *shen* erschöpfen, ohne zum Erfolg zu kommen, obgleich sie sich ein Leben lang bemühen.« In einem anderen Abschnitt stellt dieser große taoistische Meister fest, daß den meisten jungen Paaren strikte Enthaltsamkeit äußerst schwerfällt, daß strenge Keuschheit Krankheit verursachen kann und mit Gewißheit eher zu einer lebensverkürzenden Geistesverwirrung als zur Verlängerung des Lebens führen wird. Deshalb wird die wechselseitige

Kultivierung manchmal empfohlen, um Beschwerden zu lindern oder die Lebensspanne zu verlängern; die meisten Adepten streben jedoch aufrichtig danach, die Essenzen zu vermischen und nach oben steigen zu lassen (zum *ni wan* oder Oberen Zinnoberfeld), um somit das Gehirn (den Sitz des *shen*) zu beleben. Aus diesen Textauszügen geht hervor, daß Meister KO HUNG die wechselseitige Kultivierung für geeignet hielt, wenn sie mit Aufrichtigkeit praktiziert wurde. Er scheint aber gewisse Zweifel gehegt zu haben, denn an anderer Stelle lesen wir, daß es sich bei den Anhängern dieser Methode manchmal um Menschen handelte, die unter einem schrecklichen Mißverständnis litten, oder um Wüstlinge, die sie für ihre Sinneslust ausnutzten, oder sogar um falsche Adepten, die unter dem Vorwand, hohe spirituelle Ziele zu verfolgen, Frauen zum Ehebruch verführten. In seinen späteren Schriften nahm er eine noch skeptischere Haltung ein und erklärte, daß die wechselseitige Kultivierung einen gewissen therapeutischen Wert besitze und eine gute Methode sein möge, um die Verschwendung des Samens zu vermeiden (da der Adept stets kurz vor der Ejakulation anhalten muß), daß man ihr aber als zuverlässige Methode der spirituellen Kultivierung nicht vertrauen sollte. Ich selbst fand, daß diese Ansicht unter Taoisten weit verbreitet ist. Und doch hatte die wechselseitige Kultivierung bis in unsere Tage ihre überzeugten Anhänger. Es sind einige Fälle ihrer Unterdrückung durch die Kommunisten bekannt geworden, die dem Puritanismus eines KONFUZIUS in nichts nachstehen – was immer sie auch sonst über seine »Schandtaten« sagen mögen.

Da diese äußere Methode für jene Übenden gefährlich ist, die sich nur schwer von der Herrschaft der Sinne befreien können, muß sie, wenn überhaupt, in Verbindung mit Kontemplation über die wahre Natur des alchimistischen Prozesses praktiziert werden. Die Lehre besagt, daß unser Körper, ebenso wie das Universum, seinen

Ursprung im Nicht-Sein hatte, daß er seine Entstehung der ursprünglichen kosmischen Essenz verdankt, und daß die miteinander verschmolzenen männlichen und weiblichen Essenzen in einem umgekehrten Prozeß zur Schaffung eines Geist-Embryos benutzt werden können; dieser wird seinem Träger die Kraft verleihen, zum ursprünglichen Zustand des Nicht-Seins zurückzukehren, indem er sich mit der Quelle vereinigt. Deshalb besteht eine Wechselbeziehung zwischen einem biologischen Vorgang (der von orthodoxen Konfuzianern mit bösen Hintergedanken betrachtet wurde, wenn auch nicht mit der Abscheu, welche die Patres der christlichen Kirche an den Tag legten) und dem Übungsweg, der den Menschen zu seinem höchsten spirituellen Ziel führt. Für Taoisten, die die Identität von Geist und Materie erkannt haben, liegt in solchen Wechselbeziehungen nichts Überraschendes. Sie kommen nicht auf den Gedanken, Sexualität sei etwas Rohes; sie befürchten nur, daß ihre spirituellen Bemühungen untergraben werden könnten, wenn sie den Leidenschaften freien Lauf ließen. Zweifel, die einige Taoisten zum Thema der wechselseitigen Kultivierung geäußert haben, zielten ausnahmslos in diese Richtung. Es war weniger einem Sinneswandel unter den Taoisten als vielmehr der Prüderie der herrschenden konfuzianischen Klasse zuzuschreiben, die vor einigen Jahrhunderten zu einem Rückgang dieser seit den Tagen des Gelben Kaisers gängigen Praktiken führte.

Da ich niemals Unterweisungen in dieser Methode empfangen habe, kann ich auch nicht den Anspruch erheben, als Fachmann darüber zu sprechen. Soweit mir bekannt ist, verfährt man bei der Methode der wechselseitigen Kultivierung folgendermaßen: Reiner *yang*-Geist gehört dem Himmel an und ist in dieser *yin*-Welt in unverfälschter Form nicht vorhanden. Um ihn im eigenen Körper zu erzeugen, ist es zuerst notwendig, den natürlichen Vorrat an grober Essenz, Lebenskraft und geistiger Energie zu

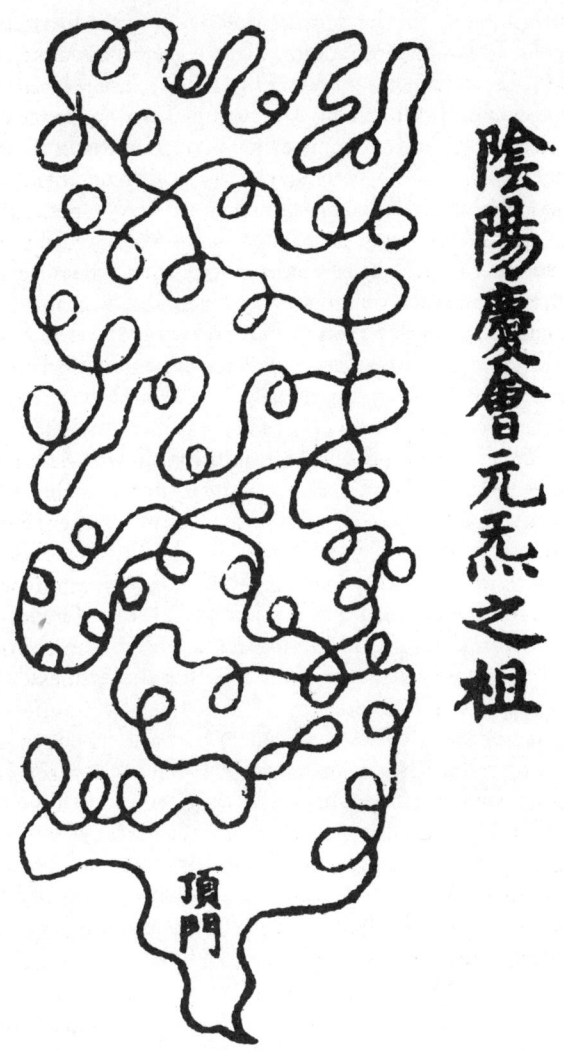

陰陽慶會元燕之祖

頂門

Symbolische Darstellung der Wechselseitigen Kultivierung, der
Vereinigung von *yin* und *yang*.

läutern. Trägerin der groben Essenz ist die sexuelle Flüssigkeit (oder, wie es einige Taoisten ausdrücken würden, grobe Essenz ist sexuelle Flüssigkeit). Diese muß mit größter Sorgfalt bewahrt und in subtiles *ching* umgewandelt werden, indem man es mit *ch'i* (Lebenskraft) und *shen* (Geist) in Wechselwirkung treten läßt. Ihre Umwandlung läßt sich auf folgende Weise erleichtern: Der Fluß des groben *ching*, der während der geschlechtlichen Vereinigung angeregt wurde, wird im entscheidenden Moment zurückgehalten, das heißt, zu dem Zeitpunkt, an dem der Partner den Höhepunkt erreicht. Mit Hilfe einer geheimen Technik wird das *ching* des Partners zusammen mit dem des Adepten in das Untere Zinnoberfeld (etwa 5 cm unterhalb des Nabels) heraufgezogen, wo die beiden sich vermischen und, vom Wind des *ch'i* (Lebenskraft, Atem) angefacht, in ihre subtile Form umgewandelt werden; daraus entsteht durch weitere Wechselwirkungen von *ching, ch'i* und *shen* etwas, das man verschiedentlich als Geist-Embryo oder Goldene Pille bezeichnet und das anschließend durch den psychischen Kanal in der Körpermitte nach oben geleitet wird, um im *ni wan*-Hohlraum, direkt unter der Schädeldecke, gespeichert zu werden.

In der Praxis ist dieser Vorgang alles andere als einfach und erfordert großes Können. Zu Beginn müssen zahlreiche sich ergänzende Anforderungen erfüllt werden: bestimmte Stellungen, vorgeschriebene Rhythmen bei der Durchführung, gewisse Zeiten des Tages, des Monats und des Jahres, besondere Diät- und Badevorschriften – alle dazu angetan, beim Adepten den Ausfluß des *ching* zu unterdrücken, beim Partner für den vollen Fluß der Essenz zu sorgen, die erste Stufe ihrer Vereinigung zu erleichtern und dafür zu sorgen, daß die Mischung in den »Schmelztiegel« gezogen wird (nämlich ins Untere Zinnoberfeld), worauf man mit Hilfe von Atem- und Visualisierungstechniken zu den weiteren Stufen fortschreitet.

Die Handbücher, die in diesen Techniken unterweisen, wurden in verschiedenen Epochen verfaßt. Die Autorenschaft einiger Texte wird sogar göttlichen Wesen zugeschrieben, die den Gelben Kaiser die esoterischen Schlafzimmerkünste lehrten. Diese Lehrer und Lehrerinnen, deren berühmteste Su Nü, das Einfache Mädchen, ist, sollen ihn mit über 90 Geheimrezepten versorgt haben. Unglücklicherweise waren die meisten dieser Bücher – mit Titeln wie *Klassiker der Geheimen Methode des Einfachen Mädchens* – wegen der Prüderie der konfuzianischen Beamtenschaft für China mehrere Jahrhunderte lang praktisch verschollen. Man kann sie jedoch in einigen öffentlichen und privaten Bibliotheken in Japan finden.

Von diesen Künsten, manchmal auch »das geheime *tao* der Wechselwirkung von *yin* und *yang*« genannt, heißt es in einem Zitat: »Sie verhelfen dem Mann zur Unsterblichkeit; der Frau verhelfen sie zur Überwindung von 100 Krankheiten«. Dieses Zitat legt die Vermutung nahe, daß der Nutzen für Männer den für Frauen bei weitem übertrifft; in Wirklichkeit ist dies aber nicht der Fall. Zahlreiche Texte schreiben diesen Künsten die Wirkung zu, für Adepten beiderlei Geschlechte die Jugend zu verlängern und die Langlebigkeit zu fördern. Gleichwohl könnte man einwenden, daß nur der »empfangende« Partner profitieren kann; der andere ist »ein Gebender«, der bis auf das Bewußtsein, eine unschätzbare Wohltat erwiesen zu haben, unbelohnt bleiben muß. Da der Erfolg von absoluter monate- oder jahrelanger Enthaltsamkeit abhängt, die durch plötzliches Anhalten kurz vor dem Orgasmus herbeigeführt wird, kann der »Geber« überhaupt keinen persönlichen Nutzen davon erwarten. Da gibt es eine unschöne Geschichte von der als »Königinmutter des Westens« bekannten Göttin: Sie sei als Sterbliche zur Unsterblichkeit gelangt, indem sie die Energien von eintausend jungen Männern erschöpft habe; die Glut, mit der diese Männer ihre Kraft für die Göttin opferten, habe jene ins Verderben getrieben. Ich halte diese Geschichte jedoch eher für einen hintergründigen Scherz an die Adresse derjenigen, denen wechselseitige Kultivierung eine Ausrede für ausschweifenden Lebenswandel liefert.

Das Herstellen des Äußeren Elixiers

Seit frühesten Zeiten war bei gewissen Gruppen von Taoisten die Suche nach Drogen verbreitet, die zu jugendlicher Anmut und ewiger Spannkraft verhelfen sollten. Zu den Ingredienzen der Elixiere, die man in Zeiten zusammenmischte, als Fleisch-und-Blut-Unsterblichkeit noch als glaubhaftes Ziel erschien, gehörten auch Gifte. Trotz solcher Irrtümer leisteten die Taoisten einen großen Beitrag zur Entwicklung der traditionellen chinesischen Medizin, der man bemerkenswerte Leistungen zuschreibt. Das läßt sich beispielsweise aus der Tatsache schließen, daß sie unter der kommunistischen Regierung Chinas weiterhin praktiziert wird. Dieses Heilsystem enthält noch Spuren der taoistischen Lehre von den Fünf Wandlungsphasen, denn Krankheit wird weitgehend als Übergewicht oder Mangel an einer oder mehrerer dieser »Wandlungsphasen« beschrieben, und Medikamente werden unter anderem danach eingeteilt, ob sie reich an *yin*- oder *yang*-Elementen sind. Dahinter steht die Vorstellung, daß Krankheit dann entsteht, wenn das Gleichgewicht von *yin* und *yang* oder die reibungslose Wechselwirkung zwischen den Fünf Wandlungsphasen gestört ist. Was immer man auch von dieser diagnostischen Methode halten mag, so bleibt doch die Tatsache bestehen, daß ein hoher Prozentsatz von Patienten geheilt wird, und daß sie bei einigen Beschwerden (wie hohem

Blutdruck, hartnäckigen Hämorrhoiden und bestimmten Magenleiden) nachweislich wirksamer ist als die westliche Medizin. Folglich steht es außer Frage – wie Dr. Joseph Needham in jüngster Zeit zur Genüge nachgewiesen hat –, daß die taoistischen Alchimisten für ihre Zeit bemerkenswerte wissenschaftliche Fortschritte erzielten. Das Streben nach ungeheurer Langlebigkeit oder Fleisch-und-Blut-Unsterblichkeit mag uns vielleicht absurd erscheinen; aber wir sollten uns die eigene Unwissenheit in vergangenen Jahrhunderten vor Augen führen, als dieser Glaube auch bei uns in Blüte stand.

Obwohl das auf äußerlich wirkende Hilfsmittel völlig verzichtende innere System weithin als höchste Form taoistischer Alchimie gilt, war der Glaube an die Wirksamkeit gewisser mineralischer und pflanzlicher Substanzen früher weit verbreitet; es gab Alchimisten, die ihr ganzes Leben damit verbrachten, ein Elixier herzustellen, das die Kraft besaß, die Alten zu verjüngen, die Jugend zu verlängern und die Langlebigkeit zu fördern. Wenn gewisse Drogen Krankheiten fernhalten können, so dachten sich die frühesten Eremiten, dann sollte es doch möglich sein, noch stärkere Präparate herzustellen, die den Tod auf Jahrhunderte abzuwehren vermochten! War denn nicht überliefert worden, daß der Gelbe Kaiser nach Einnahme eines »neunfach geläuterten Elixiers« den Zustand der Unsterblichkeit erlangt hatte? Alte taoistische Rezepte nennen immer wieder eine »rote Perle« oder »Pillen-Perle«, wobei das chinesische Schriftzeichen für *tan* »rot« oder »Pille« bedeuten kann und wahrscheinlich eine Ableitung von Zinnober ist. Das *Pen Ts'ao* (die Große Pharmakopöe), eines der ältesten chinesischen medizinischen Werke, erklärt: »Die Menschen haben seit langem Zinnober genommen, um ihre Kräfte zu mehren, ihre Jugend zu bewahren und ihre Körper leicht zu machen.« Sogar der Gelehrte KO HUNG hatte eine hohe Meinung von dieser Substanz: »Je länger man

Zinnober läutert, desto wunderbarer seine Wandlungen; was Gold angeht, so kann man es fünfhundert Mal läutern, ohne seine Zusammensetzung zu ändern. Diese beiden Substanzen können zur Erlangung der Unsterblichkeit beitragen.« Die Liste der Zutaten für das magische Elixier enthält im allgemeinen Zinnober, Gold, Silber, verschiedene Arten der Pflanze *chih* (ebenfalls eine Bezeichnung für Sesam), Jade und Perlen. Um das Elixier wirksam zu machen, hatte es neun Veredlungsstufen zu durchlaufen; daher der häufige Gebrauch des Ausdrucks »neunfach geläutert«. Die Schwierigkeit bestand darin, genau zu wissen, welche Zutaten erforderlich waren, denn die Rezepte unterschieden sich von Meister zu Meister und von Sekte zu Sekte, und die Namen der Droge wurden oft absichtlich verändert oder verschlüsselt, so daß nur Eingeweihte sie verstehen konnten. So heißt es bei KO HUNG: »Diese Methode ist von größter Wichtigkeit, aber sie wird nur an Menschen von Heiligkeit und Weisheit übermittelt. Eine unwürdige Person kann sogar einen großen Berg von Jade anhäufen und doch nicht reich genug sein, das Geheimnis zu kaufen.« Mit Kräutermedizin allein war es nicht getan: »Mit der rechten Anleitung zum Gebrauch von Kräutern kannst du langes Leben erreichen, aber du mußt doch sterben; dagegen brauchst du nur das heilige Elixier einzunehmen, und dein gegenwärtiger Leib wird unsterblich werden und so lange wie Himmel und Erde dauern; du wirst dich in die Wolken erheben und auf einem Drachen im azurblauen Himmelsgewölbe auf und ab reiten.« Der Gelbe Kaiser soll erklärt haben: »Wer die heilige Pille herstellen möchte, der muß die Einsamkeit tief in den Bergen oder in ausgedehnten Sümpfen aufsuchen – Orte, wo die Menschen sich nicht hinwagen. Solltest du gezwungen sein, sie an einem bewohnten Ort herzustellen, so sorge dafür, daß die Mauern deines Hauses hoch und stark sind. Laß weder deine Mitbewohner, noch jemand von außerhalb sehen, was du tust. Nur dann werden deine Mühen sich lohnen.«

Es müssen auch noch andere wichtige Bedingungen eingehalten werden:

»Die Zahl der Helfer sollte sich auf zwei oder drei beschränken. Du mußt sieben Tage fasten und gegen Mittag, wenn das Sonnenlicht wohltätig wirkt, in duftendem Wasser baden. Der fünfte Tag des fünften Monats ist der günstigste, der siebte Tag des siebten Monats der zweitbeste. Stelle zuerst die »geheimnisvolles Gelb« genannte Substanz her. Dazu gib 20 Pfund Quecksilber und 40 Pfund Blei in einen Eisenkessel über einem wild lodernden Feuer, so daß ein purpurfarbener oder goldgelber Dampf entweicht. Fange diesen mit einem eisernen Löffel auf, gib ihn in ein Bambusgefäß und destilliere ihn hundertmal mit Schwefelarsen und flüssigem Zinnober. Braue alles zusammen.« Nach weiteren Anweisungen über Zutaten und Reaktionen heißt es: »Vermische diese in einem eisernen Behälter und erhitze sie ununterbrochen neun Tage und Nächte lang... Die heiligste Pillensorte heißt ›rote Blume‹ – das ist der wahre Stoff... Insgesamt gibt es neun Arten von Pillen, keine ohne Zinnober und die fünf kostbaren Minerale.« Diese Anweisungen sind teils praktischer, teils magischer Art. Man kann vermuten, daß die Alchimisten oft von heiliger Ehrfurcht erfüllt waren, mit dem Gefühl, im nächsten Moment einem der geheimen Naturvorgänge beizuwohnen, die bisher nur den Göttern bekannt waren. In ihren Schriften findet man eine Vorliebe für vielfarbige Flammen und Dämpfe; dies sind bekanntlich Erscheinungen, wie man sie an den verborgenen Plätzen vorfinden mag, wo die Natur gerade auf geheimnisvolle Weise aus der Leere Form erschafft. Immer wieder beobachtet man dieses Gefühl von Heiligkeit und Mysterium. Wie poetisch war doch die Wissenschaft in jenen Zeiten.

Vertreter dieser Richtung, die mit materiellen Mitteln zur

Unsterblichkeit gelangen wollten, liefen Gefahr, von ihren weiseren Zeitgenossen ausgelacht zu werden. So heißt es an einer Stelle: »Der Gebrauch von Pillen anstelle des eigenen Körpers erfordert zu ihrer Herstellung fünf Metalle, acht Mineralien, Zinnober und Quecksilber! Der wahre Weg ist die formlose Vereinigung mit der Leere. Die ›neunfach geläuterte Pille‹ bedeutet in Wirklichkeit die Vereinigung mit der Leere. Die Grundsubstanz der Pille ist das Wesen der wahren Leere, die Mutter aller großen Heilmittel.« (Hier wird deutlich gesagt, daß Gesundheit und langes Leben denen gegeben werden, die in stiller Meditation mit dem grenzenlosen *tao* kommunizieren, aber nicht jenen, die Pillen schlukken.) Auch heißt es: »Anhänger des Weges, die ihr nach Unsterblichkeit verlangt: Ihr könnt die ›neunfach geläuterte Pille‹ essen, wann ihr wollt – und die Folgen tragen!« (Viele Alchimisten und ihre Kunden starben in der Tat an Blei- oder Arsenvergiftung.)

Ko Hung wies immer wieder darauf hin, daß es ohne einen guten Lehrer unmöglich ist, Unsterblichkeit zu erlangen. Er schrieb, daß jene, die wirkliche Unsterbliche geworden waren, so weit von den Wohnorten der Menschen entfernt lebten, daß man deren wahre Lehre nur schwer empfangen konnte; dies war auch der Grund dafür, daß die authentischen Rezepte zur »Herstellung des Elixiers« schon längst verlorengegangen waren.

Die unterschiedlichen Bezeichnungen für Kräuter und Mineralien, die in allen Handbüchern vorkommen, sind wegen der stark voneinander abweichenden Interpretationen nicht sehr brauchbar. In einigen Rezepten erscheinen die bereits erwähnten *chih*-Pflanzen als Pilze. Nach einer bestimmten Lehrmeinung sind die fünf wertvollsten Minerale »roter Sand« (Zinnober), »Hahnengelb« (Schwefelarsen, Auripigment), »Wolkenmutter« (Glimmer), »Mineralblumen« (Quarz) und »Liebesmilch« (verschiedene Arten von Stalaktiten). In fast allen alten Schriften ist die Rede von Pulvern, die aus den »fünf Mineralen« zusammengesetzt sind; aber man war sich nie einig, um welche Minerale es sich handelte. Ein gewisser Ho Yen sagt: »Pulver aus den fünf Mineralen regulieren die Körperfunktion und verbessern außerdem die geistigen Fähigkeiten.« Man glaubte, daß man nach deren Einnahme herumspazieren sollte, daher der Name »Spazierpulver«. Die Bewegung würde zunächst den Wärmefluß anregen, alsdann eine Art Frösteln hervorrufen. Daraufhin war es üblich, sich zu entkleiden und sich mit kaltem Wasser zu besprengen, kalte Nahrung zu sich zu nehmen und Glühwein zu trinken; ein weiterer Name für diese stärkenden Substanzen lautet demzufolge: »Kalte-Nahrung-Pulver«. Nach der Einnahme solcher Pulver sollte man mit dem Baden vorsichtig sein, lockere Kleidung und an Stelle von Schuhen und Socken leichtes Schuhwerk tragen, »damit Haut und Fleisch nicht zu Leder werden!«

Es war wohlbekannt, daß solche Drogen gefährlich waren, aber davon ließen sich Menschen, die von ganzem Herzen nach Langlebigkeit strebten, kaum abschrecken. Unter den Opfern befanden sich auch mehrere Kaiser. Eine dieser Wunderdrogen versetzte einen Kaiser in einen so melancholischen Zustand, daß er knapp dem Selbstmord entging; mehrere andere »Himmelssöhne« starben nachweislich an einer Überdosis der giftigen Stoffe. Neben dem Risiko des Todes mied man den Drogengenuß aus zwei weiteren Gründen: Die Medikamente galten als zu stark konzentriert für Menschen mit zarter Konstitution, und sie waren so enorm teuer, daß nur die ganz Reichen sie sich in ausreichender Menge leisten konnten. In der T'ang-Dynastie, als der Taoismus die Gunst des Kaiserhofs genoß, gab es eine Anzahl kaiserlicher Todesfälle. Unter den Opfern befand sich Hsüan Tsung, der Strahlende Kaiser, der einen Taoisten auf die Suche nach dem Schatten der Dame Yang geschickt hatte. Bei einem seiner Nachfolger, Wu Tsung (Reg. 841–847), hatte das Elixier die Wirkung, seinen Jähzorn in solchem Ausmaß anzufachen, daß er während eines heftigen Wutanfalls starb. Tu Fu (712–770), der große Dichter der T'ang-Zeit, schrieb über den Tod mehrerer Personen, die zur Verlängerung ihres Lebens magische Drogen genommen hatten, ein amüsantes Gedicht, das mit folgenden Worten endet: »Und ich allein, der nicht nach langem Leben sucht, hab' wohl das Glück, des Alters Reife zu erreichen!«

Daß der Glaube an die Wirksamkeit solcher Drogen bis in unser Jahrhundert nachklingt, kann aus einer Meldung ersehen werden, die 1939 in der Ta Kung Pao, Chinas führender Zeitung, erschien:

»Ein Herr aus Wan Hsien in der Provinz Szechuan, gebürtig im letzten Herrschaftsjahr des Kaisers Ch'ien Lung (1796), arbeitete während der letzten Jahre des folgenden Herrschers als Sekretär bei den Militärbehörden der Jangtsekiang-Region. Nach seiner Pensionierung reiste er nach Tibet, um Heilkräuter zu suchen, und blieb so lange verschwunden, daß man ihn für verschollen hielt. Im Herbst 1931 kehrte er jedoch im Alter von 135 Jahren in seinen Heimatdistrikt zurück, wo ihn viele alte Einwohner als jemanden wiedererkannten, dem sie in ihrer früheren Jugend begegnet waren. Trotz seiner grauen Haare wirkte er nicht älter als 50 und hatte sich überhaupt kaum verändert.«

Auf diese seltsame Nachricht hin strömten die Journalisten scharenweise an den Ort des Geschehens, und die gleiche Zeitung brachte ein Foto des örtlichen Beamten von Wan Hsien neben dem rüstig aussehenden Greis. Ein paar Monate später begab er sich auf eine zweite Reise nach Tibet und wurde nie mehr gesehen. Diese Geschichte ist schwer zu glauben; ich selbst habe jedoch mindestens zwei taoistische Eremiten getroffen, deren Mitbrüder ihr Alter auf rund 150 Jahren schätzten. Es gab keinen Grund, diese Angaben anzuzweifeln, umso mehr, als ich mich an eine Begegnung mit einem Türken erinnere, der im Alter von fast 140 Jahren Cambridge besuchte. Aber ich kann mich nicht entsinnen, ob jene bejahrten Taoisten ihre Langlebigkeit dem Gebrauch von Medikamenten zuschrieben.

Es lassen sich historische Aufzeichnungen zitieren, die für und gegen den Drogengenuß sprechen. Während zum Beispiel Wang Hsing, ein ungebildeter Mensch aus Yang-chou, regelmäßig eine Dosis eines besonderen Wundermittels zu sich nahm und so lange lebte, daß er mehreren Generationen seiner Mitbürger hintereinander bekannt war, verfiel sein Zeitgenosse, der Han-Kaiser Wu, nachdem er mit der regelmäßigen Einnahme derselben Droge begonnen hatte, innerhalb von zwei Jahren in einen Zustand anhaltender Melancholie und starb frühzeitig an den Folgen. Unter den von mir befragten Taoisten schien allgemein die Meinung vorzuherrschen, daß der Drogengenuß eine unsichere Sache sei, weil keine zuverlässigen Rezepte überlebt haben. Außerdem haben chinesische Ärzte immer stärker als ihre westlichen Kollegen betont, daß es – da keine zwei Menschen einander gleich sind – keine Verordnung gibt, die sich für zwei Opfer derselben Krankheit gleichermaßen eignet. Das gleiche Prinzip gilt auch für die Drogeneinnahme: was dem einen nützt, kann einem anderen schaden und bei einem Dritten ohne Wirkung bleiben. Dies trifft auch für Übungsmethoden wie Yoga und Meditation zu – und auch für Heilmittel wie beispielsweise Penicillin.

Die beiden in diesem Kapitel beschriebenen Methoden liegen außerhalb meines persönlichen Wissensbereichs. Da es mir sowohl an Unterweisung als auch an direkter Erfahrung in der wechselseitigen Kultivierung fehlt, kann ich keine Aussagen über ihren Nutzen für den heute Übenden machen, sondern muß mit anderen darin übereinstimmen, daß sie ohne einen kompetenten Lehrer nicht versucht werden sollte, und daß sich für jene, die nach hohen spirituellen Zielen streben, strenge sexuelle Enthaltsamkeit am besten eignet. Der Drogengenuß wird meistens in Geschichten behandelt, die in der fernen Vergangenheit liegen, und sie neigen dazu, eher das Magische als das Spirituell-Erleuchtete zu betonen. Sie besitzen jedoch einen eigenen Reiz, und manche regen zum Nachdenken an, wie es zuweilen unsere Legenden und Geschichten auch tun. Die folgende Erzählung ist ein recht typisches Beispiel dafür.

Der Pinienkern-Jüngling

Der Pinienkern-Jüngling hauste in einem Pinienwäldchen, das auf einer so steil aufragenden Felsspitze lag, daß niemand hinaufklettern und ihm seine Reverenz erweisen konnte. Aber immer wieder sah man ihn lässig unmittelbar am Rand jener Steilwand stehen und zu den Pilgern hinablächeln, die an deren Fuß mühsam entlangzogen. Manche hielten ihn für ein märchenhaftes Wesen, den Geist einer verborgenen Höhle oder Quelle; andere behaupteten, er sei der Diener eines Unsterblichen, der in Meditation entrückt säße und sich aus Furcht, von Besuchern in seiner Einsamkeit gestört zu werden, nie in der Öffentlichkeit zeigte. Aber als die Jahre vergingen und ehemalige Pilger von einem weiter in den Bergen gelegenen Tempel zurückkehrten und inzwischen herangewachsene heiratsfähige Söhne und Töchter mitbrachten, begann sich das Gerücht zu verbreiten, der Pinienkern-Jüngling sei selbst ein Unsterblicher von hohem Alter, weil sich sein Aussehen nicht verändert hatte. Aus der Ferne sah er immer noch wie ein Vierzehnjähriger aus; er hatte glänzendes, schwarzes Haar, das nur zum Teil von einem lässig gebundenen Kopftuch bedeckt wurde, eine glatte, weiße Haut, Wangen in der Farbe reifer Kakifrüchte und eine geschmeidige, in grobgewebte, blaue Baumwolle gekleidete Gestalt. Jedesmal, wenn er erschien, riefen ihm die Leute freundliche Grußworte zu, worauf er entrückt lächelte und mit dem Kopf nickte; man hat ihn jedoch nie sprechen hören.

Der Distriktsbeamte wurde neugierig und schickte mehrfach Boten nach dem Jüngling aus, um ihn zu befragen; aber keiner konnte einen Zugang zu der piniengekrönten Bergspitze finden. So ließ er sich am 19. Tag des neunten Monats in seine Amtsrobe kleiden und in einer Sänfte zum Bergtempel tragen, so als wollte er der dortigen Göttin einen Geburtstagsbesuch abstatten. Scheinbar um zu rasten, befahl er den Trägern unterhalb der Bergspitze anzuhalten. Er stieg aus seiner Sänfte und stellte sich, ehrerbietig nach oben blickend, vor die Felswand. Als sich niemand zeigte, entzündete er neun Weihrauchstäbchen, steckte sie in einen Felsspalt, verbeugte sich dreimal respektvoll und setzte seine Pilgerreise zum Tempel fort. Im Tempelhof drängten sich viele Gläubige, die dem örtlichen Beamten eilig Platz machten, um ihm die Verrichtung seiner Gebete zu erleichtern. Als er sie beendet hatte, eilte der Abt herbei und bat Seine Gnaden, in der Zurückgezogenheit eines für Ehrengäste vorbehaltenen kleinen Pavillons einen bescheidenen Imbiß aus kaltem Quellwasser und grobem Gemüse einzunehmen. Der »bescheidene Imbiß« erwies sich als wahrhaftes Festmahl von Gebirgsdelikatessen, wie es der würdige Beamte glücklich geahnt hatte, als er die Einladung annahm.

Bei ein paar Gläsern warmen Weins »gegen die herbstliche Kühle«, erkundigte er sich, ob es ein Mittel gäbe, dem Pinienkern-Jüngling von Angesicht zu begegnen.

»Wie seltsam, daß Euer Gnaden danach fragen«, erwiderte der Abt, »denn er hat ausrichten lassen, daß er Euer Gnaden ehrenvollen Besuch in seiner bescheidenen Hütte erwarte und seinen Dank dafür abstatten will, daß Ihr in vollem offiziellem Ornat für ihn Weihrauch angezündet

habt. Er war von Euer Gnaden huldvoller Geste tief
gerührt. Es wäre kaum gerecht, wenn man ihm keine
Gelegenheit gäbe, solch eine bemerkswerte Ehrerbietung
zu erwidern. Steigt auf Eurem Rückweg an der Biegung
ab, wo der Bach in einer Röhre unter dem Pilgerpfad
durchgeleitet wird. Schickt Eure Träger voraus bis um
die Kurve, wartet einen unbeobachteten Moment ab,
betretet den Durchgang zwischen den Felswänden und
folgt dem Pfad, der sich von dort aus in Serpentinen nach
oben windet. Da er zunächst in die entgegengesetzte
Richtung führt, kam noch nie jemand auf den Gedanken,
den Pinienkern-Jüngling auf diesem Wege zu suchen,
besonders da die Lücke zwischen den Felsen – wie soll
ich sagen – nicht immer vorhanden ist!«
Der Distriktbeamte nahm seinen Abschied eine Stunde
vor dem allgemeinen Aufbruch der Pilger, und, den
Anweisungen folgend, entdeckte er zu seiner Verwunderung, daß der versteckte Pfad durch eine prächtige Höhle
führte, jenseits derer sich eine ganz ungewöhnliche Landschaft ausbreitete: Im Vordergrund goldene und karmin-
rote Herbsttöne; im Süden ein Hügelgebiet, aus uner-
klärlichem Grund vom leuchtenden Grün des Sommers
überzogen; im Osten standen Weiden gerade in jenem
grünen Dunst, der Frühlingsblätter unmittelbar vor
ihrem Ausschlagen ankündigt; und – der seltsamste
Anblick überhaupt: im Norden erstreckte sich eine
Hügelkette in winterlichem Weiß. Als er voller Verwunderung dastand und fast schon befürchtete, er hätte zu
viele Gläser warmen Weins getrunken, erschien der
Pinienkern-Jüngling. Um den Beamten in Ehren zu empfangen, trug er nun einen rituellen Hut und ein Brokatge-
wand mit kunstvollen Mustern; auf der einen Seite mit
einem grünen Drachen, der einen Strom von silbrigem
Weiß ausspie, auf der anderen mit einem weißen Tiger,
der geschmolzenen Zinnober ausstieß. Diese schimmernden Ströme ergossen sich in einen goldenen Dreifuß am

Saum des Gewands, aus dem sich eine Wolke regenbogenfarbenen Nebels erhob. Selbst ein Kaiser hätte auf ein so seltenes und erlesenes Gewand stolz sein können.

Als der Beamte sich zu Boden werfen wollte, streckte der Jüngling seine Arme aus, um ihn zurückzuhalten, und zusammen betraten sie einen lackierten Pavillon mit achteckigen Fenstern, deren bemaltes hölzernes Lattenwerk mit Vierecken aus durchschimmerndem Perlmutt eingelegt war.

»Ich hatte kaum mit dem Vergnügen gerechnet, Euer Gnaden in meiner ärmlichen Behausung zu empfangen«, bemerkte der Jüngling mit bezaubernder Stimme. »Aber wer kann sich schon vorstellen, daß ein konfuzianischer Gelehrter in voller offizieller Tracht geruhen würde, einem bescheidenen Bergbewohner Weihrauch zu opfern? Wären die Pilger nicht dagewesen, hätte ich hinabspringen sollen, um Eure huldvollen Verbeugungen zu erwidern. Da Ihr die Mühe auf Euch genommen habt, meine unbedeutende Wohnung zu besuchen, so erlaubt mir zumindest die Frage, womit ich Euch eine Freude machen könnte, um zu sehen, ob meine armseligen Künste ausreichen, das zu beschaffen, was Euch am meisten am Herzen liegt. Wir Bergbewohner haben kein großes Talent zu ungewöhnlichen Taten, aber wenn Ihr zur Erinnerung an unsere Begegnung eine Kleinigkeit annehmen wolltet, zum Beispiel eine süße kleine Konkubine, eine baldige Beförderung, eine Tafel aus makelloser Jade für Eure offizielle Kopfbedeckung oder eine unerschöpfliche Kürbisflasche besten persischen Weins, dann könnte ich dies sicherlich bewerkstelligen.«

»Euer Unsterblichkeit sind äußerst großzügig«, erwiderte der Beamte und errötete über die Unfehlbarkeit, mit der der Jüngling seine Gedanken gelesen hatte, was auch aus der Reihenfolge hervorging, in der er die in Aussicht gestellten Gaben aufgezählt hatte. »Aber wenn Ihr mir meine Anmaßung verzeihen wollt, so gibt es doch eine Gabe, die ich noch mehr schätzen würde als jedes der prachtvollen Geschenke, die Ihr mir angeboten habt, nämlich...«

»Nein, nein!« rief der Jüngling in Tönen höchster Bedrängnis aus. »Es liegt nicht in meiner Macht, das Geheimnis ewiger Jugend zu enthüllen. Damit will ich sagen, es kann Euer Gnaden nicht mit dem gehörigen Anstand übermittelt werden, wenn Ihr nicht bereit seid, auf Amt und Würden zu verzichten und des... meines Meisters Jünger zu werden.«

Dem konnte der Beamte nicht mit Schicklichkeit zustimmen, da er doch aus einer Familie stammte, die schon seit Generationen vom Geruch der Bücher durchtränkt war, und so hatte er pflichtschuldig in kaiserlichen Diensten zu bleiben. Die Geister seiner Ahnen könnten niemals ertragen, daß er zum wandernden Taoisten würde. Doch verfügte er über eine solche Beredsamkeit, daß er den gutherzigen Jüngling dazu bewegte, ihm das gewünschte Geheimnis mitzuteilen, obwohl dieser es so widerstrebend tat, daß es ein Jammer war, sein Unbehagen mitanzusehen. Die magische Formel erwies sich als so einfach, daß dem erstaunten Distriktsbeamten der Gewinn der Unsterblichkeit fast wie eine Bagatelle erschien. Alles, was man brauchte, war nur ein Kräutersud, in den man einen Löffel Zinnoberpulver hineinrührte, sowie ein Pulver aus zermahlenen Stalaktit- und Stalagmitstücken, die in der auf dem Rückweg liegenden Höhle reichlich zu finden waren. Diese Mischung war an bestimmten Tagen des Mondkalenders einzunehmen. Siebenmal sieben Teile der vorgeschriebenen Menge über einen Zeitraum von sieben Monaten würden ältere Menschen verjüngen, ewige Jugend sichern und bemerkenswerte Langlebigkeit garantieren – vorausgesezt, daß der Adept seinen Sinn aufrichtig auf das *tao* richtete.

»Das kann ich versprechen«, rief Seine Gnaden in unbesonnener Erregung aus. Bevor der Beamte zu seiner

Sänfte zurückkehrte, brach er in der Höhle noch zwei Brocken des kostbaren Materials ab und verbarg sie in seinem Ärmel. Die Sänftenträger, die inzwischen in tiefer Besorgnis über seine lange Abwesenheit geraten waren, hatten schon einige Pilger bitten wollen, in die Stadt zu eilen und sein Verschwinden zu melden, damit jemand käme und ihnen sagte, was nun zu tun sei.

Die Aufgabe, die Ingredienzen zu mahlen und aufzugießen, wurde seiner Dritten Dame anvertraut. Sie war ein hübsches Kind, das man vor kurzem von verarmten Eltern aus leidlich guter Familie erworben hatte, die ihr eine sorgenfreie Zukunft sichern wollten. In der Annahme, er litte an Verstopfung oder irgendeiner anderen Beschwerde, über die er aus Scham nicht sprechen wollte, drängte sie ihn nicht, den Grund für seine peinlich genauen Anweisungen zu verraten, sondern machte sich daran, sie getreu zu befolgen.

Einige Monate lang ging alles gut, und Seine Gnaden fühlte sich von Tag zu Tag jünger und stärker. Wer weiß, was ihn beim Gedanken an die brillante Karriere bewegte, die vor ihm, einem fähigen Beamten, lag, für den Jahrhunderte weniger zählten als Jahre für andere Männer? Oder spielte er vielleicht mit dem Gedanken, seinen bescheidenen Haushalt von drei Frauen beträchtlich zu vergrößern? Wir wissen aber mit Sicherheit, daß irgendetwas sein Herz auf einmal vom geraden Weg ablenkte; denn die erste Dosis, die er im fünften der sieben Monate einnahm, führte zu Schweißausbrüchen, gefolgt von Übelkeit. Die nächste Dosis verursachte seinen plötzlichen Zusammenbruch, und innerhalb von 24 Stunden hatten sich die Zwillingsseelen *hun* und *p'o* von seinem Körper getrennt.

Die Dritte Dame wurde von den älteren Ehefrauen verdächtigt, ihren Gatten vergiftet zu haben; und so wurde eine gründliche Untersuchung angeordnet. Es kam heraus, daß der Verschiedene sehr bald nach seinem kurzen, aber mysteriösen Verschwinden auf dem Rückweg vom Tempel am Geburtstag der Göttin damit begonnen hatte, seine seltsame Medizin zu sich zu nehmen. Obwohl die Träger bezeugten, daß einer von ihnen aus Sorge, Seine Gnaden allein am Wegesrand zurückzulassen, umgekehrt war, um ihn im Auge zu behalten, und gesehen hatte, wie er in einem Spalt zwischen zwei Felswänden verschwand, ergaben die Nachforschungen, daß keinerlei Möglichkeit bestand, den Spalt zu durchschreiten oder den Pfad in der Nähe des Gebirgsbaches zu verlassen. Aus Mangel an Beweisen ließ man die Anklage gegen die Dritte Dame fallen; doch hatte ihr Ansehen dermaßen gelitten, daß sie in einem buddhistischen Nonnenkloster Zuflucht suchte, um durch Askese für das unaufgeklärte Verbrechen Buße zu tun, das zum vorzeitigen Ende ihres geliebten Gemahls geführt hatte.

Die Geschichte endet mit der lapidaren Bemerkung: »Leicht gesagt, schwer getan!«

VIII.
Das Gelbe und das Weiße
Die geheime taoistische Alchimie

Für Uneingeweihte ist die Bezeichnung »das Gelbe und das Weiße« nichts weiter als ein poetisches Synonym für Alchimie. Selbst den Eingeweihten mag sie entweder die Veredlung von Metallen zu Gold oder eine innere Alchimie bedeuten, so wie sie in Lu K'uan-yüs aufschlußreichem Werk anschaulich beschrieben wird. Hier wird dieser Ausdruck jedoch in einem besonderen Sinn verwendet, um eine Form der taoistischen Alchimie zu bezeichnen, die nur oberflächlich derjenigen in Lus Buch ähnelt, denn in seinem Werk wird die Analogie zwischen Alchimie und taoistischer Übungspraxis recht wörtlich genommen. Da ist häufig von Brennöfen und Kesseln im Körper der Übenden die Rede, während wir hier lediglich die Wörter »Läuterung« und »Veredlung« beibehalten und den Rest der alchimistischen Terminologie als unwesentlich beiseite lassen. Was nun folgt, ist, wie ich meine, der erste Versuch (in einer europäischen Sprache), eine Übungspraxis darzustellen, die viele Taoisten als den eigentlichen Kern ihrer Kultivierung des Weges ansehen.

Vom *tao* geboren, gibt es drei wunderbare Energien, die den Kosmos durchdringen – *ching* (Essenz), *ch'i* (Lebenskraft), *shen* (Geist). Sie sind die Leben spendenden Kräfte, mittels derer das *tao* das Universum erhält. Inmitten des grenzenlosen Nichts bewirken sie die Entstehung des Seins sowie Aufstieg und Niedergang der zehntausend Wesenheiten, die das Reich der äußeren Erscheinungen bilden. In ihrer subtilen »kosmischen« oder »ursprünglichen« Form sind diese Energien rein und heilig, des Lichtes und des Lebens wahrhafter Quell, schöpferische Kräfte, die wunderbarste Verwandlungen hervorbringen. Nur ein Weiser höchster Stufe kann ihre unbefleckte Vollkommenheit ermessen.

Wie alles andere ist auch der Mensch mit einem Vorrat dieser drei Schätze erfüllt; aufgrund der Auswirkungen von Leidenschaft und zügelloser Begierde sind sie jedoch von grober Natur, und es bedarf der Verfeinerung, um deren ursprüngliche Reinheit wiederherzustellen. Daraus resultiert die Bedeutung der geheimen taoistischen Alchimie. Obwohl ihr Ziel mit dem buddhistischen Ziel der Erleuchtung übereinstimmt, ist der Weg dorthin rein taoistisch. Um zu diesem Ziel zu gelangen, wäre für westliche Anhänger des *tao* ein vollendeter Meister von wesentlicher Bedeutung. Dennoch dürften diese weitgehend unvollständigen Darstellungen wertvolle Anleitungen enthalten, die der Ergänzung ihrer gegenwärtigen Praxis dienen könnten. Da sie auf dem Werk von Professor Chou beruhen, der diese Übungspraxis mit einer Fülle von Zitaten aus dem *Tao Tsang* untermauert, steht ihre Authentizität innerhalb der Grenzen jenes Werks außer Frage. Die Schwachpunkte liegen in der oberflächlichen Beschreibung gewisser Punkte, die traditionsgemäß nur vertraulich von Lehrer zu Schüler übermittelt werden.

Ein Versuch, das Ergebnis erfolgreicher Übung, die außerordentliche Metamorphose, zu beschreiben, findet sich im nächsten Kapitel. In diesem Kapitel geht es vor allem um die einzelnen Stufen dieser Übungsmethode. Zuerst müssen wir die Bedeutungen der mehrdeutigen und verschiedenartig verwendeten Begriffe von *ching*, *ch'i* und *shen* klären.

Die Drei Schätze

	Grobe Form
ching (Essenz; auch Feinstmaterie oder Struktivpotential)	Nicht völlig identisch, doch eng verbunden mit den männlichen und weiblichen Sexual-Flüssigkeiten und durch Sie geleitet
ch'i (Lebenskraft; auch energetisches Prinzip oder aktive Energie)	Nicht völlig identisch, doch eng verbunden mit der Luft, die durch Lunge, Nieren und Poren geatmet und geleitet wird
shen (Geist; auch spirituelle Energie oder konstellierende Kraft)	Geist, von Unreinheiten der Sinne und irrigen Gedanken noch ungeklärt

In taoistischen Lehrtexten werden diese Begriffe zuweilen in all ihren Bedeutungen gleichzeitig verwandt, manchmal auch nur in einer einzigen, und gelegentlich sogar in anderem Sinne: so kann z.B. *ching* tatsächlich

Subtile Form	Kosmische oder *yang*-Form
Dasjenige im Körper, das der Materie greifbare Form und Substanz gibt	Dasjenige im Kosmos, das der ursprünglichen ununterschiedenen Leere faßbare Formen verleiht
Lebenskraft, nicht zu unterscheiden (außer bei zeitweiligem Auftreten an bestimmten Orten) von ihrer kosmischen Entsprechung	Kosmische Vitalität, gesehen als *te* – das Wirken des *tao* –, das alle Dinge durchdringt
Unbefleckter Geist, frei von Verunreinigung durch Leidenschaft und sinnliches Verlangen	Kosmischer Geist; leeres, reines, undifferenziertes Sein

Sperma, *ch'i* tatsächlich Luft oder Atem bedeuten, und *shen* mag in manchen Texten die Bedeutung von Verstand haben.

Die theoretische Grundlage der inneren Alchimie

Die hier gegebene Darstellung der inneren Alchimie weist nur selten auf die Gleichsetzung von Körperteilen mit Brennöfen, Kesseln und ähnlichem hin, die für viele andere Fassungen alchimistischer Traktate so charakteristisch ist. Hier nämlich sollte der Zugang eher spirituell als materiell aufgefaßt werden, falls es überhaupt zulässig ist, in einem taoistischen Kontext eine solche Unterscheidung zu treffen. Falsch wäre jedoch die Vermutung, die vorliegende Fassung sei anderen überlegen. Diese Frage stellt sich nicht, da verschiedene taoistische Methoden verschiedenen Individuen gerecht werden. Festzustellen bleibt, daß westliche Anhänger des *tao* der vorliegenden Version leichter folgen können – besonders dann, wenn ihnen frühere Erfahrungen mit taoistischer Alchimie fehlen. Daß eine enge Analogie zwischen den Körperteilen und den Geräten der äußeren Alchimie unnötig ist, beweist der folgende Abschnitt aus einem alten Werk:

»Mache *t'ai hsü* (die Große Leere) zu deinem Kessel; mache *t'ai chi* (das der Natur innewohnende dynamische Prinzip) zu deinem Brennofen. Nimm Stille als Grundsubstanz. Als Reagens nimm *wu wei*, Nicht-Aktivität (d.h. keine Aktivität, die nicht spontan und frei von Verstrickung ist). Nimm deine natürlichen Gaben (an *ching*, *ch'i und shen*) als Quecksilber. Als Blei nimm deine Lebenskraft. Nimm Beschränkung als Wasser und Meditation als Feuer.« Es heißt, daß das so hergestellte wahre Elixier Langlebigkeit und die Bewahrung jugendlicher Spannkraft verleiht – selbst wenn es von minderer Qualität ist. Sollte es aber von höherer Qualität sein, dann wird es den Adepten befähigen, »die Welt der Sterblichkeit hinter sich zu lassen und den Zustand der Heiligkeit zu erreichen.«

Der Grüne-Stadt-Eremit, eine weitere Autorität auf diesem Gebiet, stellt fest: »Was als das Einnehmen der goldenen Pille bekannt ist, bezeichnet keine Schlafzimmer-Künste (wechselseitige Kultivierung), sondern das Aufnehmen von kosmischem *ching, ch'i* und *shen*, um seine eigenen Vorräte zu mehren. Durch kosmische Wandlung wird körperliche Wandlung bewirkt, und durch das kosmische Leben wird das eigene Leben verlängert. Kosmische Wandlung nimmt kein Ende, so wird es mit unserer eigenen geschehen. Kosmisches Leben ist frei von Befleckung; so wird es auch mit unserem Leben sein. Himmel und Erde erneuern sich unaufhörlich, so werden wir es auch tun. Kosmisches Leben dauert bis zur Ewigkeit, und so wird auch unser Leben ewig dauern.«

Dieser Abschnitt liefert uns den Schlüssel zur wahren Natur der inneren Alchimie, die darauf gerichtet ist, nicht ausschließlich durch unsere eigenen Bemühungen, sondern durch Harmonie – ja sogar Einheit – mit dem ewigen *tao* Unsterblichkeit zu erlangen. Trotzdem erfordert das, was Mystiker anderer Richtungen für einen gänzlich spirituellen Vorgang halten, nach Ansicht der taoistischen Meister, daß wir all unsere Möglichkeiten voll ausschöpfen – seien sie nun physisch, psychisch oder spirituell. Im *Buch des Goldenen Elixiers* steht:

»Mit der Veredlung von *ching* in *ch'i* wird die erste Schranke überwunden: vollkommene Stille tritt im Körper ein. Mit der Veredlung von *ch'i* in *shen* wird die mittlere Schranke überwunden: vollkommene Stille tritt im Herzen ein. Mit der Veredlung von *shen* in *hsü* (Leere) wird die letzte Schranke überwunden: Ego und Kosmos werden vereint. So wird das Elixier vervollkommnet und Unsterblichkeit gewonnen. Dies ist die wahre Bedeutung der heiligen Übung (und all dessen, was je darüber geschrieben oder gesagt wurde) des Kultivierens und Nährens (von *ching, ch'i* und *shen*); es hat nichts mit der Herstellung einer wirklichen Pille zu tun.«

Es folgt ein typisches Beispiel für die vielen Warnungen vor der allzu wörtlichen Deutung taoistischer Lehrtexte: »Einst lebten zwei Blutsbrüder, von denen jeder zwei Pfund Quecksilber besaß. Dies erhitzten sie drei Jahre ohne Unterbrechung in einem Herrenhaus bei Yang-chou. Eines Tages fiel das Quecksilber ins Feuer und strahlte regenbogenfarbenes Licht aus. In der Überzeugung, daß sie endlich auf das wahre Elixier der Unsterblichkeit gestoßen waren, nahm jeder der beiden Blutsbrüder auf der Stelle zwei Unzen von der kostbaren Substanz zu sich; hierauf gaben ihre Beine unter ihnen nach, und sie starben innerhalb von 100 Tagen. Wie paßt das zu einem Elixier, das den Ruf genießt, unermeßliche Langlebigkeit zu verleihen?«

Nicht alle gelehrten taoistischen Meister waren dem Gebrauch stärkerer Drogen bei der Kultivierung wahrer Unsterblichkeit gänzlich abgeneigt, denn sie hielten solche Drogen für nützlich, um zwei Nebenprodukte der Übung zu gewinnen: langes Leben und verlängerte jugendliche Spannkraft. Eine solche Kombination von dem, was wir spirituelle und materielle Mittel nennen könnten, steht mit dem taoistischen Hauptprinzip im Einklang, daß nämlich auf allen Seinsstufen identische Naturgesetze wirken. Oft hat jedoch der Ausdruck »Zutaten für das Elixier aussuchen« eine esoterische Bedeutung. Dies kann man aus einem anderen jener Texte ersehen, die einen Schlüssel für die wirklichen Bedeutungen der verschiedenen alchimistischen Begriffe liefern. Der Schreiber beginnt damit, Stille als die wesentlichste Substanz der Alchimie zu empfehlen. Er fügt hinzu, daß Stille nicht als Unterdrückung der Gefühle verstanden werden sollte, daß man also nicht solch seelenlosen Dingen wie Erde, Felsen, Gräsern und Bäumen ähnlich wird; da *wu nien* (wörtlich »Nicht-Denken«) »wahres Denken« bedeutet, oder Denken, das wie Licht ist, das auf sich selbst zurückscheint und *shen* veranlaßt, *ch'i* zu wecken und es in eine gerinnende Geist-Substanz umzuwandeln; daß »Blei« und »Quecksilber« in Wirklichkeit auf *shen* und *ch'i* hinweisen, und daß eigentlich nur bei minderwertigen Übungen materielle Zutaten benutzt werden. Er führt weiter aus, daß dort, wo die Texte vom »Aussuchen der Kräuter für das Elixier« handeln, in Wirklichkeit »Geist und Körper unter Kontrolle bringen« gemeint ist; denn nur, wenn der Geist still ist, sind *shen* und *ch'i* vollständig und bereit, das Elixier im Kessel des Körpers zusammenzufügen.

Taoistische Grundregeln als Vorstufe und Ergänzung zur Achtstufigen Methode

Ungeachtet der besten Voraussetzungen kann kein Adept darauf hoffen, diese Methode erfolgreich anzuwenden, solange er nicht bereit ist, sich einer leidlich strengen Disziplin zu unterziehen. Schließlich sind auch einfache Sportler bereit, für viel vergänglichere Ziele hart zu trainieren. Ohne angemessene Beherrschung von Körper und Geist wird die größte Mühe nicht zu den gewünschten Ergebnissen führen können.

Pflege des Körpers

Um den Körper zu einem geeigneten Gefäß für diese Methode zu machen, muß man solchen Dingen wie Nahrung, Kleidung, Schlaf, Reinigung und Bewegung Beachtung schenken. Nach den Worten von KO HUNG sollte in allem Mäßigung herrschen. Die Nahrung sollte ausreichen, den Hunger zu stillen, aber nicht zu üppig sein, und um den Geschmack sollte man nicht zu viel Aufhebens machen. Wein darf man trinken, aber nicht in solchen Mengen, daß man übermäßig erregt wird oder sich einbildet, »die Leute möchten einen unbedingt singen hören«. Die Kleidung sollte sich der Witterung anpassen: weder zu dick im Sommer, noch zu leicht im Winter. Was Schlaf angeht, so schadet zu wenig den Übenden ebenso wie zuviel. Man sollte nicht zu unregelmäßigen Zeiten zu Bett gehen oder aufstehen und auch nicht im Freien schlafen, wenn reichlich Tau fallen könnte. Beim Baden haben die verschiedenen taoistischen Schulen unterschiedliche Regeln, die auf ein Mittelmaß zwischen sporadischer Reinigung und unnötig verschwenderischem Badegenuß hinauslaufen. Körperliche Bewegung tut zwar gut, sie sollte aber nicht übertrieben werden, und Überanstrengung ist um jeden Preis zu vermeiden. Ko Hung sprach von der Torheit, ungewöhnlich stark werden zu wollen, und erklärte, daß Überanstrengung genau so schaden könnte wie zuviel Schlaf oder die Überforderung der Augen oder Ohren. Er stellte fest, daß man schlechtem Wetter nicht wie ein Narr trotzen sollte, indem man sich Stürmen oder extremen Temperaturen aussetze. Anspruchslos zu sein ist eine Sache, spartanisch zu leben, eine andere. Chuang Tzus Beschreibung von Unsterblichen, die »die fünf Getreide nicht essen, sondern Wind verzehren und Tau nippen«, führte in der Vergangenheit dazu, daß gewisse Taoisten völlig auf Getreide verzichteten. In einem alten Text, der hier nur der Kuriosität halber zitiert wird, lesen wir: »Gemüse ist zwar gesund, verursacht aber Trägheit, Fleisch ist zwar kräftigend, macht aber anmaßend; Getreide macht zwar weise (Gehirnnahrung), verhindert aber die Langlebigkeit. Wer dagegen vom *ch'i* lebt, strahlt Licht von seinem Körper aus und stirbt nie.« Letzteres mag stimmen; aber wie weit muß der Adept auf dem Weg voranschreiten, bis er außer *ch'i* keine Nahrung mehr braucht?

Nach einer anderen Quelle ist zur Erhaltung des Körpers ein fünffacher Verzicht notwendig:

»Das Festhalten an Reichtum und Ruhm bringt Sorge –

gib sie auf! Übermaß an Freude oder Wutausbrüche stören die Heiterkeit – gib sie auf! Starke Neigung zu Sinnengenuß erzeugt Unausgeglichenheit – gib ihn auf! Sorge um den Erfolg in der Kultivierung des Weges führt zum Scheitern – gib sie auf! Verschwendung des kostbaren Vorrats von *ching* schwächt den Körper und Geist – gib sie auf! Diese fünf Formen der Enthaltsamkeit verhelfen dir gewiß zu längerem Leben – sei aber nicht so töricht dir einzubilden, daß sie dir ein langes Leben garantieren.«

Atemübungen

In den meisten meditativen Disziplinen, seien sie nun chinesisch, indisch oder tibetisch, legt man großen Wert auf besondere Atemtechniken. Ihre Bedeutung verdanken sie nicht nur den körperlichen Vorteilen, die man durch das regelmäßige Üben der Tiefatmung gewinnt – besonders in den frühen Morgenstunden, in denen die Luft angeblich am reinsten ist – sondern auch der Erkenntnis, daß *ch'i* (die genaue Entsprechung von *prana* im Sanskrit) mit der Atemluft in den Körper des Übenden geleitet wird. Einzelheiten über Atemtechniken im Zusammenhang mit taoistischen Übungsmethoden finden sich unter der Überschrift »*ch'i* nähren« in dem Abschnitt über die vierte Stufe der Achtstufigen Methode. Bevor der Übende sich darauf einläßt, sollte er die einfacheren Atemtechniken beherrschen lernen; aber selbst diese können ohne Überwachung durch einen fähigen Lehrer gefährlich werden. So gehört zum Beispiel zu den vorbereitenden Übungen das Ein- und Ausatmen durch die Nase; dabei soll man den eingezogenen Atem allmählich immer länger anhalten, bis man bis 120 zählen kann. Der Übende lernt so sanft zu atmen, daß das Fließen des Atems durch die Nasenlöcher sogar für ihn selbst unhörbar bleibt und die feinen Nasenhärchen sich nicht bewegen. Von einigen Adepten wird berichtet, daß sie ihren Atem bis 1000 angehalten haben – ein für den Ungeübten höchst gefährliches Verfahren!

Wenn man regelmäßig Atemübungen praktiziert, sollte die Nahrung leicht sein und hauptsächlich aus gutem, frischem Gemüse bestehen; denn von einer solchen Nahrung heißt es, daß sie »ch'i stärkt und Leidenschaften hemmt, die dem Sammeln des kosmischen ch'i schaden könnten.« Die Zeit von Mitternacht bis Mittag gilt als günstig für Atemübungen; die Zeit von Mittag bis Mitternacht wird als ungünstig angesehen, weil in diesem Tagesabschnitt das ch'i abnimmt.

Bewegungsübungen

Die verschiedenen Lehrer schlagen verschiedene Formen von Bewegungsübungen vor. Zu den anmutigsten gehören die in der Kunst des *t'ai chi ch'üan* zusammengefaßten Bewegungen. Dies ist eine Art tänzerischen Schattenboxens, das sich für alle Altersstufen gut eignet. Einige der anderen Übungen erfordern beträchtliche sportliche Fähigkeiten. Bei einer davon stellt man sich beispielsweise auf einen niedrigen Schemel, vor dem ein Eimer voll Wasser steht; dann beugt man sich nach unten, um den Griff des Eimers mit den Zähnen zu fassen, und richtet sich wieder auf, ohne die Knie zu beugen oder einen Wassertropfen zu verschütten. Ich bin taoistischen Eremiten fortgeschrittenen Alters begegnet, die zu außerordentlichen Leistungen fähig waren: so sprangen sie aus großer Höhe herab und landeten so leichtfüßig, als sei die Höhe nur gering gewesen. *Kung fu* war ursprünglich eine taoistische Kunst, und Judo, Kendo und weitere Künste können als Ableger taoistischer Methoden der bewaffneten und waffenlosen Selbstverteidigung betrachtet werden. Das Judo-Prinzip, das Gewicht und die Stärke eines Gegners auszunutzen, um ihn zu Fall zu bringen, ist typisch taoistisch. Dagegen gibt es in diesem Zusammenhang auch einige sehr seltsame Übungen, die anscheinend ausschließlich rituelle Bedeutung haben und die vielleicht aus der Verbindung einer volkstümlichen Stufe des Taoismus mit der Volksreligion entstanden sind. Dazu gehören abgezähltes Augenzwinkern, Zähneknirschen (oben auf unten, niemals seitlich) und Verschlucken des Speichels. Ich bin geneigt, diese Übungen als Hokuspokus anzusehen, fühle mich aber verpflichtet, meinen Geist offen zu halten, weil gegen ein solches Vorurteil die Tatsache steht, daß ich unter den Taoisten selten Männer von geringer Intelligenz angetroffen habe, die man dazu hätte überreden können, etwas offensichtlich Nutzloses zu tun.

Es folgt ein Beispiel für Praktiken, die mir viel eher rituell oder magisch erscheinen und nicht so ganz zum Rest der Übungsanweisungen passen:

»Lege die gefalteten Hände auf den Kopf, beuge dich nach unten, so daß die Handrücken auf dem Boden ruhen, und atme mehrmals – das hilft gegen Kurzatmigkeit. Falte die Hände vor der Brust und drehe den Kopf ohne zu atmen so oft wie möglich hin und her – das macht den Kopf klar. Falte die Hände unterhalb der Taille und beuge dich so oft wie möglich nach links und rechts – das vertreibt schlechte Säfte aus der Haut. Dann knirsche mit den Zähnen, um den Befehl über deinen Geist zu bekommen, und schlucke deinen Atem, um zur Harmonie mit dem Wahren zu finden.«

Drogen

Die Einnahme von Drogen ist eine in den taoistischen Disziplinen seit langem aufgegebene Praxis, da sie nicht zur wahren Kultivierung des *tao* gehört. Trotzdem spielten Drogen einst eine bedeutende Rolle, weil Verlängerung der Jugend und Gewinn von Langlebigkeit gewöhnlich als zweitrangige Ziele galten, die der Adept beim Voranschreiten zum höchsten Ziel erlangte. Deshalb ist diese Sache für uns von Interesse – auch wenn es sich nur um eine der vielen kuriosen Episoden handelt, die zur Geschichte der taoistischen Übungen gehören.

Unter den in der Vergangenheit beliebtesten exotischen Zutaten finden sich Pflanzen (es könnten auch Pilze sein) der Gattung *chih* – die mit den heutzutage *chih* genannten Pflanzen (der Gattung Sesam) verwandt sein mögen oder auch nicht –, ferner Podophyllum, Pinienkerne, Calamus aromaticus (eine Lilienart), *fu ling* (Chinawurzel), am Fuß von Tannen vorkommende Pilze, Jade, Quecksilber, Zinnober, gelber Schwefel, Wolken-Mutter (Glimmer) und sogenanntes Hahnengelb. Man behauptete von diesen Substanzen, daß sie den Körper in heiligem Licht erstrahlen und die vier Gliedmaßen leicht und wohlig werden ließen. Dabei geht mir eine interessante Überlegung nicht aus dem Sinn. Wir wissen, daß geringe Mengen giftiger Substanzen in gewissen Fällen von hohem medizinischen Wert sind. Kann es sein, daß einige Adepten der Frühzeit in ihren Körpern physische Veränderungen bewirkten, die es ihnen ermöglichten, anderweitig schädliche Substanzen mit positiver Wirkung einzunehmen? Wenn sich das so verhielte, hätte man auch eine Erklärung, warum so viele Gläubige, darunter sogar Kaiser, an den Wirkungen taoistischer Elixiere starben: sie hatten gesehen, wie ein und dasselbe Elixier von taoistischen Adepten mit guter Wirkung eingenommen wurde, und dabei nicht begriffen, daß das, was sich unter ganz bestimmten Umständen als heilsam erwiesen hatte, in den meisten anderen Fällen zu Krankheit und Tod führen konnte. Diese Gedanken mögen weit hergeholt scheinen; aber gewiß hätten jene Kaiser und Adligen niemals durch Drogen ihr Leben aufs Spiel gesetzt, wenn sie nicht vorher mit eigenen Augen gesehen hätten, daß sie bei anderen erfolgreich wirkten.

Die taoistische Alchimie in acht Stufen

Nun soll erklärt werden, wie man die Drei Schätze läutert und veredelt, um wahre Unsterblichkeit zu erlangen.

Wahre Unsterblichkeit

Zuerst muß durch die Wechselwirkungen von *ching, ch'i* und *shen* subtiles *ch'i* gewonnen oder vermehrt werden. Dieses muß dann zu *yang shen* (reines kosmisches *shen*) veredelt werden, wodurch der Adept dazu befähigt wird, körperliche Begrenzungen hinter sich zu lassen und mit der grenzenlosen Quelle des Seins zu verschmelzen. »Bei lebendigem Leibe kann der Geist den Körper nach Belieben verlassen. Nach dem Tod wird er zur Quelle zurückkehren, mit ihr verschmelzen und für immer leben. Wird dieser Zustand zu Lebzeiten nicht erreicht, dann werden die Zwillingsseelen, auch wenn sie in Geist-Form noch eine Weile überleben können, zu guter Letzt allmählich verlöschen. Die goldenen Herbstblätter überleben die Trennung vom Baum nicht lange, noch kann man erwarten, daß der Baum selbst länger als ein paar Jahrhunderte lebt.«

Die Grundlage

In der Natur beobachten wir zwei Abfolgen der Entwicklung. Im *Tao Te Ching* wird festgestellt: »Die Eins erzeugt die Zwei (*yin* und *yang*). Die Zwei erzeugt die Drei (*shen, ch'i* und *ching*). Die Drei erzeugt alle Dinge.« (42. Spruch)

In diesem Prozeß wandelt sich die Leere (*hsü*) in *shen*, *shen* in *ch'i*, *ch'i* in *ching* und *ching* in Form. Umgekehrt kehren die zehntausend Dinge wieder zur Drei zurück, die Drei zur Zwei, die Zwei zur Eins. Wenn die Übenden, die diese Methode beherrschen, ihr *shen* so kontrollieren, daß es ihren physischen Körper gut bewahrt, und den Körper so nähren, daß er sich zu *ching* veredelt, *ching* sammeln, um es zu *ch'i* veredeln, *ch'i* veredeln, um *shen* zu erzeugen, und *shen* veredeln, damit sie die Rückkehr in die Leere *(tao)* vollenden können, dann ist das goldene Elixier vollkommen destilliert. Aus diesem Grund ist es nötig, einen reichen Vorrat dieser drei Energien zu besitzen. Von Anfang an müssen männliche und weibliche Adepten ihre sexuellen Kräfte bewahren, indem sie die Sexualflüssigkeiten zurückhalten, so daß sowohl grobes *ching* als auch seine subtile Form reichlich vorhanden sind; denn dann wird *ch'i* ähnlich kräftig gedeihen und *shen* zu glühen beginnen. So wird der Körper gestärkt, werden Krankheiten ferngehalten und die fünf inneren Organe (Leber, Herz, Milz, Lunge und Nieren) gedeihen. Muskeln und Haut werden geschmeidig und glänzend, das Gesicht wird strahlen, Ohren und Augen werden scharf, und sogar bejahrte Menschen werden wieder energisch und robust.

Bewahren ist deshalb wesentlich, weil es einen Überfluß an *ching, ch'i* und *shen* sichert.

Auffüllen ist wesentlich, um Mängel wiedergutzumachen.

Veredeln ist wesentlich und erfolgt in drei Stadien: 1. von den groben Formen des *ching, ch'i* und *shen* zu ihren subtilen Entsprechungen, 2. daraus zu reinem *yang shen* (kosmischem Geist), 3. und daraus zu Leere *(hsü)*.

Sollte ein Übender sich erst spät im Leben auf diesen Übungsweg begeben – nachdem also sein Samen im Verlauf der Jahre verschwendet wurde –, dann kann dieser früheren Vergeudung immer noch durch die als Auffüllen bekannte Methode abgeholfen werden. Voraussetzung dafür ist, daß er von nun an bereit ist, seine Lebensessenz zu bewahren und zu nähren.

Die acht Stufen der inneren Alchimie sind:

1., 2. und 3. Bewahren, Auffüllen und Veredeln des körpereigenen *ching*;
4. und 5. Nähren und Veredeln von *ch'i*;
6. und 7. Nähren und Veredeln von *shen*;
8. Veredeln des leergewordenen *shen*, um es der Leere gleichzumachen.

Die Acht Stufen

ching bewahren: Wesentlich für den Erfolg ist das Zurückhalten des Samens. Nicht nur die Sinneslust muß unterdrückt werden, sondern auch alle anderen Begierden müssen durch Läuterung allmählich verschwinden. Wird der Samen verschwendet, ist Scheitern gewiß; denn »wenn das Öl aufgebraucht ist, geht das Licht aus«. Man glaubt, daß die völlige Erschöpfung von *ching* (dessen Träger der Samen ist), unweigerlich zum Tod führt. Sexuelle Beziehungen sind kein Übel an sich, sie richten aber großen Schaden an, wenn sie zu häufigem Samenerguß führen. In den *Geheimen Anweisungen zur Herstellung des Goldenen Elixiers* heißt es:
»Leben die Menschen ruhig und schränken ihre Begierden ein, steigen *ching* und *ch'i* aus den drei Behältern (in der Gehirn-, Herz- und Nierengegend) auf und fließen durch die glänzenden Meridiane. Der Geschlechtsverkehr zieht sie wiederum von dort nach unten ab, so daß sie durch die »Pforte des Lebens«, die sich zwischen den Nieren befindet, fließen und ausströmen. Mag auch das sexuelle Begehren nur unbewußt geweckt werden, so wird dadurch doch das Feuer an der »Pforte des Lebens« geschürt und *ching* und *ch'i* laufen über. Wenn sie nicht zum Ausgangspunkt zurückgeleitet werden, ist der Verlust derselbe wie beim Erguß.«
Aus dem, was hier über das durch sexuelle Erregung angezogene *ching* und über sein Hinabfließen durch die »Pforte des Lebens« in der Nähe der Nieren gesagt wird,

ist zu entnehmen, daß grobes *ching* zwar mit dem Samen eng verwandt, aber nicht identisch ist. Auf jeden Fall ist eine deutliche Warnung davor herauszulesen, beim Geschlechtsverkehr kostbares *ching* zu verschwenden – und dabei ist es gleichgültig, ob man den Samenerguß zurückhält oder nicht.

Es ist wahr, daß die in die Praxis der wechselseitigen Kultivierung Eingeweihten, für die sie einen Partner des anderen Geschlechts benötigen, in dieser Methode eine wertvolle Hilfe für ihre Entwicklung finden. Abgesehen davon, daß sie die Willensstärke besitzen, kurz vor dem Samenerguß innezuhalten, wissen sie, wie man das nun mit der Essenz des Partners vermischte *ching* veranlaßt, umzukehren und aufzusteigen, worauf sie ein Gefühl großer Seligkeit verspüren. Für sie »lodert das Leben auf«.* Jedoch ist die Methode, *ching* zurückzulenken, sehr schwer zu beherrschen und ohne einen erfahrenen Lehrer ganz unmöglich. Der folgende Text stellt dazu fest:

»Nur Menschen von seltenem Talent eignen sich dafür, die gefährliche Methode der wechselseitigen Kultivierung zu praktizieren. Menschen von geringerem Talent erschöpfen letztlich ihren Vorrat an *ching* und *ch'i*, schwächen dadurch ihre Gesundheit und werden so gezwungen, die heilige Aufgabe der Schaffung eines unsterblichen Leibes für immer aufzugeben. Am Ende werden sie zu bloßen Wüstlingen, entkräftet und zu endgültigem Verlöschen verdammt – das ist das Schicksal derer, die meinen, das *tao* auf diese Weise zu kultivieren. Es wäre lächerlich, fühlte man dabei keine Trauer über ihren Verlust.«

Für den Ungeübten ist der Versuch gänzlich nutzlos, zwei Fliegen mit einer Klappe schlagen zu wollen, indem er die Freuden der Liebe häufig genießt, aber den Erguß zurückhält. Wenn der Samen einmal zu den Geschlechtsorganen geflossen ist, wird er den Körper auf andere

Weise verlassen und verschwendet werden – sofern er nicht mit der rechten Technik daran gehindert und zurückgeführt wird. Deshalb stimmen die meisten taoistischen Autoritäten darin überein, daß Keuschheit, oder zumindest streng begrenztes Liebesleben für den Erfolg der meisten Adepten wesentlich ist. Sollten taoistische Übungen jemals im Westen in einem solchen Umfang Anklang finden, daß sie »in« werden, dann müssen sich die Anhänger des *tao* vor sogenannten Meistern hüten, die ihr angebliches Wissen großartig zur Schau stellen und »Unterweisung in wechselseitiger Kultivierung« als Vorwand für Zügellosigkeit anbieten. Selbst in China, wo man die Begeisterung für den Liebesgenuß im allgemeinen besser unter Kontrolle hat als im heutigen Westen, sind derartige Dinge vorgekommen.

Trotz des eben Gesagten, haben Taoisten seit jeher Extreme jeder Art mißbilligt. Der Philosoph Sun Szu-mo wußte wohl, daß völlige Keuschheit den meisten jungen Leuten zu viel abverlangt, und gibt deshalb folgenden Rat:

»Für einen Zwanzigjährigen, ein Samenerguß in vier Tagen; einen Dreißigjährigen, einer in acht Tagen; einen Vierzigjährigen, einer in sechzehn Tagen; einen Fünfzigjährigen, einer in einundzwanzig Tagen. Von sechzig an sollte der Erguß gänzlich vermieden werden; indessen kann sich ein Sechzigjähriger, der noch bei Kräften ist, einen Erguß pro Monat erlauben, obwohl seine Gedanken in diesem Alter längst Ruhe gefunden haben und völlige Enthaltsamkeit leichtfallen sollte.«

Obgleich Keuschheit bei weitem als das beste Mittel für diejenigen gilt, die darauf bedacht sind, das Ziel ihres Pfades mit einem Minimum an Verzögerung zu erreichen, wird ihr Fortschritt nicht ernsthaft behindert, wenn sie die oben festgelegten Grenzwerte einmal überschreiten. Was dies im einzelnen für weibliche Adepten beinhaltet, bin ich außerstande zu erfahren. In bestimmten Zusammenhängen wird das jeweilige grobe *ching* des Mannes und der Frau als weiß beziehungsweise als rot beschrieben; das ist aber gewiß nicht auf unseren Kontext anwendbar – es sei denn, man schriebe den Farben nur symbolische Bedeutung zu. Da die Taoisten jedoch keinen Zweifel daran hegen, daß Frauen ebenso wie Männer voll befähigt sind, das *tao* zu erlangen, legt die Abwesenheit von speziellen Anweisungen für Frauen in Professor Chous Buch nahe, daß sich die Frauen je nach Alter an dasselbe Maß der Enthaltsamkeit halten sollten.

ching auffüllen oder wiederherstellen: Eine schädliche Verausgabung von *ching* in der Zeit vor Beginn der Übungen kann wiedergutgemacht werden. Dazu soll der Adept ständig Enthaltsamkeit üben; kräftigende Nahrung in ausreichender Menge, aber nie im Übermaß, zu sich nehmen; seinen Körper auf gesunde Weise, aber ohne Überanstrengung, üben und der Natur ihren Lauf lassen. Das wird »*ching* sammeln« genannt; diese Bezeichnung sollte nicht mit »*ching* aufnehmen« verwechselt werden – damit drücken die Vertreter der wechselseitigen Kultivierung aus, daß dabei vom Partner das *ching* aufgenommen wird, um es mit dem eigenen zu vermischen. Zum Sammeln ist es nötig, sexuelle Beziehungen zu vermeiden und jede Art von Begierde zu zügeln, damit für fortdauernde Ruhe gesorgt ist. Alkohol und stark gewürzte Speisen sind zu meiden; denn grobes *ching* (hier im Sinn von Samen), das aus dem Blut gebildet wird, soll genährt werden, indem man die Überreizung der Sinne und des Geistes unterläßt. Ärger und ähnlich starke Gefühle bewirken, daß die Wandlungsphase Feuer in der Leber und den anderen inneren Organen überwiegt. Alkohol erhitzt das Blut. All diese Faktoren sind schädlich und sollten vermieden werden. Wenn man in diesen Dingen Sorgfalt walten läßt, wird das Blut genährt und sammelt sich an. Zwiebeln, Lauch, Knoblauch, Chili, Pfeffer und andere starke Gewürze sollte man am besten gar nicht oder nur in sehr kleinen Mengen zu sich nehmen. Atemübungen sind selbst auf dieser Stufe wertvoll, obwohl sie eher zu einer späteren Stufe gehören; ihre Bedeutung liegt in der engen Wechselbeziehung zwischen *ching* und *ch'i*, deren Träger oder Leiter der Atem ist. Als Bewegung, die bekanntlich anstrengend genug sein sollte, ohne den Körper zu überfordern, eignet sich nichts besser als die langsame, anmutige Bewegungsform des *t'ai ch'i ch'üan*. Darüber steht jetzt eine Reihe von Büchern in europäischen Sprachen zur Verfügung.

ching veredeln: Das Bewahren und Wiederherstellen der *ching*-Reserven ist gesund und für diese Übungsmethode in der Tat wesentlich. Es ist jedoch kein Selbstzweck, sondern die Vorstufe für die noch wichtigere Aufgabe des Veredelns. Veredeltes *ching* ist eine bedeutende Quelle von *ch'i*. In der Vorbereitungsphase pflegt der Adept Heiterkeit des Geistes, läßt den vorhandenen Vorrat an *ch'i* zur Ruhe finden und *shen* klar werden. Ein Abschnitt im *Klassiker der Ruhe* lautet: »Laß ab von Begierden, dann wird der Geist von selbst ruhig. Ist der Geist klar, wird *shen* gereinigt.« Indem der Adept seine Begierden bezwingt, »stillt« er sein Denken; nur so kann das Bewußtsein gesammelt werden. Und das gilt auch für *ch'i* und *shen*. Wenn der Geist von Gedanken entleert wird, wird *ch'i* veranlaßt, sich zu sammeln, und so entsteht *ching*. Mit der rechten Vorbereitung kann es leicht veredelt werden.

Während das dem Blut und dem Samen eng verbundene grobe *ching* im Körper erzeugt wird, ist das subtile *ching*, in das es umgewandelt werden soll, von primordialer Natur. Es gleicht dem kosmischen *ching*, das vor der Geburt des Universums existierte, und deshalb besitzt es eine besondere Heiligkeit. Formlos verweilt es im subtilen und im kosmischen *ch'i*, von dem es sich nur trennt, wenn es durch irgendeinen äußeren Einfluß dazu bewegt wird. Das *ching*, das bei der Veredlung von *shen* zu reinem Geist mitwirken soll, gehört zur subtilen Art, und ist doch ganz an grobes *ching* gebunden; daraus ergibt sich die Notwendigkeit, seinen Träger, den Samen, zu bewahren. Wenn Sehnsüchte und Empfindungen beruhigt sind, so daß der Geist, frei von unterscheidendem Denken, einem stillen See ähnlich wird, festigt sich darin das *yang ch'i* und nährt das subtile *ching*. Dieses ist ein Veredlungsprodukt, das nur bei vollkommener Stille und vollkommener Leerheit entsteht. Gleichzeitig muß *shen* gefestigt werden, dies geschieht durch Kontemplation des Lichts, das an der Stelle leuchtet, die als der »kostbare Raum des Geviertzolls« bekannt ist und sich hinter dem Dritten Auge befindet. Keine Vorstellungen! Überhaupt keine Gedanken! Stille, vollkommene Stille! Während dieser Kontemplation des inneren Leuchtens sichert Stille die Geistesruhe, und umgekehrt sorgt das Leuchten dafür, daß die Stille lange währt. Wenn der Geist leer ist, festigt sich *shen*, worauf kosmisches *yang ch'i* (ein Merkmal des *tao* selbst, das von außen kommt und den inneren Prozeß unterstützt) in Erscheinung tritt. Daraus wird klar, daß Stille und das Verweilen in einem Zustand vollkommener Spontaneität die wesentliche Grundlage für diese Übungsmethode bilden. Stille ist so entscheidend für den Erfolg, daß sie immer noch von Bedeutung ist, selbst wenn alle anderen Komponenten der Übung fehlen; während der ganze Rest dagegen nutzlos bleibt, wenn die Stille fehlt.

Da ist nichts, was mein Denken außen hält.
Auch innen keine Bleibe für Gedanken;
Da dreht das Rad der Ursachen nicht weiter.
Mein ganzes Sein löst sich in Leere auf.

Die dritte und vierte Zeile dieses Gedichts bedeuten, daß durch Stille die ganze Kausalkette, die den Adepten an eine begrenzte Existenz bindet, zerreißt, und daß sein Wesen gänzlich leer wird. Auf diese Weise gelangt er zu einem Zustand reiner Spontaneität und ist eins mit der unendlichen, leuchtenden Leere des *tao*.

Nach Yüan Liao-fan kann die Veredlung von *ching* durch die folgende esoterische Technik unterstützt werden: Der Adept steht um Mitternacht auf, setzt sich aufs Bett, legte eine Hand um den Hodensack und die andere auf den Nabel. »Dann wird *shen* im inneren Kanal des Skrotums gerinnen, und *ch'i* kann durch lange Übung zum Strahlen gebracht werden.« (Der innere und der äußere Energie-Kanal im Skrotum heißen »das dunkle Tor« beziehungsweise »das weibliche Tor«.) Der Autor fügt hinzu: »Vorausgesetzt, daß es in jüngster Zeit zu keinem Samenerguß gekommen ist, erreicht das sich im äußeren Bereich ansammelnde *yang ch'i* zwischen 23 Uhr und 1 Uhr nachts seinen Höhepunkt; in diesem Zeitraum befinden sich das *ch'i* im menschlichen Körper und das *ch'i* des Himmels (*yang ch'i*) im Einklang. Falls es in jüngster Zeit zum Erguß gekommen ist, wird die Gipfelperiode verzögert und schwankt zwischen ein Uhr und fünf Uhr morgens. Es mag sogar vorkommen, daß es überhaupt keine Gipfelperiode gibt; das geschieht, wenn Himmel und Erde nicht im Einklang stehen.« Manche taoistischen Meister glauben, daß man das kosmische *yang ch'i* in jeder Tages- oder Nachtzeit anzapfen kann. Das geschieht durch ruhiges Sitzen, Leeren des Geistes und Verwerfen aller Gedanken, die eine dualistische Unterscheidung zwischen dem Denker und dem gedachten Gegenstand beinhalten: Denker, Denken und Denkobjekt werden eins im grenzenlosen *tao*.

Yüans Ratschlag, Skrotum und Nabel in dieser Weise anzufassen, mag auf den ersten Blick ungewöhnlich erscheinen. Um ihn ganz zu verstehen, bedürfte es der geheimen mündlichen Unterweisung, die so oft erforderlich ist, um den Sinn esoterischer Texte vollständig zu erfassen. Da subtiles *ch'i*, besonders in seiner kosmischen und damit reinsten Form, Materie sicherlich ohne die geringste Schwierigkeit durchdringen kann, ist schwer zu verstehen, wie es im Körper eingefangen werden könnte, indem man die Eingänge eines oder mehrerer Meridiane verschließt; schließlich bildet die menschliche Hand für das subtile *ch'i* kein größeres Hindernis als irgendein anderer Körperteil. Jedoch wird die Abfolge aller Prozesse der inneren Alchimie – ebenso wie beim buddhistischen und indischen Yoga – von Anfang bis Ende durch den Geist des Adepten gelenkt. Aus einer Studie des tibetischen Yoga kennt man die Bedeutung und Wirksamkeit der Visualisierung, die von rituellen Gesten begleitet wird. Bei gewissen Atemtechniken wird zum Beispiel der Atem (oder besser das *ch'i*) gänzlich durch die Kraft der Visualisierung von den Atemorganen zu entfernten Körperteilen gelenkt. Vermutlich dürfte es in diesem Fall ähnlich sein: Kosmisches *ch'i* wird empfangen, weil der Geist es so will, während die Rolle der Hände sich auf rituelle Gesten beschränkt, die diese Geistestätigkeit unterstützen.

Dieser Abschnitt über das Veredeln von *ching* ist ziemlich lang geraten; er kann folgendermaßen zusammengefaßt werden: Laß *ch'i* still werden, damit *shen* klar wird; fange *yang shen* von außerhalb zu einem Zeitpunkt ein, an dem es mit höchster Intensität fließt; verwirf im Geist den Dualismus von Subjekt und Objekt; halte den Fluß des groben *ching* zurück, damit das subtile *ching* nicht abnehme; finde zur Stille des Geistes und betrachte das innere Leuchten; dann wird sich in deinem Körper grobes *ching* zu subtilem *ching* veredeln und mit dem kosmischen *ching* außerhalb identisch werden. Obwohl die oben geschilderten Schritte nicht die vollständige Übung darstellen, da bekanntlich ein gewisser Teil des Prozesses nur an Eingeweihte weitergegeben wird, reicht das hier Mitgeteilte doch aus, um bei den »acht Stufen« und den meisten anderen Methoden zu guten Resultaten zu führen.

ch'i nähren: Subtiles *ch'i* ist primordialen Ursprungs und deshalb eine Form kosmischer Energie, zu der das grobe *ch'i* des Übenden veredelt werden muß. Es ist als Wind beschrieben worden, »der das Chaos vor der Geburt des Universums durchwehte«. Auch dieses *ch'i* ist unvorstellbar heilig. *ch'i* nähren bedeutet, einen vollen Vorrat von subtilem *ch'i* anzuhäufen. Wie zuvor bildet Stille die Basis, aber dazu muß das »Stillen« des Geistes mit Atemübungen abwechseln. Letztere können höchst kompliziert oder sehr einfach sein. Während der Monate und Jahre der Kultivierung hütet sich der Übende davor, extremer Freude oder Trauer freien Lauf zu lassen, und verharrt lieber in unveränderlichem Gleichmut. Alle starken Aufregungen (des Geistes) schaden dem Ansammeln von *ch'i*. Alle Gemütsbewegungen, ob heftige, freudige oder schmerzliche, müssen in Grenzen gehalten werden. Der Adept muß unerschütterliche Ruhe bewahren, und sein Atem soll immer gleichmäßig gehen, denn selbst grobes *ch'i* (nahezu gleichzusetzen mit Atem) muß vor Befleckung durch das *ch'i* des Zorns, das *ch'i* der Rachsucht, das *ch'i* der kalten Wut und so weiter bewahrt werden. (Dieser letzte Satz mag in unserer Sprache recht seltsam klingen – nicht aber im Chinesischen. Die Bezeichnungen für diese Gefühle enthalten selbst in der Umgangssprache alle die Silbe *ch'i*; zum Beispiel bedeutet *p'i-ch'i* – »schlechte Laune, Ärger« – wörtlich: Milz-*ch'i*.) Sowohl grobes als auch subtiles *ch'i* sollten sorgfältig genährt werden, weil das erstere das Hauptmedium ist, mit dessen Hilfe das letztere im Körper transportiert wird. Luft gibt es natürlich überall, und der Atem geht in jeden lebenden Körper; obwohl beide nicht mit subtilem *ch'i* gleichzusetzen sind, kann diese heilige Substanz nicht ohne sie in Bewegung gesetzt werden. In den Worten von KO HUNG: »Der Mensch ist im *ch'i*, *ch'i* ist im Menschen. Vom großen Kosmos bis herab zu jedem einzelnen Gegenstand kann nichts ohne *ch'i* existieren.« Die Vorschriften für das Nähren von *ch'i* werden in einem Werk unter dem Titel *Aufzeichnungen der West-berg-Versammlung* dargelegt: »Menschen von begrenzten Gaben zwingen ihren Geist, und dadurch schaden sie sich nur selbst. Wenn die Zurückhaltung beim Kräfteeinsatz durch Zwang ersetzt wird, ist das Ergebnis nicht gut. Sorge und Melancholie sind schädlich. Ein zorniges Gemüt ist schädlich. Übermäßige Zuneigung zu geliebten Menschen ist schädlich. Die Zeit mit müßigem Schwatzen und Scherzen zu verbringen ist schädlich. Ständig Sport zu treiben (wörtlich: »Bogenschießen«) ist schädlich. Übermäßig zu trinken und zu essen, daß man ganz träge wird, ist schädlich. Hin und her zu hetzen, bis man keucht, etwas mit solchem Eifer zu tun, daß die Gelassenheit verlorengeht, den Mißmut nicht unter Kontrolle zu halten, lachen, bis die Tränen in die Augen steigen – all diese Störungen des Gleichgewichts von *yin* und *yang* sind schädlich. Wer es zuläßt, daß sich derlei Schäden über die Jahre hinweg anhäufen, stirbt jung.« Dieser Abschnitt beweist die enge Verwandtschaft zwischen grobem und subtilem *ch'i*; denn während einige der damit gemeinten Verbote sich direkt auf die Atmung beziehen, betreffen andere vor allem die unterschiedlichen Geisteszustände.

Es wird gelehrt, daß es vier Hauptarten des Atmens gibt: a) feines Atmen – es geht so sanft, daß es für den Atmenden unhörbar bleibt; b) langes Atmen – das bedeutet langsame, ruhige und lang gedehnte Atemzüge ohne Pausen; c) tiefes Atmen – ein Fachausdruck für das Hinableiten des Atems zum Nabel bei eingezogener Bauchdecke, die sich erst dann ausdehnt, wenn der Atem ausgestoßen wird; d) gleichmäßiges Atmen – das bedeutet, daß jedes Ein- und Ausatmen von gleicher Länge sein muß und unter allen Umständen so weit wie möglich mit den vorhergehenden oder den folgenden Atemzügen übereinzustimmen hat. Die sogenannte »tiefe Atmung« bezeichnet Lu K'uan-yü in dem Abschnitt zur taoistischen Meditation als »Topf-Atmen«: Beim tiefen Einatmen wird die Bauchdecke eingezogen und nicht, wie beim normalen Atmen, ausgedehnt. Mit dem Ausatmen wird gleichzeitig der Bauch ausgedehnt. Die genauen Einzelheiten der verschiedenen Methoden werden nur Eingeweihten mitgeteilt; die folgenden Anweisungen scheinen jedoch für Adepten gut geeignet, wenn sie keinen erfahrenen Lehrer finden können. Der *Klassiker der Langlebigkeit* empfiehlt Adepten, die mit dem Nähren des *ch'i* beschäftigt sind, folgende Methode:

»Sitz eine Zeitlang ruhig, laß den Geist klar werden, als würdest du dich zur Meditation im Stil des *ch'an* vorbereiten. Richte deine Augen auf die Nasenspitze und halte die Nase in einer Linie über dem Nabel. Die Atemzüge sollten ruhig, langsam und gleichmäßig sein und sich keineswegs wie ein Schnaufen anhören. Beim Ausatmen steigt *ch'i* von unten hoch; beim Einatmen sinkt es nach unten. Man darf weder Pausen machen, noch den Atem anhalten. Man sollte der Atmung nur geringe Aufmerksamkeit schenken, was auf nichts anderes hinausläuft als auf ein ruhiges Gewahrwerden der durch die Nasenlöcher ein- und ausströmenden Luft. Dennoch darf man dabei dem Gehörsinn nicht erlauben, bei irgendeinem anderen Objekt zu verweilen.«

Die Anweisungen sind einfach, und leicht zu befolgen, und das über das Steigen und Sinken des *ch'i* Gesagte mag so selbstverständlich scheinen, daß man überrascht ist. Bei den taoistischen Atemtechniken geht es eben darum, daß sich der Adept mit mehr als nur dem Ein- und Ausfließen des Atems und des *ch'i* befaßt. Es steht außer

Frage, daß ein Teil des Atems (auf jeden Fall ein Teil des *ch'i*) tiefer eindringt als bis zur Basis der Lunge; was tiefer als die Lungenbasis sinkt, muß beim Ausatmen auch wieder zum Steigen gebracht werden.

Subtiles und grobes *ch'i* werden zusammen eingeatmet. Will man sie nähren, so achte man zuerst darauf, daß das grobe *ch'i* mit einer rhythmischen Bewegung ein- und ausgeatmet wird und jeder Atemzug von gleicher Länge und gleichem Tempo ist. Auf diese Weise wird das Ein- und Ausströmen von subtilem *ch'i* harmonisch geregelt, selbst wenn es sich dabei nicht um eine materielle Substanz handelt, die der Mund- und Nasenöffnungen bedarf. In Wirklichkeit ruht im Körper ein Vorrat an subtilem *ch'i*, das Atmen ist lediglich erforderlich, um es aufzurühren. Es kommt und geht so sanft, daß nur erfahrene Adepten seinen Fluß erspüren können. CHUANG TZU muß wohl an diese Form des *ch'i* gedacht haben, als er vom »Atmen durch die Fersen« sprach. Ein weiterer Hinweis findet sich in dem Abschnitt, in dem er über den Wahren Menschen (gemeint ist der Vollkommene Weise) sagt, daß dessen Atem, der am »Ort des Nicht-Atmens« gespeichert ist, den ganzen Körper ohne die geringste Behinderung durchdringen kann.

Eine von KO HUNG bevorzugte Art der Atemtechnik, die ihren Namen einem Abschnitt des *Tao Te Ching* verdankt, wird als »Atmen ohne Mund und Nase, wie ein Embryo im Mutterleib« bezeichnet. In einem anderen Text heißt es, daß »Adepten einmal durch die Nasenlöcher einatmen, und dann vom normalen Atmen zum Atmen durch die Nieren, zwischen sechs und 120mal, wechseln, bevor sie so sanft ausatmen, daß sich die Härchen in den Nasenlöchern nicht rühren.« Der Text fährt fort: »Atmen durch die Nieren kann bis zu eintausend Atemzügen ausgedehnt werden, wobei die Atembewegung so unmerklich erfolgt, daß Zuschauer meinen könnten, sie hätte aufgehört.« Ein anderer Autor erklärt jedoch: »Gebärmutter-Atmung bedeutet aber nicht, die normale Atmung anzuhalten – dies wäre eine gefährliche Praxis! Es bedeutet, daß die normale Atmung, wenn *ch'i* richtig genährt und umgewandelt worden ist, so spontan, sanft und gedehnt vor sich geht, daß der Eindruck entsteht, sie hätte aufgehört. Auch die normale Atmung hält manchmal an, ohne den Tod oder auch nur Unbehagen zu verursachen; ein kleiner Atemzug erfolgt dann nämlich durch die Nieren und die Poren.«

Wichtig ist auch die Feststellung, daß *ch'i* nicht nur der Träger des subtilen *ching* ist (wie in einem früheren Abschnitt ausgeführt), sondern außerdem eng mit *shen* verbunden ist. So heißt es: »*shen* ist unsere Natur, *ch'i* ist unser Leben, ferner steht das erstere in einer engen Beziehung zur Atemkontrolle.« In einem Text über diese beiden Energien erklärt der Himmelsmeister Chang Hsüching: »Wenn *shen* hinausgeht, kann es zurückgebracht werden; *ch'i* dagegen kehrt von selbst zurück.« *ch'i* kehrt durch die bloße Atemtätigkeit zurück und kann sogar durch die Poren eindringen, während *shen* als wesentlicher Bestandteil des esoterischen Geist-Körpers den Befehlen zur Rückkehr nach Belieben folgt. Auf jeden Fall verdankt *ch'i* seine entscheidende Rolle in der taoistischen Alchimie der Tatsache, daß es das subtile Verbindungsstück zwischen *ching* und *shen* darstellt. Es ist in jeder Hinsicht mit der im Sanskrit *prana* genannten Energie identisch und spielt im indischen Yoga und im buddhistischen Yoga Tibets die gleiche Rolle wie *ch'i* in der taoistischen Praxis.

Das Nähren des *ch'i* beinhaltet also die Zügelung der Leidenschaften, das »Stillen« des Geistes und das Üben von Atemtechniken; nicht weil der Gesamtvorrat an *ch'i* von der Einatmung abhängig ist, sondern weil durch die Atmung das körpereigene subtile *ch'i* angeregt und so dazu gebracht wird, seine Rolle bei der Veredlung von *ching* und *shen* zu spielen.

ch'i veredeln: Eingeweihte werden gelehrt, wie innere Hitze zu erwecken ist, mit der man nacheinander die Veredlung von *ching*, *ch'i* und *shen* bewirkt. Zu diesem Vorgang gehören sowohl Visualisierung als auch bestimmte Muskelbewegungen. Nicht alle Fassungen der inneren Alchimie betonen die Notwendigkeit, psychische Hitze zu erzeugen; wer keinen Lehrer hat, sollte es keinesfalls auf eigene Faust versuchen. Beim Fehlen spezieller Anweisungen mag die Veredlung von grobem *ch'i* zu subtilem *ch'i* und von subtilem *ch'i* zu *shen* schwierig, aber nicht unmöglich sein. Die Schwierigkeiten sollten niemanden zu sehr entmutigen, da man, wie einige Gewährsleute berichten, die *shen* betreffenden Stufen in Angriff nehmen kann, wenn nach der für die vierte Stufe dargelegten Methode genügend subtiles *ch'i* angesammelt worden ist.

Das folgende Gedicht soll zeigen, auf welche Weise in einem bestimmten Fall esoterisches Wissen der fünften Stufe weitergegeben wurde:

In der Stille der Leere
Leuchtet der volle Mond.
Doch stört der Wind
Den Spiegel des Sees.
Birg einen Tropfen in der Brust,
Der roten Sonne Sippe wird es wissen.

Nach meiner Auffassung bedeutet dieses Gedicht folgendes: Der Geist, nun erfüllt vom inneren Leuchten, ist in die Stille der Leere eingetaucht. Wenn dann *ch'i*, das den Brennofen (in der Gegend des Solarplexus) zum Lodern anfacht, *ching* nach oben treibt, dann soll der Adept etwas von diesem veredelten *ching* im oberen Hohlraum (direkt unter der Schädeldecke) bewahren; seine Präsenz wird kosmisches *yang ch'i* anziehen, das die Veredlung des *ch'i* unterstützen soll. Ich bin mir keineswegs sicher, ob diese Deutung stimmt, aber das Gedicht zeigt zur Genüge, wie nötig mündliche Unterweisung ist, um Klarheit in das zu bringen, was an schriftlichen Lehren über solche geheimen Angelegenheiten wie die Veredlung des *ch'i* existiert.

shen nähren: shen, der Geist, wird mit erhabenen Titeln wie »der Herr des Körpers«, »die Mutter des Goldenen Elixiers« bedacht. Eine der klassischen Schriften, die den Namen des Gelben Kaisers trägt, stellt fest, daß »*shen* zu nähren die höchste Aufgabe ist, während die ebenfalls wichtige Aufgabe, den Körper zu nähren, zweitrangig bleibt«. Subtiles *shen*, im Hinblick auf seine primordiale Natur auch »ursprüngliches *shen*« genannt, soll sich im Innern des Chaos, aus dem das Universum geboren wurde, geregt haben. Es wird mit einem Funken spirituellen Leuchtens verglichen, der in den Geist jedes Menschen eingepflanzt ist und ihn mit dem vereint, was jenseits jener vergänglichen Entwicklungen wie Geburt und Zerstörung des Universums lebt. Dies erinnert an Begriffe wie Istadeva (»inne-wohnende Gottheit«) bei den Hindus, den »Inneren Christus« der christlichen Mystiker oder gar den »Heiligen Geist«, wenn man ihn als den Herzen der Menschen innewohnend begreift.

Grobes *shen* läßt sich dagegen anscheinend besser mit Verstand (englisch: mind) als mit Geist (englisch: spirit) gleichsetzen; denn man trifft häufig auf Ausdrücke wie »begehrendes *shen*« oder »wissendes *shen*«, weil *shen* als zentraler Faktor für die Fähigkeiten des Beobachtens, Unterscheidens und Begehrens angesehen wird. Da es nach der Geburt des Universums entstand und daher vergänglich ist, muß es genährt und in subtiles *shen* umgewandelt werden.

Richtig genährt, läßt sich *shen* im Körper des Adepten konzentrieren. Dieses veranlaßt dann *ch'i*, sich zu sammeln, und dadurch wird wiederum dem *ching* Nahrung zugeführt. Die Methode, *shen* zu konzentrieren, besteht darin, den Verstand ruhig zu stellen, so daß er zu reinem Geist wird – unberührt von der Bewegung des Denkens. »Deshalb müssen das Denken vermieden und die Begierde aufgegeben werden, dann wird der Geist geordnet und *shen* wird sich festigen.«

Es gibt eine Abhandlung eines unbekannten Autors, die aber Hsi Wang Mu zugeschrieben wird, einer taoistischen Göttin, die durch Ausübung der wechselseitigen Kultivierung mit tausend opferbereiten Jünglingen Unsterblichkeit gewonnen haben soll. Darin lesen wir zu unserer Überraschung, daß die Aufgabe, *shen* ruhig zu stellen, anscheinend gänzlich zu einer Frage der Haltung und der Meditation reduziert wird, und daß komplizierte Übungsschritte, wie das anfängliche Umwandeln von *ch'i*, entfallen:

»Die Methode, *shen* ruhig zu stellen und zu festigen, besteht darin zu wissen, was Glück ist: die Zufriedenheit mit dem, was genügt, die Furchtlosigkeit, die auch Kälte und Hunger nicht schrecken, die Freiheit von der Knechtschaft müßiger Gedanken. So wird *ch'i* erweckt und damit der Geist genährt. Übe zur Zeit der mittleren Nachtwachen und kümmere dich nicht um besondere Körperhaltungen. Lege nur deine Hände zusammen, lockere deine Glieder, verbanne eitle Gedanken, mache deinen Körper zum alleinigen Gegenstand deiner Aufmerksamkeit. Dann wird *shen* ruhig gestellt, *ch'i* geordnet, und Alter und Tod werden deinem Geist nichts anhaben können.«

Man mag fragen, worin die Notwendigkeit für die vorbereitenden Stufen dieser Übungsmethode besteht, wenn das wirklich alles sein soll. Die Antwort, so glaube ich, lautet, daß die einzelnen Übungsstufen in der Tat nicht wesentlich sind, daß sie aber bei korrekter Durchführung normal Begabten sehr viel schnellere Fortschritte garantieren.

Diese fortgeschrittene Stufe, das Nähren von *shen*, scheint über die Stille des Geistes hinaus keine besonderen Anforderungen zu stellen, und es bedeutet, »das Äußere auszusperren, das Innere zu beherrschen«, oder, die Anziehungskraft der Sinneseindrücke abzuschneiden und den Geist klar und still werden zu lassen. Indessen wird in vielen taoistischen Quellen die Ansicht vertreten, daß es die eigenen Kräfte überfordert, wollte man Stille und Klarheit ohne vorausgehende Umwandlung von *ching* und *ch'i* erlangen. Die einzelnen Stufen sind dazu bestimmt, für die notwendige Grundlage zu sorgen.

shen veredeln: Auf dieser vorletzten Stufe wird grobes *shen*, das dem Verstand zugeordnet wird, zu reinem Geist veredelt. Ist man einmal soweit, dann »sind die Sorgen verbannt, die Unruhe ist abgeschüttelt; es gibt keinen einzigen Gedanken, der die Stille stört – überall nur heiliges Leuchten!«
Ein Spruch von T'ien Hsüan Tzu (»Meister der Dunklen Himmelsgeheimnisse«) lautet: »Wenn das *shen* des Wissens endet, entsteht große Weisheit.« Wissen ist das Lieblingsspielzeug der Gelehrten. Ein Verstand kann nicht leuchten, wenn er mit unzähligen Fakten vollgestopft ist, denn so gleicht er einem Garten, der im Unkraut erstickt. Weltliche Klugheit steht dem Licht der Wahrheit im Wege. Wo sich subtiles *shen* nicht ungehindert festigen kann, da muß das zu unserem vergänglichen Universum gehörende *shen* des Wissens die Kontrolle übernehmen, und dann wird sich der Verstand in sinnlosen Unterscheidungen verlieren. Alles ist Verwirrung. Deshalb muß der wissende Verstand zu reiner, undifferenzierter Aufmerksamkeit gelangen; nur dann kann grobes *shen* in subtiles *shen* veredelt werden, das von gleicher Beschaffenheit ist wie die kosmische Nicht-Substanz des *tao*: »Dein Geist sei wie die Sonne, die alles bescheint; du mußt danach streben, ein Leuchten wie das

der Leere auszusenden. Denn *yang shen* besteht ausschließlich aus *yang ch'i*. Am Anfang gab es keine Gedanken, keine Aktivität, keine Verseuchung der Sinne. Schenke dem, was du siehst, keine Beachtung, dann wirst du zwanglos in der vollkommenen Stille des nichtdifferenzierten Seins verweilen. Und überall wird heiliger Glanz scheinen und mühelos aus der reinen undifferenzierten Quelle in dein Sein eindringen.«

Im *Buch des Elixiers* steht: »*yang shen* transzendiert die dreifache Welt. Damit ist deine Aufgabe erfüllt, deine Übung getan sein; und du wirst zum leuchtenden Himmelsgewölbe aufsteigen.«

Der letzte Veredlungsprozeß verlangt keine besondere Übung. Als Ergebnis aller vorausgegangener Stufen ist der wissende, unterscheidende Verstand nun bereit, sich im reinen Geist der Leere aufzulösen.

Leergewordenes shen veredeln, um es mit der Leere zu vereinen: Nachdem man seinen Vorrat an *shen* so gereinigt und veredelt hat, daß es von der gleichen Beschaffenheit wie die Leere ist, geht es auf der letzten Stufe darum, die individuelle Existenz hinter sich zu lassen und »zur Quelle zurückzukehren«.

Nachdem nun alle vorangegangenen Stufen der Übung vollendet sind, ist grobes *ching* zu subtilem *ching* veredelt, das zuerst die Veredlung von *ch'i*, dann die von *shen* fördert. Mit Hilfe von subtilem *ching* ist grobes *ch'i* umgewandelt worden. Mit Hilfe dieser beiden Substanzen in ihrer subtilen Form ist grobes *shen* zu subtilem *shen* veredelt worden, und dieses seinerseits zu Leere. Ein »Geist-Kind« ist entstanden, ein leeres Gebilde, das nach der Auflösung des Körpers in der Lage ist, sich mit der Leere zu vereinen. So wird der Geist des Adepten zu seiner Quelle, dem *tao*, zurückkehren. In der Sprache der Alchimie hat grobes *ching* die Ausgangssubstanz für den Veredlungsprozeß geliefert; indem man den Körper als

Brennofen und Kessel benutzt und *ch'i* als den Wind, der das Feuer anfacht, hat man durch einen Prozeß ständiger Läuterung die letzte Substanz gewonnen – nämlich so weit geläutertes subtiles *shen*, das man sich als einen Geist-Körper vorstellen kann, der wiederum bereit ist, in die kosmische Leere zurückzutauchen. Und – um die Analogie weiterzuführen – *ching, ch'i* und *shen* waren dabei die chemischen Reagenzien, durch die dies bewirkt wurde. Die vielen Abhandlungen dieser inneren Alchimie stellen alle die Natur der beschriebenen Prozesse und ihrer Abfolge mehr oder minder gleich dar. Sie unterscheiden sich dagegen beträchtlich in der Frage, in welchem Maße die alchimistischen Termini wörtlich zu nehmen sind. Im einen Extrem entsprechen die einzelnen Übungsstufen dem Verfahren, das man sonst für die Umwandlung unedler Metalle in Gold anwendet. Im anderen Extrem gibt es Texte, die kaum noch an eine alchimistische Abfolge erinnern; höchstens insofern, als von Anfang bis zum Ende ein kontinuierlicher Prozeß der Läuterung und Weiterläuterung abläuft.

Was die Bezeichnung für diese letzte Stufe angeht, so bedeutet »leergewordenes *shen*« den Geist, der von der Knechtschaft der Sinne und solcher Dualismen wie »ich« und »das andere« so frei ist, daß die individuelle Existenz bereits transzendiert worden ist – mit einer Ausnahme, daß nämlich der Adept noch eine individuelle körperliche Hülle besitzt, die bis zum Tod nicht abgelegt wird. Mit »Leere« ist »reines *yang*« gemeint, und nicht Leerheit, sondern undifferenzierte, gänzlich unfaßbare Fülle: formloses *yang shen*. Wenn manche Adepten davon reden, »ein unsterbliches Kind zu schaffen«, dann meinen sie damit, daß sie die reine und heilige Natur ursprünglichen Seins annehmen oder zu ihr zurückkehren. Der Mutterschoß, in dem dieses »Kind« entsteht, ist kein anderer als »das ursprüngliche *yang shen*«. Hat der Geist vollkommene Stille erlangt, dann taucht er in den

See, d.h. in das Leuchten von konzentriertem *shen*.
Nun, da der Adept in vollem Besitz der reinen und
heiligen Natur ursprünglichen Seins ist, da er ruhig und
er selbst ist, findet er keine Schranke mehr zwischen sich
und dem herrlichen letzten Ziel.

Einige Schulen lehren, daß der Adept auf dieser Stufe
etwas erworben hat, das sie als »einen Körper jenseits des
Körpers« bezeichnen; und zwar in dem Sinne, daß er
diesen sterblichen Körper nun nach Belieben verlassen
und gleichsam »zu den Sternen auffliegen« kann – auch
wenn ihn seine fleischliche Hülle weiterhin mit einer
irdischen Individualität beschwert, die die völlige Vereinigung mit der Leere verhindert. Professor Chou bietet
hierfür eine interessante, wenn auch unvollständige Analogie, indem er den Adepten mit einem Filmbesucher
vergleicht, der, von seinen Gefühlen fortgerissen, seine
körperliche Existenz vergißt, in die auf der Leinwand
ablaufende Handlung eintritt und ein Teil dessen wird,
was sich dort abspielt. Für die Dauer dieses Zustands
achtet er nicht mehr auf andere Bilder und Geräusche
und vergißt Hunger und Müdigkeit.

Weil gewöhnliche Menschen nicht wissen, wie sie ihr
shen veredeln sollen, »gerinnt ihr *shen* nicht zu einem
Geist-Körper«, mit dem sie für eine gewisse Zeit aus dem
fleischlichen Körper heraus auf Reisen gehen und herrliche Entspannung in der Totalität des Seins genießen
können. Wer dies zu tun vermag, gehört zu den wahren
Unsterblichen. Ihr »Fliegen« bedeutet, daß sie bisweilen
fortschweben, um mit dem Urzustand jenseits der For-
menwelt zu verschmelzen. Dieses »Fliegen« ist ein
Bewußtseinszustand, in dem jegliches Gefühl von Subjekt und Objekt, von Himmel und Erde verschwunden
ist. Da gibt es nichts als reine Leere, einen grenzenlosen
Ozean von *ch'i*, der dem Anblick ewig wechselnder
Wolkenformen gleicht. CHUANG TZU beschreibt dies als
die »Verschmelzung der Leerheit des eigenen *yang shen*

mit der Leerheit der ursprünglichen Leere«. Sein Geist leuchtet, und der Adept wird eins mit den zehntausend Wandlungen, die das Universum umfassen. So werden Himmel und Erde vereint. Wesen, die »gleichermaßen geheimnisvoll in Geist und Form« sind, haben wirklich das *tao* erreicht. Der ursprüngliche Geist ist unzerstörbar und kann daher niemals geringer werden. Durch die letzte Veredlung von individuellem *shen* zu kosmischem *shen* erreicht der Adept einen Zustand, in dem er so lange weiterlebt, wie Himmel und Erde dauern.

Zusammenfassung

Die Fülle des *ching*, mit der wir unseren menschlichen Körper so lange bewahren, wie wir bis zur Vollendung der Achtstufigen Methode benötigen, erfordert körperliche Ruhe. Nur wenn die Begierden verschwinden, wird *ching* zu Fülle gelangen. Die Fülle des *ch'i*, mit der der Körper richtig genährt wird, bedarf des »Stillens« des Geistes; nur wenn kein Gedanke aufkommt, wird *ch'i* zur Fülle gelangen. Die Fülle des *shen*, mit der man zur Quelle zurückkehrt, verlangt bedingungslose Hingabe; nur wenn Körper und Geist sich in vollkommener Harmonie befinden, wird die Rückkehr zur Leere möglich. Deshalb heißen diese drei auch »die drei geheimnisvollen Arzneien«. Körper, Herz und Geist sind bei der Erzeugung dieser drei Substanzen unerläßlich.

Auch wenn die folgenden Verse als Merkspruch für das Ganze ziemlich unzureichend sind, mögen sie doch unserem Zweck mehr oder minder dienlich sein:

Stufe

1 Erst soll der Übende den Lebenssamen
 Sorgsam bewahren und ihn reichlich mehren.
2 Alsdann den Körper maßvoll nähren
 Und seine wilden Leidenschaften zügeln,

Die Glieder heilsam regen und tief atmen,
Jedoch unhörbar, sanft und weich.

3   Und drittens soll in Stille sich
Das reine *ch'i* des Kosmos sammeln.

4   Zum Vierten sei er nicht mehr länger
Erpicht auf dieses oder jenes;
Er sei still, ohn' Hetzen hin und her.

5   Und fünftens sollt' er auch nicht wissen,
Wie man das inn're Feuer schürt,
Damit er von subtilem *ch'i*
Sich einen frischen Vorrat sammle.

6   Und sechstens soll sein Geist beständig
In ruhiger Gelassenheit verharren.

7   Danach sein Geist in reiner Wesensschau
Verweil', in Leerheit ohne Unterscheidung.

8   Zuletzt soll es in seinem Geist
Kein »ich« und nicht »das and're« geben;
Dann fliegt er über Sonn' und Mond hinaus,
Dorthin, wo endlos sich das *tao*
Jenseits des Universums dehnt,
Den Wanderer zurück erwartend.

Argumente für ein »Geist-Kind«

Mystiker anderer Richtungen werden wahrscheinlich mit
den Vorstellungen, die dieser Methode zugrundeliegen,
übereinstimmen – auch wenn die alchimistische Analogie
nicht bei allen Anklang finden sollte. Denn wenn man es
in anderen Worten ausdrückt, läuft der ganze Prozeß auf
eine Läuterung aller Kräfte des Adepten hinaus, die
Leidenschaft und Verblendung wegfallen lassen. Die
»Innere Gottheit« erhebt sich aus den verstreuten Trüm-
mern und macht sich zur bewußten Vereinigung mit dem
Einen bereit, von dem in einem tieferen Sinne eine Tren-

nung nie stattgefunden hat. Doch wenn an dieser Aufgabe das Weg-Sublimieren die Hauptsache ist, warum sprechen dann manche Taoisten davon, ein »Geist-Kind« oder einen »Geist-Körper« zu schaffen? Kann das Ausgraben eines funkelnden Juwels aus einem Meer von Schlamm und das Schmieden eines neuen Juwels ein und dasselbe sein?

Für das logische Denken sind sie nicht dasselbe; dennoch handelt es sich hier nicht um einen wirklichen Unterschied. Er kommt durch den Gebrauch zweier verschiedener Analogien für eine unaussprechliche Erfahrung zustande, die mit Worten nur verzerrt beschrieben werden kann. Die Analogie mit dem »Geist-Kind« hat den Vorteil, eine Alternative anzudeuten, denn ein Kind kann nur dann leben, wenn es zuvor empfangen wurde. Der Schriftsteller Aldous Huxley (1894–1963), der in den mystischen Traditionen des Ostens und des Westens gleichermaßen bewandert war, macht in seiner Studie *Die Teufel von Loudun* (1952) eine interessante Feststellung. Er behauptet, die Seele sei eine Verbindung, die zerfallen könne, und die, »obwohl sie den Tod wahrscheinlich überlebt«, letzten Endes zur Auflösung verdammt sei. Die Eigenschaft der Unsterblichkeit beschränke sich auf den (unpersönlichen, universellen) Geist, mit dem die Seele jedoch eins werden könne, wenn sie es wünsche. An anderer Stelle in diesem Werk spricht er von der grundlegenden Identität, die der Geist durch seine Inkarnation in einem Körper annehme, und erklärt, daß es »durch die Ordnung der Dinge erlaubt« sei, zwischen Nicht-Wiedergeburt und Erleuchtung zu wählen. Daraus kann man schließen, daß die Einzelseele sich für eine bewußte Identifizierung mit dem universellen Geist entscheiden muß, um zum Ziel zu gelangen. Nach meinem Verständnis haben jene Taoisten, die von der Schaffung eines »Geist-Kindes« oder eines »Geist-Körpers« sprechen, diese Alternative im Sinn: eine Wahl zwischen

Die Entstehung eines »Geist-Kindes«.

Auflösung nach einer gewissen Zeit nach dem Tode und zwischen dem Schmieden eines »neuen Gebildes«, das als Medium für den endgültigen Sprung in die Leere dient. »Neu« ist vielleicht nicht das richtige Wort dafür: »erneuert« dürfte in diesem Kontext angemessen sein. Wenn man es in Worten ausdrückt, die zu dem gerade über Huxleys Ansichten Gesagten passen, könnte man jenes »Medium« oder »Geist-Kind« als »Einzelseele« beschreiben, »die von Schlacken befreit und auf eine Weise mit dem universellen Geist verschmolzen ist, daß sie zur endgültigen Vereinigung mit der Leere bereit ist«.

So wie »Kind« einen potentiellen Menschen bedeutet, so vermittelt »Geist-Kind« die Vorstellung eines potentiellen Unsterblichen.

Das »Geist-Kind« (oder der »Geist-Körper«), so nimmt man an, kann zu jedem Zeitpunkt vor dem körperlichen Tod als Medium dienen, um jenseits der physischen Grenzen des Körpers zu reisen; in diesem Sinne ist es mit jener viel unreiferen Vorstellung vom Astralleib vergleichbar, von dem man im westlichen Spiritismus spricht. Dies ist ein Konzept, das uns in einen Bereich führt, der vielleicht von der Wissenschaft erforscht werden könnte (was bisher kaum geschehen ist). Und obwohl dieses Thema von großem Reiz ist, hat es in unserem Zusammenhang nur eine Randbedeutung. Ob man nun an die Möglichkeit dieser Art von astralen Reisen lebender Personen glaubt oder nicht, erscheint angesichts der Hauptfrage irrelevant – nämlich: Was wird nach der Auflösung des Körpers aus einem voll erleuchteten Adepten?

IX.
Rückkehr zur Quelle

Das höchste Ziel

Obwohl es heißt, daß man mit den verschiedenen Übungsmethoden der inneren Alchimie, von denen die Achtstufige Methode nur eine ist, am schnellsten zum höchsten Ziel gelangt, gibt es für Adepten mit einem besonderen Talent für Stille und mystische Intuition noch einen anderen Weg. Die Bezeichnung für diese rein kontemplative Methode wurde zweifellos dem *Tao Te Ching* entnommen, wo es im 10. Spruch heißt: »Kannst du deine Seele bilden, daß sie das Eine umfängt, ohne sich zu zerstreuen?«

Im 39. Spruch stoßen wir auf die Worte:

»Der Himmel erlangte das Eine und wurde rein.
Die Erde erlangte das Eine und wurde fest.
Die Götter erlangten das Eine und wurden mächtig.
Das Tal erlangte das Eine und erfüllte sich.
Alle Dinge erlangten das Eine und entstanden.
Könige und Fürsten erlangten das Eine und wurden das Vorbild der Welt.«

Unnötig zu sagen, daß mit dem Einen das *tao* gemeint ist, die Fülle der Leere, das, was vor der Entstehung des Universums bestand.

»Das Eine bewahren« – eine kontemplative Methode.

Obwohl der Mensch sich in den Schlingen von Leidenschaft und zügelloser Begierde verfangen hat, ruht das Eine in ihm wie eine unter dem Staub weltlicher Dinge verborgene, geheimnisvolle Perle. Wenn man es zuläßt, daß ihre Leuchtkraft versiegt, verliert der Mensch seine angeborene Heiligkeit; dagegen gedeiht derjenige, der diesen »kostbaren Tropfen Geist« bewahrt. Von einem solchen Menschen heißt es, daß seine Person leuchtend wird und er »Licht auf die unzähligen Naturgesetze wirft. Er ist wie ein Atemzug aus reinem Geist. Auch wenn der Himmel finster und die Erde dunkel wird, können ihn weder Sonne noch Sturm, weder Blitz noch Regen von seinem Weg abbringen. Mag seine Lebensreise voller Gefahr und Mühen sein, er wandelt sicher auf dem mittleren Pfad.«

Meister Ko Hung pries mit beredten Worten das Bewahren des Einen, und daß der, der es gewissenhaft bewahrt, einen erhabenen Zustand erreichen werde. Weiter erklärte er: »Das Eine zu kennen, ist leicht, die Schwierigkeit besteht darin, es ganz und gar zu bewahren. Wem das gelingt, der erlangt ewiges Leben. Wilde Tiere, Insekten, Schlangen, Götter, Teufel, Feuer und Schwert können ihm nichts mehr anhaben.« Professor Chou faßt die Zitate über diese Übung so zusammen: »Ist zügellose Begierde gebannt, kommen keine schweifenden Gedanken auf. Der Verstand wird still. Der Geist wird strahlend und sein Glanz erleuchtet alle Geheimnisse des Universums; dann gibt es für die so gewonnenen wunderbaren Kräfte keine Grenzen mehr.«

Das Bewahren des Einen erfordert feste Beherrschung von Körper und Geist. Im *Buch der Unsterblichen* heißt es: »Ist der Verstand von weltlichen Dingen in Anspruch genommen, dann wird der Geist träge, die Lebensessenz des Menschen wird verschleudert und das *tao* kann nicht erlangt werden.« Ko Hung erklärte zu diesem Thema weiter: »Das Eine zu bewahren und den Geist stets darauf zu richten, verlangt die äußerste Aufrichtigkeit der Absicht. Die Gedanken müssen fest auf den reinen Geist gerichtet sein – auf das Eine, dann wird der Geist nach dem geheimnisvollen *tao* greifen und der langersehnte Zustand wird erreicht sein.« Diese taoistische Vorstellung führte die frühen *ch'an*-Buddhisten zu der Erkenntnis, daß der Geist vom Staub befreit und wie ein polierter Spiegel zum Glänzen gebracht werden muß, um

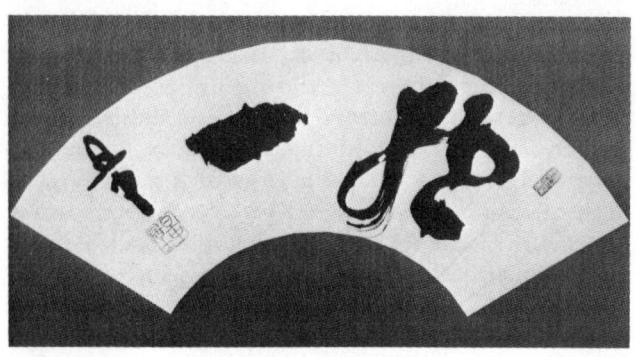

Kalligraphie der Schriftzeichen *pao i* (»Das Eine Bewahren«) von Terayama Katsujō, Tokio.

um das tiefste Geheimnis durchdringen zu können. Diese Lehre, die, wie KO HUNG aufgezeigt hat, leicht zu verstehen und schwer zu praktizieren ist, ähnelt der, die WANG YANG-MING später vertrat. Dieser konfuzianische Philosoph stand dem Taoismus in mancher Hinsicht näher als den Lehren des KONFUZIUS. Seiner Lehre zufolge besitzt jeder Mensch in seinem Innern einen Funken unbefleckten Geistes, der ihn mit dem Himmel vereint und ihn den Göttern und Weisen potentiell ebenbürtig macht. Obschon er an sich rein ist, weil er genausowenig verdorben werden kann wie ein Spiegel von dem, was er spiegelt, beschmutzt wird, sei dieser Spiegel aber von den Schleiern der Leidenschaft und der Begierde, vom Staub der zehntausend Dinge so dick überlagert, daß sich gewöhnliche Menschen ihr ganzes Leben lang dieses, ihres kostbarsten Besitzes, nicht bewußt würden. Daher sei es nutzlos, nach einem Schatz außerhalb des eigenen Geistes zu suchen; vielmehr scheine es geboten, den in den hintersten Winkeln verborgenen Schatz wiederzuentdecken, den Staub abzuwischen, ihn zu polieren und gänzlich im Schein seines

Lichts zu leben. Dieselbe Lehre wird von den Anhängern des *ch'an* verkündet, und bei den Tibetern heißt sie »Lehre von der Großen Befreiung«. Sie bildet die Grundlage der geheimen Unterweisung, die die Anhänger des Reinen-Land-Buddhismus in Japan erhalten, und die sich scheinbar so sehr von den anderen unterscheidet. Jeder, der sich mit östlichen Religionen beschäftigt, ist mit dieser Lehre vertraut; aber wie vielen von denen, die sie annehmen, gelingt es, den klaren Spiegel rein zu halten? Die Lehre, daß der Mensch mit einem kostbaren Juwel in seinem Herzen geboren wird, einem »Tropfen Geist«, der ihn mit dem *tao* vereint, und doch nicht sein Eigentum ist, sondern von allen gemeinsam besessen wird, ist nicht nur sehr verbreitet, sie reicht auch weit ins Altertum zurück. Niemand kann sagen, wann die Existenz dieses Edelsteins zum ersten Mal verkündet wurde, oder wann und warum es überhaupt dazu kam, daß man ihn zunächst übersah und vergaß. Vor dem Beginn des modernen Zeitalters waren nahezu alle großen Denker in China von der Schau der mystischen Einheit zwischen Mensch und Kosmos erfüllt; dabei machte selbst KONFUZIUS keine Ausnahme. Obwohl die Taoisten eine berechtigte Verachtung für den konfuzianischen Durchschnittsgelehrten empfanden, der sich in ermüdender Pedanterie und in der Neigung erschöpfte, Kommentare zu Kommentaren über Kommentare zu verfassen, bleibt doch die Tatsache bestehen, daß alle wirklich großen Konfuzianer – der weise KONFUZIUS (551–479), MENCIUS (372–289) und später CH'ENG YI (1033–1107), CHU HSI (1130–1200), WANG YANG-MING (1472–1529) u. a. – erkannt hatten, daß des Menschen Größe nicht aus ihm selbst, sondern aus dem *tao* in seinem Innern kommt. Dasselbe gilt für die wahren Mystiker anderer Glaubensrichtungen, was durch Ausdrücke wie Istadeva (»die innewohnende Gottheit«) und »der innere Christus« bezeugt wird. Die Taoisten besitzen daher kein Monopol über diese Lehre; aber ihre kontemplativen Techniken zeichnen sich durch typisch taoistische Züge aus, und die fesselnde Kühnheit ihrer Vorstellung vom Ziel dürfte selbst unter vollendeten Mystikern einzigartig sein.

Einige hochbegabte Taoisten stützten sich gänzlich auf das Bewahren des Einen, um sich zum höchsten Ziel führen zu lassen, obwohl es viel gebräuchlicher ist, sich zu seiner Ergänzung anderer und genau festgelegter Übungsmethoden zu bedienen. Für sich allein betrachtet, kann man diese Methode den »Weg der Aneignung durch direkte mystische Schau« nennen. In der Praxis besteht dieser Weg im allgemeinen aus zwei Teilen. Da das Bewahren des Einen in jedem Augenblick des Tages ohne Unterbrechung geübt werden muß, beinhaltet es im wesentlichen, die Sinne so streng zu bewachen, daß keine Anwandlungen von begehrlichen Regungen das Bewußtsein vom Einen auch nur für kurze Momente entschlüpfen lassen. Die negative Aufgabe, die darin besteht, Sehnsüchte und Leidenschaften ständig unter Kontrolle zu halten, muß von häufiger Erinnerung und Wahrnehmung des Einen begleitet werden, unabhängig von den alltäglichen Angelegenheiten, die zufällig die Randzonen des Geistes beschäftigen. Um jene Erinnerung und intuitive Schau zu vertiefen, verbringt der Adept täglich mehrere Stunden mit formalen kontemplativen Übungen, die immer um die Präsenz des Einen im Innern seines Wesens kreisen. Die Meditationshaltung ist bis auf einige Handpositionen die gleiche wie bei der buddhistischen Meditation. Aber die Taoisten sind in Bezug auf die Haltung im großen und ganzen weniger streng als zum Beispiel die Anhänger des buddhistischen Rinzai-Zen. Was immer geschieht, für Taoisten darf es niemals ein Gefühl der Anspannung geben. Bei den Meditationssitzungen benutzen sie mit Vorliebe eine Technik, bei der die Aufmerksamkeit auf den »Kostbarer Geviertzoll« genannten Punkt gelenkt wird; dieser befindet sich etwas hinter dem Dritten Auge. Wenn von diesem Punkt Licht ausströmt, das so deutlich sichtbar ist wie eine leuchtende Flamme vor den Augen, dann gilt dies als Zeichen erfolgreicher Meditation. Aber man soll nicht glauben, daß es mehr als dies anzeigt; denn »das Leuchten des kostbaren Tropfen Geistes« ist wieder etwas anderes und gehört in Wirklichkeit ins Reich »des Sehens, das kein Sehen ist, und des Hörens, das kein Hören ist«.

Annäherung an das höchste Ziel

Als Lao Tzu von der Lehre ohne Worte sprach, versuchte er nicht, witzig zu sein – es war ihm völlig ernst damit. Außerdem verkündet er in seinem berühmten 56. Spruch, »der Wissende redet nicht; der Redende weiß nicht«, nichts anderes als die Wahrheit. Mit dieser Erkenntnis vor Augen zögere ich, mich unter die Redenden einzureihen und zu versuchen, das höchste Ziel, das je vom menschlichen Geist ersonnen wurde, in Worten auszudrücken. Worte begrenzen nur; wie können sie dazu dienen, mehr als nur einen bloßen Schatten seiner Pracht zu beschwören? Man kann eher hoffen, das schimmernde Blau eines türkisfarbenen Herbsthimmels über dem Himalaya zu beschreiben, als die majestätische Wirklichkeit der als »Rückkehr zur Quelle« bekannten Apotheose in überzeugenden Worten mitzuteilen. Einer meiner chinesischen Freunde schlug vor, die letzten Seiten dieses Kapitels leer zu lassen und ganz am Ende nur ein Ausrufezeichen zu setzen, um anzuzeigen, daß nichts zu sagen bleibt. Wang Yang-Ming scheint genau derselben Ansicht gewesen zu sein. Als er von seinen konfuzianischen Schülern über taoistische Unsterblichkeit befragt wurde, zwang ihn seine Ehrlichkeit zu folgender Antwort, obwohl er es im allgemeinen als seine Pflicht ansah, den Taoismus herabzusetzen: »Wie kann ich antworten?

Wollt ihr es wirklich wissen, dann müßt ihr euch ungefähr dreißig Jahre lang in die Wildnis der Berge und Wälder zurückziehen, euer Hören und euer Sehen vervollkommnen, mit aufrichtiger Entschlossenheit eure Herzen reinigen, daß kein Körnchen Staub zurückbleibt – nur dann könnt ihr etwas über Unsterblichkeit sagen. So wie die Dinge jetzt aussehen, müßtet ihr weit gehen, wenn ihr den Weg der Unsterblichen beschreiten wolltet.« Dennoch muß einiges ausgesprochen werden, um den Taoismus hier in der richtigen Perspektive zu zeigen. Ich hoffe, man verzeiht mir mein schrittweises Vorgehen, bei dem ich zuerst alles Vorausgegangene ganz kurz zusammenfassen und bewerten möchte, um dann daraus die für die Kultivierung des *tao* wesentlichen Schritte auszuwählen und so auf einem natürlichen Pfad zum Gipfel zu gelangen.

Wie wir gesehen haben, hat der Taoismus, wie alle aus grauer Vorzeit überlieferten, großen spirituellen Traditionen, seinen Anteil an schillernden, aber spirituell nutzlosen Auswüchsen erworben. Wollten wir in bewährter alchimistischer Manier den ganzen Korpus des Taoismus einem Läuterungsprozeß unterwerfen, dann wären vermutlich die Rituale, die priesterlichen Funktionen und die Scharen von Gottheiten aus der Volksreligion die ersten abzuwerfenden »Schlacken«. Sie stammen noch aus einer Zeit, als die Eremiten sich um Unterstützung aus dem Volk bemühten, um einen bescheidenen Lebensunterhalt verdienen zu können, der ihnen eine nahrhaftere Kost als Wind und Tau verschaffen würde. Als nächstes kämen die äußeren Formen der Alchimie und das längst dem Untergang geweihte Streben nach Fleisch-und-Blut-Unsterblichkeit an die Reihe; denn, wiewohl deren Beiträge zur mittelalterlichen Wissenschaft, zur chinesischen Kunst und zur Verlängerung des Lebens und jugendlicher Spannkraft ihnen einen eigenständigen Wert gaben, haben sie mit mystischen Zielen wenig gemein. So würden dann vier wertvolle Bestandteile übrigbleiben:

1. Die Weisheit der heiteren Hinnahme und des *wu wei* (des Nicht-Eingreifens und der Nicht-Verwicklung), die mit der tiefen Verehrung für die Natur, das Wissen um ihre Wirkungsweise und die unmittelbare Erkenntnis der Heiligkeit eines jeden Gegenstands im Universum als Manifestation des *tao* verbunden ist. All diese Faktoren, die zwar oft um ihrer selbst willen, nicht aber im Hinblick auf ein mystisches Ziel geschätzt werden, sind für das Erreichen jenes Ziels von wesentlicher Bedeutung.

2. Die esoterische Alchimie zur Veredelung der geistigen und körperlichen Gaben zu reinem Geist. Diese ist vielleicht nicht unbedingt für die Kultivierung des *tao* notwendig, zeigt aber eine »Abkürzung« auf, die zu schnellerem Gelingen führt.

3. Die Methoden der reinen Kontemplation, durch die Leidenschaft und zügelloses Begehren besiegt werden, um dem Gleichmut und der Stille Platz zu schaffen. Diese sind nötig, um die aus dem Ego kommende Verblendung zu bannen und in den freudigen Zustand der Spontaneität und Freiheit einzutreten, in dem der Geist sich aufmacht, »über den Sternen zu fliegen«.

4. Der Weg der direkten mystischen Schau. Volle Wahrnehmung durchdringt bekanntlich ganz spontan manche Adepten, die mit seltenen Gaben an Weisheit und Stille ausgestattet sind. Dieser Weg entspricht der vierten und höchsten Stufe im tibetischen Yoga. Es gibt aber nur wenige Adepten, in denen sie ohne Unterstützung durch irgendeine oder alle der drei anderen Komponenten spontan aufblüht.

Unabhängig davon, welche Kombination dieser vier Komponenten angestrebt wird, ist eins wesentlich: die Stille. Nur durch Stille wird der Gifthauch der Leidenschaft und der Unwissenheit vernichtet und gleichzeitig die herrliche Ruhe gewonnen, durch die der Adept so

wunderbar immun wird gegen jede Art von Kummer und
Schmerz, Schläge und Schrecken, die das Leben bereit-
halten kann.

Kultivierung des tao

Wenn man alles Vorangehende berücksichtigt, wird man
das, worum es bei der Kultivierung des *tao* wirklich geht,
leichter verstehen. Die wahre Natur des Menschen
(»Geist« in der Terminologie des *ch'an*) ist nicht das
persönliche Eigentum des Individuums; vielmehr ist individuelle Existenz die Hauptillusion, die es aufzuheben
gilt. Das *tao* gehört keinem; es ist in allem präsent.
Deshalb besteht in diesem gegenwärtigen Leben – wie
Mahāyāna-Buddhisten ebenfalls gerne aufzeigen – der
einzige Unterschied zwischen erleuchteten Unsterblichen
und gewöhnlichen Menschen darin, daß die ersteren sich
ihrer fundamentalen Identität mit dem *tao* bewußt sind,
während die letzteren jene Identität noch nicht unmittelbar erfahren haben. Die Kultivierung ist, so gesehen, ein
Prozeß des Enthüllens, des Abstreifens aufeinanderfol-
gender Schichten der Verblendung, von denen jede subti-
ler als die vorangegangene ist. Sie ist ein Prozeß der
Befreiung. Ist die letzte Selbsttäuschung vom individuellen Getrenntsein abgeworfen, dann bleibt nur der (bald
abzulegende) physische Körper zurück, der von den
spirituell Blinden nach wie vor als persönliches Eigentum
verkannt wird. Auf dieser Stufe bedeutet der Tod nur
noch eine willkommene Befreiung von einer alternden
Hülle. Wie könnte die wahre Natur des Adepten – die
Natur allen Seins – durch den Verlust einer Identität
gemindert werden, die von Anfang an keine Realität
besessen hat? Wenn Wolken die Sonne verdunkeln, wird
dadurch die Sonnenkugel nicht kleiner; wenn die Wolken
wieder weggeblasen sind, strahlt sie dadurch nicht heller

als vorher: die Sonne bleibt wie sie ist, ob das Auge sie nun sieht oder nicht. Demzufolge beginnt nichts mit der Geburt oder endet mit dem Tod; das Wahre ist allezeit da. Es genügt jedoch nicht, dies mit dem Verstand zu begreifen, es muß unmittelbar geschaut werden. Zu diesem Zweck folgt der künftige Unsterbliche einer »Therapie«, wie sie vor rund 2000 Jahren in einem Werk der Han-Dynastie mit einfachen Worten dargestellt wurde: »Er pflege seinen menschlichen Körper sorgfältig, vervollkommne in sich seinen Anteil am Wahren, reinige Wollen und Denken, halte sich fern von den Pfaden gewöhnlicher Sterblicher. Sein Geist und seine Sinne seien völlig heiter und unzugänglich für die Auswirkungen jeglicher Art von Übel; er begrüße Leben und Tod als Teile einer unbegrenzten Einheit und klammere sich deshalb nicht an das eine oder fürchte das andere. Frei von jeder Art Sorge und Furcht, durchstreife er die Welt, mit unerschütterlichem Behagen – so erlangt er das *tao*.« Wie wunderbar, »mit unerschütterlichem Behagen« durch die Welt zu streifen, gleichgültig, wohin man geht und welche Umstände eintreten! Kein Wunder, daß die Gedichte der Berg-Eremiten so voller Freude sind! Mit dieser Einstellung gelang es ihnen, die lieblichen Düfte und Farben des Lebens als Gaben von Augenblick zu Augenblick zu genießen, deren Vergänglichkeit oder Verschwinden sie niemals bedauerten, und stets taten sie es ohne eine Spur von Sorge oder Furcht. Wo selbst die Aussicht des plötzlichen, drohenden Todes nicht zu stören und noch weniger zu erschrecken vermag, weil man sich so völlig sicher wie ein Kind in den Armen der Mutter fühlt! Und doch sind all diese Dinge nur die ersten Früchte der höchsten Erkenntnis!

Der erste Schritt, das Wesen des höchsten Ziels zu verstehen, besteht im Begreifen des Todes, den man die einzige Gewißheit des Lebens genannt hat. Ein Mensch, der Reue über das Ablaufen der Lebenszeit empfindet, gleicht nach taoistischer Ansicht einem, der in der Annahme, seine Geldbörse enthalte eine kostbare Perlenschnur, zu Tode erschrickt, wenn der Räuber die Pistole zieht und »Geld oder Leben!« ruft. Wenn der arme Kerl nur begriffe, daß seine Börse leer ist, dann könnte er es sich leisten, sie mit einem Lachen auszuhändigen. Und genau so ist es ja – die Börse enthält nichts außer einer Handvoll goldener Herbstblätter! Die Börse ist der Körper, und die Herbstblätter mit ihrem scheinbaren Gold symbolisieren die Illusion der Individualität. Die einzige wirkliche Komponente eines individuellen Wesens ist etwas viel Wertvolleres als Perlen; auf keinen Fall ist sie jedoch sein persönlicher Besitz. Dieses Etwas begann nicht bei der Geburt und nahm damit auch nicht zu; wenn sein Körper abgelegt wird, wird es nicht aufhören oder in irgendeiner Weise abnehmen. Um einen Verstorbenen zu weinen, bedeutet Tränen um etwas zu vergießen, das niemals gewesen ist. Doch ist dies keinesfalls das ganze Geheimnis der Unsterblichkeit.

Ein Unsterblicher ist ein Mensch, der zu Lebzeiten die Gewißheit erworben hat, eine herrliche Apotheose zu erfahren. Für jene, die der Tod noch im Zustand der Verblendung überrascht, ist sie unerreichbar. Dieses schwierige Thema wird ein wenig durch jene Lehrer der inneren Alchimie erhellt, die die absolute Notwendigkeit betonen, einen Geist-Körper in sich zu schaffen, in den man zum Zeitpunkt des Todes hineinfahren kann. In dieser unverblümten Formulierung mag uns deren Vorstellung kaum weniger naiv vorkommen als der Glaube an Fleisch-und-Blut-Unsterblichkeit. Ich erwähne sie hier nur, weil sie die Unsterblichkeit unter dem Aspekt einer Wahl darstellt. Sollte die Schaffung eines Geist-Embryos vor dem Tod mißlingen, dann werden nach Ansicht von Alchimisten dieser Richtung die Zwillingsseelen *hun* und *p'o* (Geist- und Körperseele) eine Zeitlang in den oberen und niederen Regionen verweilen; sie

werden sich aber schließlich auflösen, und die Gelegen-
heit, Unsterblichkeit zu gewinnen, ist für immer vertan.
Sollte es dem Sterblichen dagegen gelingen, aus geläuter-
tem, dem kosmischen *shen* entsprechendem *shen*, einen
Geist-Embryo zu schaffen, dann wird er die Seligkeit der
Vereinigung mit dem *tao* erfahren können!

Das Geheimnis

Sogar auf der höchsten Stufe der Einsicht, jener der
mystischen Schau, existiert die Vorstellung von einer
Wahl. Da die Taoisten meistenteils die buddhistische
Lehre von der Wiedergeburt nicht akzeptieren, kann
Unsterblichkeit offensichtlich nur in diesem Leben
gewonnen werden, oder gar nicht. Die Strafe für ein
Scheitern besteht in der Auflösung, die zum Verlöschen
führt; dies verleiht dem Begriff »Unsterblichkeit« als
Synonym für Erreichen des höchsten Ziels natürlich
tiefere Bedeutung. Zur Natur dieses Ziels fällt mir nichts
Besseres ein, als die Worte des taoistischen Meisters
Tseng in leicht gekürzter Form zu wiederholen, die in
meinem früheren Buch über Taoismus, *Das Geheime
und das Erhabene*, vollständig zitiert werden. Diesem
wunderbaren alten Mann gelang es besser als jedem anderen, dem ich begegnet bin, sei er nun Buddhist, Taoist
oder sonst etwas gewesen, den erhabenen Charakter der
Apotheose auszudrücken, die nach dem Tode diejenigen
erfahren können, die die notwendigen Vorbereitungen
getroffen haben. Diesem Meister zitierte ich den schönen
Ausdruck des englischen Dichters Edwin Arnolds für
den Eintritt ins Nirwana: »Der Tautropfen gleitet ins
leuchtende Meer.« Darauf brach er in Entzückungsrufe
aus, fügte aber hinzu:
»Und doch erfaßt er nicht das Ganze. Da das *tao* alles
umfaßt und sich nichts außerhalb des *tao* befindet, da

seine Vielheit und Einheit identisch sind, verliert sich ein begrenztes Wissen nicht im *tao*, wenn es die Illusion von getrennter Existenz ablegt. Indem es seine eingebildeten Begrenztheiten abwirft, wird es unermeßlich. Tauche das Begrenzte in das Unbegrenzte. Obwohl nur eins bleibt, nimmt das Begrenzte keineswegs ab, sondern es nimmt die Gestalt der Unendlichkeit an. Mit einer solchen Schau wirst du das von allen vollendeten Weisen gesuchte wahre Geheimnis von Angesicht schauen können. Der Geist des zur Quelle Zurückkehrenden wird daher die Quelle selbst. Dein eigener Geist ist dazu bestimmt, das Universum selbst zu werden.«

Ja, in diesen Worten liegt ein Glanz, der alle früheren Vorstellungen weit übertrifft! Ein Weiser zu sein und fröhlich trinkend in der Schönheit von Sonnenschein und Regen, Donner und Blitz, Leben und Tod zu leben, ist allein schon eine wunderbare Sache. Zu wissen, daß beim Tod nichts Wertvolles verloren wird, da die einzige Wirklichkeit unabhängig von unserem Leben existiert, ist ein befriedigender philosophischer Gedanke. Aber was ist das alles im Vergleich zu dem Wissen, daß individueller Geist nicht von absolutem Geist zu unterscheiden ist, und beide sich nach Aufhebung dieser dunklen Schranken als deckungsgleich erweisen! Im Lichte dieses Wissens sieht man sich als einen noch in eine versiegelte Flasche eingeschlossenen Geist; aber nun hat man die Kraft, den Verschluß zu sprengen. Plötzlich verschwindet er, und das Bewußtsein dehnt sich stürmisch aus, auf eine Größe von 100 Metern, 1000 Metern, eine Million – nein, eine Milliarde Milliarden Milliarden. Nun ist man eins mit dem *tao*, dem Gefäß und der einzigen Substanz des Alls! Unzählige Sterne und Sonnen bilden die Atome deines Wesens, ihr Wirbeln ist der Pulsschlag deines Blutes, ihr feuriger Glanz das Leuchten deiner Person, die Sphärenmusik deine Stimme!

Dies also ist das Geheimnis! Jahrelang hatte ich zu Füßen

buddhistischer und taoistischer Meister gesessen, die Werke der Mystiker anderer Glaubensrichtungen gelesen, und zuweilen hatte ich in meinen Meditationen sogar kleine Schritte in Richtung auf eine intuitive Schau der Wirklichkeit gemacht. Aber es war Meister Tseng oder Tseng Lao Weng (Großvater Tseng), wie er sich gerne nennen ließ, der mir mehr als jeder andere Weise, der mir früher oder später begegnete, die Augen für den wahren Sinn von »Vollendung«, »Unsterblichkeit«, »Erleuchtung« öffnete. Obwohl er aus direkter intuitiver Schau des Namenlosen sprach, konnten seine Worte nicht mehr vermitteln als einen schwachen Abglanz der überwältigenden Wirklichkeit selbst: so weit steht das *tao* über allen Beschreibungen. Doch diese Worte schenkten meinem Leben einen Sinn, der weit über das hinausgeht, was ich auf andere Weise gehört oder gelesen habe.

Im Licht dieser Worte habe ich oft jene alten Bergbewohner – vielleicht Unsterbliche – vor meinem geistigen Auge erblickt, die naturverbunden wie Blüten, winterfeste Kiefern und Vögel leben, arm an Gütern und doch an Schönheiten reicher als der Himmelssohn auf seinem Drachenthron: so unerschöpflich und bedeutungsschwanger waren ihnen die Herrlichkeiten der Berge, der Wolken und des Himmels. Weil sie wußten, daß sie aus genau derselben Substanz wie die Felsen und Bäche, wie die windbewegten Gräser und der Wind selbst bestanden, einer unvorstellbar heiligen Substanz, kannten sie keine Furcht. Welche Feinde vermochten das Leben auszulöschen? In ihrer Frömmigkeit verbrannten sie duftende Kräuter für die Sternengötter und brachten den Geistern von Felsen und Teichen Opfer dar. Sie sahen in allem und jedem den universalen Geist, der der Welt der Form zugrundeliegt und sie durchdringt. Angesichts seiner majestätischen Größe und Weite erschien ihnen das ganze Universum heilig und ehrfurchtgebietend, aber nie furchterregend. Von derart unnatürlichen Begriffen wie

Tugend und Sünde hatten sie sich abgewandt, weil sie ihnen als der Welt des Staubes zugehörige, kindische und manchmal schädliche Täuschungen erschienen. Was könnte sie als Kinder der Natur reizen, Schlechtes zu tun? Wer wünschte noch zu rauben, zu vergewaltigen oder zu töten, nachdem er Besitz als allzu schwere Last verworfen hatte, Heiterkeit pries und Leidenschaft als Feindin erkannte, sich an allem Lebendigem erfreute und dessen Heiligkeit begriff. Wer durch Übung und Meditation zum Verständnis des von mir vernommenen Geheimnisses gelangt war – nicht durch Belehrung, sondern in direkter intuitiver Schau, auf eine Weise, die meine Fähigkeiten überstieg – was wollte der noch mehr tun, als ohne Pläne und Spekulationen in den Tag hinein zu leben, nur dort Hand anzulegen, wo es nötig ist, es gut zu machen und dann zu vergessen?

Obwohl ich Jahrhunderte zu spät nach China gekommen war, um noch die ursprünglichen Unsterblichen anzutreffen, die dort als Einsiedler gelebt hatten, fand ich unter ihren Nachfolgern in den kleinen Gemeinschaften nicht wenige, die ihre Natürlichkeit geerbt hatten, ihr bereitwilliges Lächeln und heiteres Lachen, ihre Freude an einfachen Dingen, die andere Menschen, die der Heiligkeit jedes Blattes oder Windhauchs nicht gewahr werden, unbemerkt vorbeiziehen lassen. Es ist durchaus möglich, daß ich mich in ihrer Gegenwart wohler fühlte, als das bei den traditionellen Eremiten aus alter Zeit der Fall gewesen wäre; denn dem natürlichen Reiz ihrer wilden Umgebung hatten sie nach und nach die lieblichen Behausungen und phantastischen Pavillons hinzugefügt, die, weit davon entfernt, die Schönheit der Natur zu schmälern, von einem kunstverständigen Volk eigens zur Verschönerung der Felshänge und -spitzen entworfen worden waren.

Es ist ein schmerzlicher Gedanke, daß jene Gemeinschaften aufgelöst und die Eremiten vertrieben wurden, wenn auch die Gebäude noch wie in vergangenen Jahrhunderten dastehen, und daß der alte, aus den Zeiten des Gelben Kaisers überkommene Lebensstil für immer ausgelöscht wurde. Dennoch drang auf meinen Reisen, die ich vor vielen, vielen Jahren zu Chinas heiligen Bergen unternahm, etwas von ihrem Frieden in mein Herz. Gewisse Klänge und Bilder, wie das Spiel einer Flöte im Freien, wenn der Mond auf eine Hügelkette scheint, oder die Musik des Windes im Bambushain vor meinem Fenster, können mich mit einem grenzenlosen Entzücken erfüllen. Dieses Entzücken verdankt viel von seiner Süße den Erinnerungen, aber auch einer zumindest schwachen Wahrnehmung der inneren Schönheit, durch welche sich die Erkenntnis der Eremiten auszeichnet.

X.
Der Geist des Tales
Lebender Taoismus

Im *Tao Te Ching* finden wir die Worte:
»Der Geist des Tals stirbt nicht,
Das heißt das dunkle Weib.
Das Tor des dunklen Weibs.
Das heißt die Wurzel von Himmel und Erde.« (6. Spruch)
Der Begriff ›Geist des Tales‹ ist hervorragend geeignet,
die Art der taoistischen Einsiedler zu beschreiben. Sie
legten keinen Wert darauf, wie die Gipfel hoher Berge im
weiten Umkreis bekannt zu sein, sondern zogen es vor,
ihr Leben unbehelligt von der Außenwelt zu verbringen.
Sie wollten so verborgen bleiben wie Hochlandtäler, die
nur ortskundigen Schäfern und ihren Herden bekannt
sind. Und sie taten es mit Erfolg! In einer beträchtlichen
Zahl von Büchern über China wird, meist ziemlich
abwertend, über die sogenannten Taoisten berichtet,
womit man immer nur die Priester des volkstümlichen
Taoismus meint; während jene Einsiedler, die sich der
Kultivierung des *tao* widmen, und wie ich sie bis zur
Mitte unseres Jahrhunderts angetroffen habe, nur selten
beschrieben werden.
Obgleich sie allen in herzlicher Gastfreundschaft zugetan
waren, die den Weg zu ihnen fanden, entzogen sie sich
im großen und ganzen lieber der öffentlichen Aufmerksamkeit und lebten hauptsächlich in kleinen, unscheinba-
ren Einsiedeleien. Zuweilen gehörten sie größeren
Gemeinschaften an, in denen bunte Scharen von Zauberern, Exorzisten und Priestern, die gleich ihnen taoistische Gewänder trugen, das Bild bestimmten. Dort fiel es
ihnen leicht, unbeobachtet von der Welt das *tao* zu
kultivieren. Die Zugehörigkeit zu einer Priestergemein-
schaft erwies sich als vorteilhafte Basis, die notwendige
Verpflegung, Bekleidung und Unterkunft zu sichern,
ohne zu Tätigkeiten verpflichtet zu sein, welche die zur
Kultivierung des *tao* nötige Zeit in Anspruch nahmen.
Vielleicht hat es in diesem Jahrhundert, seit dessen

Beginn zahllose Katastrophen über die Chinesen herein-
gebrochen sind, nicht sehr viele dieser wahren Taoisten
gegeben; gleichwohl aber war vor der kommunistischen
Machtergreifung das gesamte Volk von taoistischem
Gedankengut und taoistischen Verhaltensweisen durchdrungen. Eine Beziehung zur Natur, die fast auf Anbe-
tung hinauslief, fiel dem Reisenden in allen Landesteilen
auf, in denen die Traditionen noch nicht untergegangen
waren. Die materialistische Zivilisation benötigte
zunächst doch eine gewisse Anlaufzeit, bis es ihr gelang,
eine Lebensweise radikal auszulöschen, die 5000 Jahre
ohne Unterbrechung überlebt hatte. In diesem Zeitraum
war die chinesische Kultur entweder von fremden Einflüssen unbehelligt geblieben oder es war ihr gelungen,
Wesensfremdes mit den Grundlagen der chinesischen
Zivilisation in Einklang zu bringen. Die Wertschätzung
der Natur, die in den Meisterwerken der Dichtkunst und
der Landschaftsmalerei einen so wunderbaren Ausdruck
fand, war überall im Reich der Mitte anzutreffen. In allen
Bereichen spiegelte sich diese Haltung wider: in den
Wolkenmustern der Gewänder kaiserlicher Würdenträger, die heute nicht mehr existieren; in den bezaubernden
Miniaturen von Landschaften, Vögeln, Tieren und Blumen, welche die Dachränder der traditionellen Gebäude
schmückten; sowie in den Verzierungen der verschieden-
sten, künstlerisch gestalteten Gegenstände, wie Fächern,
Rollbildern und Vasen, wie auch Gerätschaften des täglichen Lebens wie Reisschalen, Weinbechern, Teekannen
und Wasserkesseln.
Die Verehrung für Berge, Bäume, Flüsse, Teiche und
Blumen ist natürlich nicht nur eine Besonderheit der
Chinesen; andere Völker sehen in ihnen ebenfalls Auf-
enthaltsorte von Göttern und Geistern. Einige der Zeugnisse dieser Verehrung sind jedoch charakteristisch für
das chinesische Wesen. Typisch ist zum Beispiel die
ungewöhnliche Verehrung für Felsen, deren Beschaffen-

heit sicherlich einen sinnlich erfaßbaren Eindruck von der Austauschbarkeit all der zehntausend Dinge vermittelt, die das *tao* geschaffen hat. Wohin man sich auch in China wendet, fällt es schwer, irgendeinen Bergkamm oder Felsvorsprung zu finden, der nicht mit einem lebenden Wesen verglichen worden ist. Schon am Tor zu China, dem Hongkong vorgelagerten Festland, stößt man auf Neun-Drachen (Kowloon), den Löwen-Felsen, den Amme-mit-Kind-Felsen, und ähnliches. Besonders der Süden Chinas ist mit Felsformationen übersät, die förmlich dazu einladen, sich die Verwandlung vom scheinbar Unbelebten in lebende Geschöpfe auszumalen: in Drachen, Löwen, Tiger, Büffel, Schildkröten, Frösche, Reiher, Phönixe oder Menschen. Aber man benötigt die Augen eines Chinesen, um diese Ähnlichkeiten ohne zusätzliche Hinweise zu entdecken. Erst mit dieser Fähigkeit erkennt man, wie eindrucksvoll jene Felsen die Annahme eines universalen Grundstoffs belegen, der sich immerwährend wolkengleich von einer Form in die andere verwandelt.

In den Gärten und Höfen der Einsiedeleien, die nicht in der Nachbarschaft von malerischen Felsen liegen, ist diesem Mangel im allgemeinen sorgfältig abgeholfen worden. Von weither herbeigeschaffte Felsen wurden entweder auf harmonische oder auf groteske Weise in Miniaturlandschaften eingebettet. Auf den Tischen vieler Einsiedler und Gelehrter konnte man zwischen Schreibwerkzeugen aus Porzellan, Bronze, Elfenbein oder Jade einen Brocken aus gewöhnlichem dunklem Gestein finden, der wie eine Rarität auf ein schmuckloses Ebenholzfundament gesetzt war. Obwohl ihm gewöhnlich kein größerer Eigenwert zugestanden wurde als einem Flußkiesel, stellte er vielleicht den wertvollsten Schatz seines Besitzers dar; ein Wort des Lobes für seine Form und Beschaffenheit, seine winzigen Aushöhlungen und Adern oder verdrehten Grate konnten einem das Herz des

Besitzers gewinnen und dazu beitragen, den Ruf eines Barbaren loszuwerden.

Jede Menge wahllos genannter Beispiele könnte herangezogen werden, um das chinesische Empfinden für Naturschönheit anschaulich zu vermitteln; aber der umfassendste Ausdruck dieser Verehrung wurde auf den Hängen der heiligen Berge sichtbar, an die sich taoistische Einsiedeleien schmiegten. Diese lagen im allgemeinen in tiefer Bergeinsamkeit und waren wegen der großen Entfernung von Straßen und Eisenbahnen nur mühsam zu erreichen. Die Mehrzahl der Einsiedeleien bestand schon lange nicht mehr nur aus einfachen Hütten; die meisten waren seit Jahrhunderten bewohnt und im Lauf der Zeit verschönert und den beeindruckenden Reizen der umgebenden Natur angepaßt worden. In allen Fällen hatte man die Klausen in Übereinstimmung mit der heiligen Wissenschaft des *feng shui* (Wind und Wasser, Geomantie) angelegt, um sie in der Nähe von ungestört fließendem *ch'i* zu wissen. In ihrer Nachbarschaft hingen Mondbeobachtungspavillons über tiefen Schluchten, die von schillernden Wolken aus Sprühnebel erfüllt waren und aus denen das gedämpfte Donnern der tief unten hinabstürzenden Bäche widerhallte. Die Hauptgebäude waren gewöhnlich aus der Ferne nicht zu erkennen, weil sie von Gehölzen kräftiger Kiefern und Zedern oder natürlichen Felsformationen gegen die Bergstürme geschützt wurden. Die steilen und windungsreichen Zugänge führten im Herbst durch Tunnel aus goldenem und scharlachrotem Laub. Im warmen Süden des Landes waren die Klausen von großen Bambushainen und hoch blühenden Büschen wie rosa und weißem Oleander umgeben. Bäume, die wegen ihrer Blüte geschätzt wurden – Pfirsich, Birne, Kirsche, Wildapfel oder Pflaume – erhoben sich aus den kleinen Innenhöfen und spendeten Schatten gegen die Sommersonne. Die Außenmauern, die den Wellen des Bodens mit drachenähnlichen Windungen folgten, hatte man in Abständen mit Durchbrüchen versehen, in Glockenform, in Form einer Vase, eines Ahornblatts oder eines Vollmonds. Die gewöhnlich einstöckigen Gebäude besaßen geschwungene Dächer. Einige der größeren und bekannteren Bauwerke waren mit himmelblauen oder jadegrünen Ziegeln gedeckt; aber vorherrschend waren dunklere Farbtöne, die mit der Erde und den Felsen harmonierten. Prachtvolle Tempelanlagen mit leuchtenden Ziegeln, scharlachrot lackierten Toren und kunstvoll verzierten Dachvorsprüngen spiegelten buddhistische Einflüsse wider; denn soviel Schmuck widersprach dem taoistischen Ideal der Einfachheit. Mir gefielen besonders die kleinen und im traditionellen Stil errichteten Einsiedeleien mit ihren dunkelgrauen Mauersteinen und irdenen Dachziegeln; gewöhnlich wurden sie von lackierten Toren beschützt, die man schwarz oder schmucklos dunkel und einfarbig gestrichen hatte.

Eine Einsiedelei mittlerer Größe bestand in der Regel aus geschmackvoll und asymmetrisch konstruierten Gebäuden, die um einen einzigen, mit grauen Steinplatten belegten, baumbeschatteten Innenhof gruppiert waren. Darin standen, je nach Jahreszeit, Tongefäße mit blühenden Sträuchern und Blumen: Hyazinthen, Päonien, Lotos, Chrysanthemen und Winterpflaumen. Oder man hatte im Innenhof einen Steingarten so geschickt angelegt, daß er einer Gebirgslandschaft zum Verwechseln ähnlich sah. Der sich anschließende Garten bot oft einen so wilden Anblick, als sei er allein von den Launen der Natur gestaltet worden; der Eingriff von Menschenhand wurde dabei geschickt verborgen. Knorrige Bäume mit grotesk gekrümmten Stämmen oder Ästen erweckten den Anschein, von selbst so gewachsen zu sein. Hätte man den knorrigen Ästen und Stämmen angesehen, daß sie nicht das Werk der Natur waren, so wären die taoistischen Gärtner wohl nachdenklich geworden, denn die

Bäume wurden in Wirklichkeit sorgfältig geschnitten, um die perfekte Form zu erzielen. Ebenso verhielt es sich mit den Felsen; sie schienen schon Jahrmillionen an ihrem Ort gelegen zu haben, obgleich ihre Anordnung tatsächlich Hunderte von Malen verändert worden war. In den Einsiedeleien gab es gewiß auch Gemüsegärten; dennoch kann ich mich nicht entsinnen, mehr als einen oder zwei gesehen zu haben. Vielleicht lagen sie versteckt, weil ihr Anblick in der Nachbarschaft von Unsterblichen zuviel Aufsehen erregt hätte – zumal die Weisen doch dafür bekannt waren, sich von einem Schlückchen Wind und einem Tröpfchen Tau zu ernähren, einer Diät, die hin und wieder durch einen Imbiß von gestoßenen Perlen und Mondstrahlen angereichert wurde.

Im Innenraum bewohnte jeder Einsiedler eine Zelle, die vom Hof aus betreten wurde. Wenn diese kleinen Räume einen Mangel aufwiesen, dann waren es die dämmerigen Lichtverhältnisse. Die Fenster wurden nämlich durch die großen, aufwärts geschwungenen Dachvorsprünge verdunkelt, und das Fensterpapier, das zwar in perlfarbigem Glanz erstrahlte, konnte man kaum als lichtdurchlässig bezeichnen. Dagegen waren die Fenstergitter von bezaubernder Schönheit; es gab vielerlei Gestaltungsmöglichkeiten, von denen mir das Muster gesprungenen Eises am besten gefiel. Die Einrichtung war einfach, aber gediegen: ein Himmelbett mit einer gefütterten Matratze, ein mit Körnern oder getrockneten Gräsern gefülltes Kopfkissen und wattierte Bettdecken; dazu gab es eine geräumige Holztruhe für Bekleidungsstücke und persönliche Gegenstände, einen viereckigen oder ovalen Tisch mit einem oder zwei schweren Holzstühlen, und einige Wandbretter. Diese Grundeinrichtung unterschied sich kaum von einer Einsiedelei zur anderen. Sie erweckte den Eindruck, als sollte sie für Jahrhunderte halten; konsequente Einfachheit und elegante Linienführung waren nicht durch Nebensächlichkeiten wie Kissen oder Polsterung beeinträchtigt. Dennoch trieben es die taoistischen Einsiedler mit der Einfachheit nicht zu weit, immer wieder traf man auf geschickt hinzugefügte Verschönerungen: eine Bildrolle mit beherzt aufs Papier geworfener Kalligraphie, die so lebendig erschien, als würden sich die Zeichen im nächsten Augenblick von der Oberfläche lösen und davonfliegen; dazu eine schwarzweiße Pinselzeichnung von einem Tier oder Vogel oder gar einem lachenden Weisen, der sich mit einem buschig geschweiften Einhorn die Zeit vertreibt. Vielleicht bevorzugte der Bewohner der Zelle auch eine mit leichter Hand kolorierte Landschaft vor einer zart angedeuteten Bergkette, die sich in nebelhaft verlaufende Weiten von Wasser und Himmel verliert und so auf die den zehntausend Dingen zugrundeliegende Leere und die zwischen ihnen herrschende Identität hinweist. Da und dort waren vielleicht zwei oder drei wertvolle Stücke ausgebreitet: eine Porzellanvase, ein kleines Weihrauchgefäß aus Bronze, eine Miniaturschildkröte aus Jade, eine kleine Statue, die Lao Tzu auf einem Ochsen reitend darstellt, ein wohlgestalteter Satz Schreibgeräte oder ein Teeservice. Die Bücherborde fielen durch ihre eigene karge Schönheit auf. Die wegen ihres Alters außerordentlich empfindlichen Blockbücher bewahrte man nicht einzeln auf, sondern mehrere Bände befanden sich in einem mit dunkelblauem Leinen bezogenen Schuber, der mit einer Elfenbeinspange verschlossen wurde und ein langes, schmales Titeletikett in schöner Kalligraphie trug.

Darüber hinaus befand sich kaum ein Luxusgegenstand in der Zelle – vielleicht ein tragbares Teeöfchen für den Sommer, das bei kürzer werdenden Tagen durch ein großes Holzkohlebecken ersetzt wurde, ein Zinngefäß, um Wein zu erhitzen, und ein gefütterter Korb zum Warmhalten der Teekanne. Der Speisesaal für gemeinsame Mahlzeiten besaß einen Fußboden aus Holz oder, wie die Zellen, aus Steinplatten. Die Wände und Decken waren teils tapeziert, teils roh belassen. Die schwarz lackierten Tische konnten mit einem feuchten Lappen schnell gereinigt werden, so daß sich Tischtücher erübrigten. Hocker sah man häufiger als Stühle; vielleicht, weil sie zwischen den Mahlzeiten direkt unter den Tisch geschoben werden konnten und so den Speisesaal geräumiger erscheinen ließen. Hier hatte man die Fenstergitter anstelle des durchscheinenden Papiers gelegentlich mit dünnen Schichten von Perlmutt eingelegt; dadurch verbesserten sich zwar nicht die Lichtverhältnisse, aber das hereindringende Licht glänzte wie zart gefärbte Juwelen. Nicht jede Einsiedelei konnte sich einer Schreinhalle rühmen, zudem bestand in einigen kleineren gar kein Bedarf dafür, wenn die Insassen ausreichend private Mittel zur Verfügung hatten. Aber alle Klausen besaßen eine oder zwei Statuen; meistens von LAO TZU und einer örtlichen Gottheit, deren Schrein häufig im Speisesaal errichtet wurde. Daneben gab es dort nichts weiter als ein Weihrauchgefäß, zwei Blumenvasen und zwei Kerzen. Gleichgültig, ob man an göttliche Wesen glaubte oder nicht, galt es doch in jedem Fall als schicklich, die alten Traditionen maßvoll zu achten. In Klausen, die völlig auf Unterstützung von außen angewiesen waren, befand sich dagegen häufig ein reich verzierter Saal oder wenigstens ein ähnlich ausgestalteter Raum für den Schrein. Obgleich die Einsiedler zuweilen wenig Begeisterung für die Götter zeigten, besaßen solche Räume höchste Bedeutung, bildeten sie doch den Hauptanziehungspunkt für die Pilger, die in Massen zu den großen Festen herbeiströmten. Abbildungen von Gottheiten und Weisen thronten bei diesen Anlässen auf geschnitzten und vergoldeten Podesten und blickten auf prachtvolle Altäre voller Gaben.

Schließlich verfügten die meisten Einsiedeleien über eine kleine Bibliothek, eine Küche, Lagerräume, ein Bad und einen primitiven Abtritt. In den von Pilgern stark besuchten Klöstern bot die Küche einen imposanten Anblick; da gab es große Kessel und riesige Pfannen, in denen Reis und Gemüse gekocht und Wasser für mehrere hundert Personen erhitzt werden konnte. In der Badestube bestand die gesamte Einrichtung aus einer versenkten Wanne, die mit unterirdischen Röhren beheizt wurde. Die Wanne war so groß, daß mehrere Personen beim gemeinsamen Bad bis zum Kinn im heißen Wasser stehen konnte. Das Gelaß, das man mit größter Vorsicht betreten mußte, war der Abort, eine überdachte Grube, die ansonsten gegen die Bergwinde ungeschützt war. Dort hockte man sich, allen Gefahren trotzend, über den Aushub und stützte die Füße auf Bretter, die mit Sicherheit nicht dazu vorgesehen waren, das Gewicht eines Mannes vom Westlichen Meer zu tragen. Hundertmal quälte mich die furchtbare Vorstellung, daß die Bretter nachgeben könnten. Hätten sie dies tatsächlich getan, wäre ich in den angehäuften Unrat von Jahrhunderten geplumpst, zu dem wir alle unseren täglichen Beitrag leisteten. Einfachheit, so wundervoll sie sein mag, hat auch ihre Kehrseiten.

Die Kleider der Einsiedler waren fast immer in altertümlichem Stil geschnitten, der sie als Taoisten kenntlich machte. Gleichwohl handelte es sich um eine Tracht, die gewöhnliche Bürger getragen hatten, bevor der erste Mandschukaiser den Drachenthron bestieg (1644) und eine Kleiderreform durchführte. Diese schloß auch das Tragen von Zöpfen ein, wovon aber buddhistische Priester und Taoisten ausgenommen waren. Über eine kurze Jacke und weite Hosen fiel eine lange, weite Robe aus schlichtem, gelegentlich auch in fröhlichen Farben gehaltenem Leinen. Im Sommer trug man sie einfach, im Winter mit Baumwolle gefüttert; die Farben wechselten mit der Jahreszeit. Die Hosenbeine wurden von weißen Strümpfen abgeschlossen und die Schuhe aus schwarzem Leinen hatten mehrschichtige Filzsohlen. Die Kopfbedeckung bildete ein randloser Hut, durch den ein üppiger Haarknoten hervorragte, der von einem Haarpfeil aus Holz, Bambus, Elfenbein oder Jade gehalten wurde. Diese Haarpfeile waren häufig zierlich geschnitzte Kunstwerke. Ansonsten war Schmuck selten – mit Ausnahme eines gelegentlichen Reifs oder Ringes aus dicker grüner oder weißer Jade, die eher aus magischen und gleichzeitig therapeutischen Gründen denn als Schmuck getragen wurden.

In diesen taoistischen Gemeinschaften pflegte man noch die höflichen Umgangsformen der alten Zeit. Zum Gruße umfaßten die Einsiedler ihre Hände und bewegten die Arme auf und nieder, dabei neigten sie mehrmals ihr Haupt oder bewegten es auf und ab. Ihre Unterhaltung mit Fremden war häufig von überschwenglichen Höflichkeiten begleitet. Da die chinesische Sprache zum kurzen und prägnanten Ausdruck neigt, konnten sie diese Floskeln in weitaus kürzerer Zeit ausdrücken, als wir brauchen, um nur »Wie geht es Ihnen?« zu sagen. »Chiu yang« hat zum Beispiel die folgende, umfangreiche Bedeutung: »Ich bin schon lange mit Ihrem berühmten Namen vertraut; aber bisher habe ich nicht das Vergnügen gehabt, Ihnen zu begegnen«. »Chiu« bedeutet »lang« und »yang« »(respektvoll zu jemandem) aufsehen«. Ähnlich verhält es sich mit »shih sung«, das wörtlich als »zu schicken versäumen« übersetzt werden kann; die tatsächliche Bedeutung lautet: »Mit Ihrer geschätzten Erlaubnis werde ich davon absehen, Sie weiter zum Tor zu begleiten«. An diesen Sätzen war nichts besonders Taoistisches, außer daß sie anderswo zunehmend außer Gebrauch zu geraten schienen. Das typische Verhalten dieser Einsiedler zeigte sich erst, nachdem sie mit ihrem Gast die einleitenden Floskeln ausgetauscht hatten, denn dann behandelten sie ihn mit einer herzlichen Höflichkeit, taten unauffällig alles Erdenkliche für sein leibliches und seelisches Wohlergehen, ohne daß ihm ihre Aufmerksamkeiten als besondere Behandlung bewußt geworden wäre.

Sie waren tatsächlich liebenswerte Menschen, und ihre Gesellschaft empfand man wie ein seltenes Vergnügen. Hinsichtlich ihrer Erfolge bei der Kultivierung des *tao* ließen sich große Unterschiede feststellen. Viele Einsiedler stammten aus einfachsten Verhältnissen und hatten sich, obwohl sie zu Beginn auch die elementarsten Kenntnisse nur in geringem Umfang besaßen, dennoch ausreichend mit den chinesischen Schriftzeichen vertraut gemacht, um die klassischen Texte studieren zu können. Unter ihnen befanden sich wahre Gelehrte, die die Feinheiten der taoistischen Philosophie, Metaphysik und äußeren Alchimie eingehend erläutern konnten. Nicht wenige von ihnen entpuppten sich als vormalige Bankiers und Generäle, die sich aus Abscheu vor der Geldgier aus der Welt des Staubes zurückgezogen hatten. Jene Schriftsteller, die den Taoismus des 20. Jahrhunderts als Mischmasch aus Aberglauben und Scharlatanerie darstellen, haben sich selbst keinen umfassenden Überblick verschaffen können. Sie sind wahrscheinlich über die Bekanntschaft mit stadtnahen Tempelgemeinden, wie z.B. dem neuen Tempel in Ch'ing Shan auf dem Festland vor Hongkong, nicht hinausgekommen. Wie kann man erwarten, wahre taoistische Einsiedler in unmittelbarer Nähe der Welt des Staubes anzutreffen? Ich kann nicht verstehen, warum ernstzunehmende Gelehrte die taoistischen Mönche mit Verachtung gestraft haben, nur weil sie zur Sicherung des Lebensunterhalts dem verbreiteten Wunsch nach priesterlicher Betreuung entgegenkamen. Ist es denn nicht das Los der Priester anderer Religionen, daß auch sie kultische Handlungen versehen, die mit der spirituellen Botschaft nur entfernt etwas zu tun haben? Was soll man von jenen christlichen Seelsorgern halten, die verpflichtet sind, vor Gottes Altar feierlich und öffentlich die Auferstehung des Fleisches zu verkünden?

Sollen wir nur deshalb annehmen, daß sie mit weniger Hingabe spirituelle Anforderungen erfüllen, weil die Vorschriften ihrer Kirche von ihnen verlangen, den Glauben an eine Sache feierlich zu bekräftigen, die der Fleisch- und Blut-Unsterblichkeit (der Taoisten) so sehr ähnelt? Umgekehrt kann man sich die Frage stellen, ob der unter Taoisten weitverbreitete Glaube an die Notwendigkeit, vor dem Tode einen Geist-Körper zu schaffen, um der völligen Auslöschung zu entgehen, wirklich plumperer Aberglaube ist als der unter Christen herrschende Glaube, daß nur jene, die erlöst werden, sich des Glücks erfreuen können, in alle Ewigkeit in Gottes Gegenwart zu weilen, während alle anderen in die äußere Finsternis verstoßen werden? Ist es nicht bewundernswürdiger und vernunftgemäßer, wenn man von der Annahme ausgeht, daß Unsterblichkeit eher durch Kultivierung und Entwicklung der geistigen Anlagen erworben wird, als nur durch einen Glaubensakt, zu dem man sich vielleicht erst auf dem Sterbebett durchringt?

Die taoistischen Einsiedler, die ich glücklicherweise noch antreffen konnte, waren nicht übermäßig abergläubisch. Unter ihnen befanden sich einfache und auch weltgewandte Menschen mit teils mystisch, teils humanistisch geprägten Anschauungen. Obgleich ich mich nicht daran erinnern kann, daß sie die Existenz von Göttern und Geistern verneint hätten, fand ich sie nicht übermäßig mit kultischen Handlungen beschäftigt. Wie die Buddhisten waren sie der Ansicht, daß die geistige Entwicklung eine innere Angelegenheit ist, und daß weder Götter noch Sakramente die schrittweise Besserung oder Verwahrlosung des wahren Wesens (eines Menschen) unterstützen oder behindern. Unter der Voraussetzung, daß ein menschliches Leben ungefähr sechzig, siebzig oder mehr Jahre dauern kann, bemühten sie sich, in dieser Zeitspanne eine innere Entwicklung zu bewirken. Diese sollte die Folgen kompensieren, die sich aus der Abkehr des Menschen von den Wegen der Natur ergeben, und ihn in die Lage versetzen, negative Tendenzen (Habsucht, Leidenschaft, maßlose Wünsche) zu unterdrükken, die zu Selbstsucht und Hartherzigkeit, wenn nicht gar zu Unaufrichtigkeit und unmenschlicher Grausamkeit führen. Sie sahen das Ziel darin, ihren Geist zu läutern. Was macht es schon, daß ihre Zielvorstellungen in einigen Fällen naiv waren? Zweifellos verbesserten sich ihre Vorstellungen in dem Maße, in dem sie in der Kultivierung des *tao* Fortschritte machten. Mir gegenüber erwiesen sie sich als liebenswürdige Gefährten, die zu dem Glück beitrugen, ein paar Tage oder Wochen in der Umgebung unbeschreiblicher Naturschönheiten zu verbringen. Sie ermöglichten mir, Einblicke in eine verehrungswürdige Zivilisation zu gewinnen, die nur sie allein unter all den gebildeten Chinesen meiner Altersstufe mehr oder weniger vollständig erhalten hatten. Neben bestrickender Herzlichkeit, Einfachheit und Aufrichtigkeit besaßen sie eine einnehmende Fröhlichkeit. Ihr schallendes, in den Höfen widerhallendes, lebensfrohes Gelächter wäre ihnen in einem Kloster des Abendlandes durch ein scheinheiliges »pst!« in der Kehle steckengeblieben. Eines der großen Geheimnisse ihres bezaubernden Wesens lag in der Philosophie des »nicht zu viel von allem«, die sie lehrte, geistiges Streben mit menschlicher Wärme zu vereinen.

Ihr Lebensstil läßt sich am anschaulichsten durch einen Bericht meines Besuches der Einsiedeleien auf dem heiligen Berg Hua Shan in der Provinz Shanhsi schildern. Zu jener Zeit verwunderte mich an dem Gebaren der Taoisten noch manches Unbekannte, und meine Sinne reagierten äußerst wachsam auf die vielen Eindrücke, die auf mich einströmten. Um die Beschreibung zu einer allgemeinen Darstellung aller Einsiedeleien zu erweitern, habe ich Einzelheiten und Personen hinzugefügt, die mir erst bei späteren Besuchen auf anderen heiligen Bergen begegnet sind. Der Ex-General und der ehemalige Bankier, die beide in diese Kategorie gehören, mögen etwas ungewöhnlich erscheinen, und vielleicht waren sie es auch; aber Männer, die sich aus der Welt des Staubes zurückgezogen hatten, traf man in den kleineren und exklusiveren Gemeinschaften keinesfalls selten an.

Im Winter des Jahres 1935 hielt ich mich zufällig in der Nachbarschaft des Hua Shan auf und entschloß mich, den Berg näher zu erkunden. Ein Winter in Nordchina ist allerdings nicht die beste Zeit für solch eine Expedition. Die Stufen der aus dem gewachsenen Fels gehauenen steilen Pfade waren mit einer gefährlichen Eisschicht bedeckt, und ein schneidender Wind heulte über die baumlosen, gipfelnahen Hänge. Hin und wieder standen kleinere Gehölze und Schreine für Schutzgötter oder Fuchsgeister verloren beieinander; die meisten wirkten so hilflos wie ich und schienen ebenfalls ein schützendes Obdach nötig zu haben. Im übrigen waren die Hänge nackt, weil Generationen von Brennholzsammlern aus den dicht bevölkerten Ebenen des Tieflandes die Wälder abgeholzt hatten. Es ist mir übrigens nicht gelungen, den Tempel auf dem Gipfel zu erreichen, der sich über einem der wahrscheinlich atemberaubendsten Steilhänge der Welt erhob. Als die Dunkelheit hereinbrach, verhüllte ein kalter Nebel den Pfad, und ich suchte hungrig und erbärmlich frierend in einer bescheidenen Klause am Wegesrand Zuflucht. Alles, was ich zunächst erkennen konnte, war eine Gruppe grauer, moosbewachsener Dächer, die sich hinter eine hohe Umfassungsmauer duckten. Die Mauer war ebenfalls grau, wies aber weniger Zeichen von Armut und Vernachlässigung auf als viele der anderen Einsiedeleien. Die schweren, lackierten Flügel des Mondtors waren geschlossen und machten einen abweisenden Eindruck. Bei mir befand sich ein junger Mann, den ich auf den Feldern in der Ebene als Führer verpflichtet hatte, und der, wie ich herausfinden

sollte, in seinem Leben, das er innerhalb weniger Bogen-
schußweiten vom Fuße des Berges verbracht hatte, niemals den Berg selbst bestiegen hatte. Dieser junge Mann
schlug vor, so laut wie möglich gegen das Tor zu klopfen.
So schlugen wir mit unseren Fäusten gegen den glatten
Lack und schrien aus vollem Hals, aber niemand antwortete uns. Es war bitterkalt, und wenn uns niemand hören
sollte, würde die Dunkelheit uns umgeben, bevor wir
anderswo Unterkunft gefunden hätten. Unsere jammervollen Rufe verhallten ungehört zwischen den Felswänden.

Die Knöchel waren schon wund, die Arme schmerzten,
Verzweiflung überwältigte unsere Gedanken, und wir
wollten gerade aufgeben, als eine gedämpfte Stimme
durch das massive Tor zu vernehmen war: »Pu yao chi.
An-men pu shih lung-tzu!« (»Seid nicht so ungeduldig!
Wir sind nicht taub.«) Wie tröstlich die Stimme klang –
trotz des Tadels, daß wir die Insassen für schwerhörig
gehalten hätten. Dann öffnete sich knarrend ein Flügel.
Hinter dem Torbogen stand ein kräftiger Graubart, der
einen Knüppel in der Hand hielt und uns schalt: »Ehrli-
che Menschen sprechen zu dieser Abendstunde nicht
vor!«

Urplötzlich veränderte sich der grimmige Gesichtsausdruck des Alten und machte grenzenlosem Erstaunen
Platz: »Altehrwürdiger Vater Himmel! Ein ausländischer
Teuf –, äh, äh, ein ausländischer Gast!« Mit einem Mal
bestand er nur noch aus Lächeln und Verbeugungen, hob
seine ineinandergelegten Hände auf und nieder und hieß
uns herzlich willkommen. Seine Augen leuchteten
lächelnd um Verzeihung und sein Gesicht strahlte vor
wärmender Sympathie. Er nahm meinem sogenannten
Führer mein Gepäck ab und lud ihn ein, zum Küchen-
feuer zu gehen und dort zu verweilen. Mich geleitete er
über einen bescheidenen Hof zu einem Raum, der sein
eigener zu sein schien. Obgleich niemand anwesend war,

Darstellung eines taoistischen Einsiedlers. Figur aus Birken-
wurzel, um 1800.

sorgte ein Kohlebecken voller Glut für mollige Wärme; die Luft war allerdings recht stickig. Nachdem er mich unter Gesten bat, auf seiner Liege Platz zu nehmen, eilte er davon und kehrte bald mit einem Becken heißen Wassers, Seife und Handtuch zurück. Anschließend bereitete er Tee. Bald saßen wir uns am Kohlebecken gegenüber und unterhielten uns wie Freunde, die sich nach langer Trennung wiedersehen. Wie viele Bewohner abgelegener Orte schien auch er sich über Gesellschaft zu freuen, er hörte nicht mehr auf zu erzählen. Innerhalb einer Stunde kannte ich die wichtigsten Daten aus seinem Leben; darüber hinaus hatte ich einiges über diese kleine Gemeinschaft erfahren, die aus fünf Einsiedlern und zwei Dienern, gerade erst zehnjährigen Jungen, bestand.

Als Sohn eines verarmten Eisenwarenhändlers sah er sich nach knapp drei Jahren Schulbesuch gezwungen, über die Straßen seiner Heimatstadt Hsi-an zu ziehen, in der vergeblichen Hoffnung, jemanden zu finden, der einen kaum der Schriftsprache mächtigen Schreiber gebrauchen könnte. Aus lauter Verzweiflung trat er in die Dienste eines Stadtpriesters. Dieser verdiente aber mit seiner Wahrsagerei und dem Aussuchen von Bauplätzen und Grabstätten nach der *feng-shui*-Lehre so wenig, daß er keinen Lohn zahlen, sondern gerade für den Lebensunterhalt des Jungen aufkommen konnte. Glücklicherweise machte er keine Einwände, als sein neuer Gehilfe die Bücher studierte, die ein gelehrterer Vorgänger zurückgelassen hatte. Mit der Zeit fühlte sich der Jüngling besonders von den Werken angezogen, die alle Aspekte der Kultivierung des *tao* behandelten. Zwei oder drei Jahre vergingen auf diese Weise; dann machte er sich auf den Weg in die Berge und ließ sich nach mehreren Jahren des Umherziehens auf dem Berg Hua nieder. Zum Zeitpunkt unserer Begegnung war er mindestens schon einige Jahrzehnte Vorsteher der kleinen Einsiedlergemeinschaft.

»Eure verehrungswürdige Klause muß im Sommer prachtvoll sein«, bemerkte ich, »aber seid Ihr ihrer nie müde? Wird Euch die Zeit nie zu lang?«

»Nein, nein, nein«, antwortete er mit Nachdruck, und sein altes Gesicht leuchtete fröhlich auf. »Ihr sprecht, als sei dies ein von lärmendem Frauenvolk überfülltes Herrenhaus, in dem die Gedanken um nichts anderes kreisen, als Kleider zu kaufen, zu Mittag Vogelnester und Haifischflossen zu speisen und beim Mah-Jongg um hohe Einsätze zu spielen. Solche Sachen lassen, wie ich gehört habe, in manchem Mann den Wunsch aufkommen, daß das Leben kürzer sein möge. Hier haben wir keine Zeit für Langeweile, außerdem könnt Ihr ja auch keine Vorstellung von der Schönheit dieses Orts haben. Der Winter ist im ganzen gesehen sehr schön. Wärt Ihr einen oder zwei Tage früher gekommen, dann hättet Ihr die Himmelswölbung von unserer Warte wie eine umgekehrte Schale aus makellosem Türkis erblicken können. An den meisten Tagen steigt der Gipfel im hellen Morgenlicht wie eine Insel aus einem Nebelmeer auf, das die tieferliegende Welt verbirgt. Obwohl das Wetter heute unfreundlich ist, würde es Euch, vorausgesetzt der Nebel hebt sich vor morgen früh, wahrscheinlich peinlich sein, wenn Ihr über den Wolken schwebt und Euch, wie Ihr mit Sicherheit annehmen könnt, im Hof des Jadekaisers wiederfindet – ohne Euch ihm zu Ehren Eurer Alltagskleider entledigt zu haben, geschweige denn Eurer sterblichen Hülle. In klaren Sommer- und Winternächten scheint der Mond ins Unermeßliche zu wachsen, und die Sterne meint Ihr dann mit Eurer Hand streifen zu können. Wenn Ihr gern Gesellschaft habt, kommt an den Festtagen im Frühjahr oder Herbst; dann ist der Pfad zum Gipfel so voller Pilger, daß er wie eine sich windende Schlange ausschaut. Manche von ihnen bringen Flöten und Krüge voller Wein, um dem Gott des Berges die Ehre zu erweisen. Ah, Ihr zieht Ruhe und Frieden vor? Dann kommt im Sommer wieder, wenn die tieferen Hänge so dicht mit Blumen übersät sind, daß Ihr glaubt, jemand hätte einen riesigen mongolischen Teppich gebracht, um unserem Berggott einen Kragen anzulegen, aus dem sein zerklüfteter Hals knapp hundert Fuß unter unserer Höhe hervorragt. Hinter unserer Klause gibt es einen von einer verborgenen Quelle gespeisten Teich, dessen Wasser tief und kristallklar ist. Die Stille ist so ehrfurchtgebietend, daß Ihr Euch hüten werdet, hinein-zufassen, aus Furcht, daß das Plätschern den Geist dieses Ortes aufstören könnte. Es heißt, daß es ein Drache sei. Aber nebenbei gesagt bin ich dessen nicht sicher; denn es gibt hier niemanden, der ihn seit – wann war es? – kurz vor dem Untergang der Ming-Dynastie, glaube ich, gese-hen hat. Trotzdem mag er sich in seiner Gnade vielleicht gerade Euch zeigen, einem vornehmen, ausländischen Gast.«

»Wie überzeugend Ihr es darzustellen wißt, Eure Unsterblichkeit! Ihr scheint an diesem heiligen Ort keine Sorgen zu kennen. Ich nehme an, daß die Gaben der Pilger ausreichen, Eure Bedürfnisse zu decken?«

»Ich möchte nicht von ihnen abhängig sein«, entgegnete er. »Unsere Klause ist klein, und nur selten kommt jemand vorbei, um hier die Nacht zu verbringen – mit Ausnahme der großen Feste, wenn der Tempel auf dem Gipfel und die größeren Klausen bis zum Bersten voll sind. Wir ziehen es aber vor, nicht zu viele Besucher zu empfangen, obgleich wir über gar keine Besucher sehr betrübt wären. Wir erfreuen uns nämlich sehr an den Gesprächen mit so weitgereisten und gelehrten Gästen, wie Ihr es seid, wenn ich das einmal so sagen darf. Wir kämen auch ohne Gaben zurecht. Unsere Ansprüche sind gering, und zwei unserer Mitbrüder waren einst wohlhabend. Wiewohl sie ihr Vermögen aufgaben, als sie die Welt verließen, könnt Ihr versichert sein, daß uns ihre Familien beispringen würden, wenn wir dringend Hilfe benötigten. Zum größten Teil leben wir von dem Erlös aus dem Verkauf von Heilkräutern, die wir am Berghang sammeln. Zum Beispiel haben wir...« Er zählte gut ein Dutzend mir nicht bekannter Pflanzennamen auf und fügte hinzu, daß chinesische Ärzte und Apotheken daran einen unbegrenzten Bedarf hätten. Selbst wenn die meisten Sorten nicht mehr als einen halben Silberyuan für den Korb einbrachten, reichte in jener Zeit eine solche Summe aus, um eine Gemeinschaft von sieben Menschen ein paar Tage lang zu ernähren.

»Aber wie verbringt Ihr die Zeit im Winter, wenn es so stürmisch und kalt wie heute ist?«

»Nun, es trifft zu, daß Nebel und starke Schneefälle uns hin und wieder für mehrere Tage von der Außenwelt abschneiden; aber Ihr seht ja, wie geborgen wir hier leben. Es gibt ausreichend Holzkohle, um es hier auszuhalten. Wir haben unsere Bücher, etwas guten Tee, und zum Abendmahl einen oder zwei Schluck Wein gegen die Kälte. Glaubt Ihr nicht auch, daß das genügt? Obgleich wir zwei Jungen als Hilfen haben, halten uns die Pflichten des Haushalts ganz ordentlich in Bewegung, insbesondere morgens, nachdem wir uns mit heißem Tee und einigen belebenden *t'ai chi ch'üan*-Übungen aufgewärmt haben. Es gibt viel zu lesen, und wir haben viele Bücher, die es wert sind, viele Male wiedergelesen zu werden. Außerdem lieben wir die Musik, und wir spielen einige überlieferte Flötenmelodien, die so alt sind, daß sie meines Wissens anderswo seit Jahrhunderten nicht mehr zu vernehmen waren.«

»Schreibt Ihr, Unsterblichkeit, oder malt Ihr vielleicht?« Der alte Mann errötete auf gewinnende Weise und murmelte: »Nein, nein« – in einem Tonfall, der sicherlich als Bejahung zu verstehen war. »Ihr könnt nicht erwarten... hm, oder, man könnte sagen, daß ich den Wohlgeruch feiner Tusche mag und das scha-scha-scha des Pinsels, wenn er über das Papier geführt wird. Gerade auf diesem Berg stellen wir noch auf die traditionelle Weise ein Papier her, dem die verwendeten Rohstoffe, Rinde und Blätter, eine angenehm rauhe Oberfläche verleihen. Meine sogenannte Kalligraphie ist im wahrsten Sinne des Wortes kaum mehr als Geschreibsel; aber zwei meiner Mitbrüder schreiben hübsche Verse. Und malen, hahaha, das natürlich nicht. Das heißt, manchmal übe ich meine Hand an ganz einfachen Landschaften, indem ich mit knappen Strichen Berge, mit Punkten und Klecksen Baumgruppen und schattige Felsen andeute. Menschen? Tiere? Wie könnte ein alter ungebildeter Tropf wie ich sich an so etwas heranwagen? Nun, vielleicht ein lang ausgezogener Farbtropfen mit einer Andeutung heller, aufwärtsgewandter Gesichter könnte eine Reihe Pilger darstellen, die zum Gipfel schauen. Ja, meinen Sie das? Nein, aber Sie können unmöglich darauf bestehen, solch unbedeutendes Gekritzel anzusehen« – aber er war schon aufgesprungen, und ein freudiges Lächeln verlieh seinem alten Gesicht einen jugendlichen Charme. Innerhalb weniger Minuten hatte er einen ansehnlichen Stapel noch nicht aufgezogener Tuschmalereien herbeigebracht.

In jener Zeit verstand ich nur wenig von chinesischer Kunst; indes erschienen mir einige seiner Malereien wirklich hervorragend. In der Hauptsache handelte es sich um Impressionen von Bergpanoramen, wie sie sich zu verschiedenen Zeiten des Jahres bieten. Jedes Blatt hatte er mit einem selbstverfaßten Zwei- oder Vierzeiler zur dargestellten Landschaft versehen, die er in flüssigem und elegantem Stil in eine Ecke gepinselt hatte. Es waren vielleicht keine genialen Werke; aber sie besaßen eine besondere Ausstrahlung. Jahre später kam ich zu der Erkenntnis, wie glücklich sich jene Einsiedler schätzen konnten, daß sie der in den staatlichen Schulen üblichen Erziehung entgangen waren. Anstatt ihren Verstand den normalerweise zweitklassigen Versionen materialistischer westlicher Ideen auszusetzen, wählten sie als einzige

Vorbilder die im traditionellen Stil geschaffenen meisterhaften Gedichte, Essays und Malereien aus den in vielen
Jahrhunderten zusammengetragenen Klosterbibliothe-
ken. Unter diesen Umständen konnte es nicht verwun-
dern, daß Einsiedler, die so oft aus ungebildeten oder
kaum des Lesens kundigen Familien kamen, zumindest
in einigen Fällen eine Bildung erreichten, die derjenigen
vieler Universitätsstudenten ihrer Zeit überlegen war.
Nachdem ich meine Bewunderung für seine Gedichte
und Malereien in glühenden, der Situation angemessenen
Tönen Ausdruck verliehen hatte, fragte ich ihn, wie er
angesichts seiner zahlreichen Tätigkeiten die Zeit für die
Selbstkultivierung aufbrächte.
»Wo ist denn da ein Widerspruch, junger Herr? Aber
auch alles, was wir tun, ist Teil der Kultivierung. Nehmt
zum Beispiel Atemübungen und Meditation: wir üben sie
hauptsächlich während der ersten Stunde oder der ersten
beiden Stunden des Tages und gleichfalls spät in der
Nacht. Wir stellen keine Regeln auf, also können wir
auch keine übertreten und mit uns unzufrieden sein. Das
Geheimnis besteht darin zu spüren, wann Handeln angebracht ist und sich mit dem *tao* oder verwandten Erfor-
dernissen vereinbaren läßt. Wichtig ist, daß man lernt,
zu... zu... wie soll ich es ausdrücken? Zu... äh...,
jetzt habe ich es, daß man lernt zu ›sein‹!«
»Kennen Sie keine Sorgen, überhaupt keine Ängste?«
»Junger Herr, Ihr beliebt zu scherzen! Wir sind auch nur
Menschen. Mißgeschicke kommen vor. Aber wir haben
verstanden, daß Schicksalsschläge so wie alle anderen
Dinge vorübergehen. Wenn wir krank werden oder wenn
uns das Geld zum Kauf lebensnotwendiger Dinge fehlt,
dann sind wir selbstverständlich beunruhigt. Wenn solches aber viele Male geschehen ist, lernt man, das Gute
und das Unangenehme hinzunehmen und als das zu
sehen, was sie sind: Teile des Seins, die man nicht ohne
Schaden für das Ganze unberücksichtigt lassen kann.«

»Unsterblichkeit, Ihr habt von Krankheit gesprochen? Man kann sich einen Unsterblichen nur schwer mit einem Husten oder Schluckauf vorstellen! Ich hätte gedacht...«

Er lachte herzlich. »Viel schlimmer als das, junger Herr. Unsterbliche haben nicht nur Blähungen oder rülpsen wie andere Menschen, sie sterben sogar! Kann es denn jemals anders gewesen sein? Unsterblich zu werden hat wenig mit körperlichen Veränderungen zu tun, wie z.B. das Grauwerden eines einstmals glänzenden Bartes. Es bedeutet, zum Wissen von etwas und zur Wahrnehmung von etwas zu gelangen – zu einer Erfahrung, die sich blitzartig einstellt! Oh, wie wertvoll dieses Wissen ist! Wenn es Euch zum ersten Mal überkommt, möchtet Ihr singen und tanzen oder vor Lachen fast sterben! Denn mit einem Mal erkennt Ihr, daß nichts auf der Welt Euch etwas anhaben kann. Und wenn auch Donner rollen und Fluten toben, Schlangen drohend zischen und todbringende Pfeile niedergehen: Ihr tretet ihnen lachend gegenüber! Ihr betrachtet Euren Körper als eine Blume, die zum Blühen geboren wurde, die Wohlgerüche abgibt, die welkt und schließlich stirbt. Wer würde noch eine Päonie beachten, die ein Leben lang so bleibt, wie sie zur Zeit der Blüte war, oder für tausend oder zehntausend Jahre? Ein einfacher Kohlkopf wäre da eher der Aufmerksamkeit wert. Es ist gut, daß die Dinge, nachdem sie erschöpft sind, sterben. Und das ist überhaupt kein Verlust, denn das Leben ist unsterblich; es entsteht niemals mit der Geburt der Dinge und verschwindet niemals mit ihrem Tod. Ein verbrauchter Gegenstand wird fortgeworfen, denn das Leben bietet in Hülle und Fülle Nachschub, um den Verlust zu ersetzen. Versteht Ihr jetzt? Ihr könnt nicht sterben, weil Ihr niemals gelebt habt. Das Leben kann nicht abbrechen, weil es weder Anfang noch Ende kennt. Ein Unsterblicher zu werden, heißt ganz einfach, damit aufzuhören, sich mit Schatten zu identifizieren, und dafür anzuerkennen, daß das einzige »Du« das ewigwährende Leben ist. Oh, was für Unsinn rede ich wieder; die anderen werden uns schon zum Abendreis erwarten. Kommt!«

Damals war mein Chinesisch noch nicht so flüssig wie heute, deshalb kann ich nicht sicher sein, ob ich den Inhalt dieser denkwürdigen Rede korrekt wiedergegeben habe – umso mehr, als seitdem vierzig Jahre vergangen sind. Trotzdem waren seine Worte so beeindruckend und schlicht zugleich, daß ich sicher bin, ihn richtig verstanden zu haben, und daß beim Wiedererzählen nicht zuviel verloren gegangen ist. Zum ersten Mal in meinem Leben wurde mir klar, daß ein Mensch ohne den Glauben an ein persönliches Überleben existieren und dennoch zu der Erkenntnis gelangen kann, daß er nichts aufgibt, wenn er sich aufgibt. Mir wurde auch klar, daß für einen Menschen in einer derart glücklichen Verfassung der Verlust der Brille ein größeres Unglück bedeuten könnte als das bloße Sterben! In seiner Rede hatte er die chinesische Entsprechung von »möchte man singen und tanzen« im Zusammenhang mit einer plötzlichen Erkenntnis der wahren Natur des Todes verwendet. Aus ihm sprach ein Überfluß an Glück, den ich mir mit meinem bescheidenen Wissen jener Zeit nicht erklären konnte. Und es kann sein, daß dieser verspätete Bericht dem Sinn seiner Rede eher gerecht wird als das, was ich damals an Ort und Stelle hätte niederschreiben können. Der Anblick seines Lächelns verhieß, eine Ahnung seiner unverwundbaren Heiterkeit zu gewinnen, und ich frage mich heute, ob die berühmten Unsterblichen des Altertums jemals mehr erreicht haben. Gibt es mehr, kann man weiter gelangen als zu der unmittelbaren, intuitiven Erkenntnis, daß das Leben keine Schrecken bereithält, daß der Tod, wie im Märchen Aschenputtels Mutter aus dem Feenreich, für uns ein neues, glänzendes Gewand bereithält, daß der ›Rote Mörder‹ niemals mordet, weil es weder jemanden zu morden noch so etwas wie »Morden« gibt? Ganz offensichtlich hatte der alte Herr schon vor langer Zeit einen Punkt erreicht, an dem das Wort »ich« lediglich noch so viel funktionale Bedeutung hatte wie z.B. das Wort »Ziel« beim Mensch-ärgere-dich-nicht-Spiel. Trotzdem dachte er nicht im entferntesten daran, seine Tage in trance-ähnlichem Zustand zu verbringen und auf die Befreiung durch den Tod zu warten, oder in Lethargie zu verfallen und in Zurückgezogenheit zu leben, als besäße sein gegenwärtiges Leben keine Bedeutung. Er war hellwach, schlürfte seinen Tee mit sichtbarem Genuß und erfreute sich der Wärme des Kohlebeckens; und mit gleicher Aufmerksamkeit wachte er über die notwendigen Dinge des täglichen Lebens, wie z.B. das rechtzeitige Schüren der Glut im Kohlebecken. Obwohl er also ein heiliger Mann im besten Sinne des Wortes war, haftete ihm nichts von der steifen Feierlichkeit an, die wir im Westen mit der Heiligkeit verbinden. Die tiefsten Furchen in seinem Gesicht waren jene, die vom vielen Lächeln und Lachen stammten; sogar seine kleine Schwäche, ein unschuldiger Stolz darauf, daß er eine gewisse Gelehrsamkeit erworben hatte, verlieh ihm etwas Liebenswürdiges. Seine Eigenschaften waren, wie ich noch bemerken sollte, typisch für jene, die das *tao* kultivieren. Die Abendmahlzeit, bei der die fünf Einsiedler und die zwei Jungen ihren Reis mit mir teilten, entwickelte sich zu einer vergnüglichen Angelegenheit; die beiden Jungen trugen zunächst die Speisen auf, von denen sie anschließend bei Tisch den Löwenanteil verzehrten. Obgleich ich wesentlich jünger als meine Gastgeber war, wurde ich förmlich in den Ehrensitz gegenüber dem Eingang gedrängt. Das Essen bestand zum größten Teil aus verschiedenem Gemüse und Sojabohnenquark; allerdings wurden dazu würzige Stückchen Schinken und Trockenfisch serviert, wohl um den Geschmack zu verfeinern. Anstelle von Reis aßen wir kochend heiße Hirseklöße –

eine einfache und preiswerte Kost, die aber sehr schmackhaft war. Aus einem Zinnkrug, der in heißem Wasser stand, wurde ein gelblicher Wein in Schalen ausgeschenkt, die etwa den halben Inhalt eines Eierbechers aufnehmen konnten. Jeder trank mehrere Schalen voll, gerade soviel, um die Geselligkeit noch zu steigern. Wie sich während der Unterhaltung herausstellte, besaß diese Klause keinen Abt. Dafür wurde aber mein Freund mit besonderer Achtung behandelt; wahrscheinlich weil er für lange Zeit der Vorsteher ihrer Gemeinschaft gewesen war – obgleich er in seiner sozialen Herkunft und weniger umfassenden Bildung weit unter einigen der Anwesenden stand und wesentlich jünger als zumindest einer von ihnen war. Zu dieser Einsiedlergemeinschaft gehörte noch der Wunderbares-Moos-Eremit, ein Mann in den Achtzigern. Er war früher einmal Landwirt gewesen; während einer Hungersnot hatte er jedoch seine bescheidene Parzelle verkaufen müssen, um seiner Familie Lebensmittel kaufen zu können. Der Wolken-Mutter-Eremit, ein untersetzter und recht gut aussehender, schwarzbärtiger Mann in den Vierzigern, hatte schon als Kind sein Elternhaus verlassen und war als Diener in eine Einsiedelei aufgenommen worden. Der Wohlriechender-Sesam-Eremit, der etwa sechzig Jahre alt war, stellte sich als einfacher Soldat vor; in Wirklichkeit war er ein Ex-General aus der Armee des Marschalls Wu P'ei-fu, in der er sich vom unteren Dienstgrad hochgedient hatte. Schließlich war da noch der Stille-Weisheit-Eremit, ein schmerbäuchiger, fröhlicher Mann, der ebenfalls in den Sechzigern stand. Ungefähr zehn Jahre zuvor war er noch Seidenhändler in Ch'engtu gewesen; aber ein Überdruß der Streitereien zwischen seinen Frauen hatte ihn sich hierher zurückziehen lassen. Bis auf einen bestimmten Betrag zur Renovierung der Klause und zur Verbesserung ihrer Einrichtungen hatte er sein gesamtes Vermögen zurückgelassen. Den Entschluß, dieser Gemeinschaft beizutreten, faßte er ganz plötzlich und überraschend, als er dem Fest zu Ehren der Polarsterngottheit beiwohnte. All diese Einzelheiten stellten sich freilich nicht gleich beim ersten Abendessen heraus, und das meiste wurde mir sowieso von ihrem Ältesten, dem Mond-Hasen-Eremiten, anvertraut, jedoch zeigten alle sich erfreulich offenherzig und bereitwillig, auf meine Fragen einzugehen. (Wenn nur einer, anstatt wie hier zwei, von den fünfen vorher eine Figur von Vermögen und Rang gewesen wäre, dann wäre die Zusammensetzung typischer für solche Gemeinschaften gewesen.)

Trotz der unterschiedlichen, spirituell wenig verheißungsvollen Ausgangsbedingungen hatten sich alle zu hingebungsvollen Anhängern des *tao* entwickelt und konnten mit Recht als Adepten bezeichnet werden.

Da sie den gewöhnlichen Lebensrhythmus abgelegt hatten und täglich viele Stunden mit Studien oder Kontemplation verbrachten, waren sie der Welt des Staubes entwöhnt und erschienen so fröhlich und lustig wie eine Gruppe von Erstsemestern; und so wie die Erstsemester besaßen sie eine Vorliebe für handfeste Scherze. Über zwanzig Jahre, bis zur Ankunft des Seidenhändlers, hatten drei der fünf gemeinsam in einer brüchigen und zerfallenen Klause gelebt. Der ehemalige General weilte erst seit rund einem Jahr bei ihnen. Nach der Niederlage des gelehrten Militärmachthabers Wu P'ei-fu während des Bürgerkriegs in den zwanziger Jahren hatte er sich noch in seiner Heimatprovinz Kiang-su entschlossen, der Welt des Staubes zu entsagen. Die beiden Knaben stammten aus benachbarten Bauernfamilien. Ihre Eltern hatten die Gelegenheit freudig wahrgenommen, die Söhne bei Leuten in Dienst zu geben, die aus ihnen Gelehrte machen könnten. Keiner der fünf Einsiedler konnte eine umfassende Bildung im modernen Sinne vorweisen; der General hatte sich emporgedient, und der Seidenhändler mußte schon als Oberschüler das Geschäft seines Vaters übernehmen. Der Alte, der zeit seines Lebens Taoist gewesen war, hatte die Welt als ungebildeter, des Schreibens unkundiger Jüngling verlassen; mein Freund und der Achtzigjährige besaßen nicht einmal eine abgeschlossene Grundschulbildung. Und jetzt waren sie, bis auf den Ex-General, alle Gelehrte im klassischen Sinne, und selbst der letztgenannte hatte eine Begabung für das Schmieden witziger Stegreifverse entwickelt. Umstände wie diese waren für fast alle taoistischen Einsiedeleien typisch; sie werden aber von den Kritikern des Taoismus oft nicht berücksichtigt, weil sie dem Mißverständnis unterliegen, daß fehlende Oberschul- oder Universitätsausbildung ein schwerwiegender Nachteil sei. Das mag im allgemeinen gelten, aber für die geschilderten Bereiche trifft es nicht zu. Die taoistischen Einsiedler verstanden zweifellos nicht viel von Angelegenheiten, die außerhalb ihres gewählten Gebietes lagen, dafür waren sie häufig in den für die Kultivierung des *tao* maßgebenden Themen äußerst bewandert. Alle kannten die gesammelten Weisheiten von LAO TZU und CHUANG TZU, alle waren erfüllt von den Lehren des WEI PO-YANG, des KO HUNG und weiterer Weiser, und alle lasen die von Liebhabern der Bergeinsamkeit verfaßten Gedichte und Essays. Ihre Unterhaltung, selbst wenn sie leicht und lustig war, ließ diese Bildung erkennen. Ihre Gewohnheiten und Verhaltensweisen erinnerten stärker an das, was die Chinesen als einen »von Büchern parfümierten« Bildungshintergrund bezeichnen, als an die heute erhältliche Universitätsausbildung.

In der Klause am Hua Shan war es üblich, winters wie sommers bei Sonnenaufgang aufzustehen; innerhalb ihrer Mauern gab es weder Stand- noch Taschenuhren. Das Frühstück nahmen die Einsiedler gewöhnlich in ihren Zellen zu sich; meistens bestand es aus Tee und Hirsebrei mit Schmalzgebäck oder gebackenen Teigzöpfen. Den größeren Teil des Morgens verbrachten sie dann in Abgeschlossenheit; jeder beschäftigte sich während dieser Stunden mit Meditation, Atemübungen oder Studien, die ihm am Herzen lagen. Eine Ausnahme bildeten die Tage, die für Besuche bei ihrem damaligen Lehrer vorgesehen waren, einem älteren Einsiedler, der noch höher am Berg wohnte. Der stämmige Wolken-Mutter-Eremit, der jünger als die anderen war, hatte die Aufgabe übernommen, die beiden Knaben zu beaufsichtigen, sich um die Führung des Haushalts zu kümmern und nach dem winzigen Garten zu sehen. Er konnte als Verwalter angesehen werden, in dem geringen Maße, wie Verwaltung benötigt wurde; dabei durfte er mit der Hilfe seiner älteren Kollegen rechnen, von denen alle bis auf einen, je nach Bedarf, beim Tragen und Heben einsprangen. Einige von ihnen stiegen abwechselnd den Berg hinunter oder reisten sogar in die Provinzhauptstadt Hsi-an, wenn solch eine Fahrt erforderlich wurde, um Vorräte zu ergänzen oder selbst gesammelte Heilkräuter zu verkaufen. Das Mittagessen nahmen sie gemeinsam ein. Es wurde mit gutem Appetit und großer Fröhlichkeit verspeist. Wenn das Wetter es zuließ, verbrachten sie die Nachmittage im Freien; entweder gingen sie in den Garten und pflegten die Büsche im Innenhof, oder sie verließen die Einsiedelei, um Heilkräuter zu suchen. Manchmal wanderten sie auch nur aus Vergnügen durch eine Landschaft, die während der meisten Zeit des Jahres wie ein Märchenland ausgesehen haben muß. Neben Atemübungen verbesserten sie unter der fachmännischen Aufsicht des Generals ihre Fertigkeiten im *t'ai chi ch'üan*; die beiden Knaben erhielten zusätzlich Unterricht im Ringen und im Fechten. Gegen Sonnenuntergang kehrten sie in ihre Zellen zurück und setzten die ernsthafte Selbstschulung fort, die sie schon am Morgen betrieben hatten. Einige verbrachten die ganze Nacht in meditativer Versenkung. Wenn zu den Festen Pilger kamen, stellten sie diese Beschäftigungen vorübergehend ein. Dann wurden die unterschiedlichsten

Zeremonien durchgeführt, was den alten Herren sichtlich Spaß machte, weil sie sich in würdevollen Tanzbewegungen ergehen konnten und Gelegenheit hatten, ihre Meisterschaft im Spiel der Flöte, der *hu ch'in*-Geige sowie allen Arten von Schlaginstrumenten zu demonstrieren.

Bei schlechtem Wetter vertrieben sie sich die Zeit mit angenehmen Beschäftigungen im Innern der Klause. Neben Malen, Kalligraphie, Schreiben von Gedichten und Lesen fanden sie Spaß daran, Talismane für die Pilger anzufertigen (eine zusätzliche Einnahmequelle); dabei verwendeten sie pittoreske Zauberzeichen, welche die Vorstellung vom Wandel in der Natur, vom Übergang von einem Ding in ein anderes so anschaulich vermitteln. Ferner hatte der Ex-General viel Spaß an einem Brettspiel gefunden, das man *wei ch'i* (jap. *go*) nennt. Bei diesem seit alters bekannten Spiel verfügt jede Seite über 160 weiße oder schwarze Steine. Es ist in China und Japan unter Angehörigen der Armee und Marine ebenso beliebt wie unter Gelehrten. Das Brett mit seinen 361 Feldern kann ohne weiteres als Schlachtfeld betrachtet werden: für eine Auseinandersetzung zwischen zwei Armeen oder zwischen den einander entgegengesetzten schöpferischen und zerstörerischen Kräften der Natur. (Es wird erzählt, daß die Unsterblichen in den Wolkenreichen *wei ch'i* um Menschenleben spielen: jeder Gewinn für Weiß rettet ein Leben, jeder Gewinn für Schwarz kostet eines.) Das Spiel ist seinem Wesen nach taoistisch, weil der geschickte Spieler lernt, seine Kräfte immer dort zu entfalten, wo der Gegner sich am schwächsten erweist, auf diese Weise eifert er der Wirkung des Wassers nach. Da der General unter den Mitbewohnern der Klause keine gleichwertigen Spieler fand, pflegte er andere Einsiedeleien aufzusuchen, um dort nach geeigneten Spielern Ausschau zu halten. Es war nichts Ungewöhnliches, daß die Einsiedler sich gegenseitig besuchten und ganze Nachmittage in den näheren, bequem erreichbaren Klausen mit Teetrinken und dem Knabbern von Melonenkernen verbrachten.

Der Zeitvertreib im Sommer bestand aus Besuchen entfernterer Klausen, Ausflügen zu den verschiedenen landschaftlichen Sehenswürdigkeiten, Schwimmen in klaren Bergbächen und Bergseen, Wettbewerben im Stegreifdichten an Orten, die für den Anblick der auf- oder untergehenden Sonne, des Vollmonds oder ähnlichen Naturerscheinungen bekannt waren. In benachbarten Klausen lebten hervorragende Gärtner, die der Natur halfen, sich selbst zu übertreffen; obschon, als wollten sie damit das Gleichgewicht wiederherstellen, eine ihrer Beschäftigungen etwas derart Künstliches an sich hatte, wie man es sich bei den naturnahen Taoisten kaum noch vorstellen kann: Büsche so zu schneiden und zu stutzen, daß sie Vögeln und Tieren, unter anderem auch Drachen, Einhörnern und Phönixen glichen. Einige dieser begabten Gärtner galten als Fachleute für das Züchten von Zwergbäumen (jap. Bonsai). Ich kann mich entsinnen, Zedern oder Kiefern gesehen zu haben, die weniger als einen Fuß hoch waren und deren Alter zwischen 50 und 100 Jahren lag. In den meisten Einsiedeleien gab es Miniatur-Landschaften mit Bergen, Seen und Teichen, Höhlen und Bäumen, sowie kleinen Gebäuden und Menschen; jede dieser Anlagen erhob sich aus einer länglichen Tonschale, die etwa zwei Fuß lang und einen Fuß breit, manchmal auch noch kleiner war.

Als die Zeit für mich nahte, Abschied zu nehmen, meinen nutzlosen »Führer« für den Abstieg nach Hsi-an zu rufen und von dort nach Peking zu reisen, bat mich der Mond-Hasen-Eremit, eines Tages wiederzukehren. »Ihr müßt im Frühling oder Herbst zu einem unserer Feste kommen, da Ihr doch den Klang der Flöten und den Mondschein so liebt. Ihr werdet einige sehr alte Melodien vernehmen, die nur einem einzigen Tag des Jahres geweiht sind. Im Sommer gibt es die Wildblumen, von denen ich Euch erzählt habe. Das Wasser unseres Teiches ist dann so klar, daß Ihr auf einen Miniaturwald aus wogenden Pflanzen sehen könnt, die in größerer Tiefe wachsen als ein Mensch tauchen kann. Wer weiß, ob sein Schutzgeist, der schon erwähnte Drache, nicht doch emportaucht, um die Bekanntschaft eines ausgezeichneten jungen Herrn aus der Fremde zu machen? Auf jeden Fall werdet Ihr aber sehen, wie die Fische hin und her schießen, und wie sie in ihrem Wald aus Wasserpflanzen, dem Tiger gleich, ihrer Beute auflauern. Wenn Ihr unbedingt im Winter wiederkommen wollt, dann wählt den ersten Mond (Februar). Es wird zwar kälter sein als jetzt, und Eure Zähne werden furchtbar klappern, aber stellt Euch vor, wie großartig dieser hohe Berg aussieht, wenn alles mit einer Schicht Schnee bedeckt ist. Der Anblick wird Euch zu Gedichten anregen, die vom Geist des *tao* erfüllt sind. Der Himmel wird blau strahlen wie ein Saphir, und die Sonne wird rot leuchten wie eine Persimone. Wenn Ihr seht, wie die Sonne auf eine Welt aus glitzerndem Schnee herabscheint, werdet Ihr verstehen, was mit der »schimmernden Leere« gemeint ist. Beim Betrachten einer solchen Winterlandschaft könntet Ihr sehr wohl mit einem Mal zur Erleuchtung gelangen und Euch von da an durch das Leben hindurchlachen, ohne Anlaß zu Tränen zu haben!«

Ich hoffe, daß meine Schilderung sich jener achtbaren Unsterblichen würdig erweist. Als Menschen von scheuer und zurückhaltender Weisheit, die zu einfach waren, sich in spitzfindigen Debatten zu behaupten, besaßen sie intuitive Einsicht in eine Welt von stiller und heiterer Schönheit, die weit jenseits meines teilweise komplizierten Denkens lag. In ihrer Gegenwart konnte eigentlich nichts Außergewöhnliches geschehen. Da lag keine Atmosphäre furchteinflößender und düsterer Geheimnisse in der Luft, die man so häufig in Tempeln verspürt, wo die Volksreligion vorherrscht; es wurden keine Unterhaltungen über Geisterbeschwörungen oder Austreibung von Dämonen geführt: nichts Aufregendes oder Dramatisches, nichts, das sich leicht in Worte kleiden ließe. Abgesehen von der Schönheit der Bergwelt, die während meines Aufenthalts im dicken Nebel versteckt lag, und einer Lebensart, die mit einer im raschen Untergang begriffenen, alten Welt einherging, beobachtete ich dort nichts Phantastisches. Und dennoch besaß solch eine Klause einen eigentümlichen Zauber: voll von Wundern, die kein Aufsehen erregten, aber eine tiefere Bedeutung hatten und ein geheimnisvolles Licht verbreiteten. Obgleich die Einsiedler nach außen heiter und gelassen wirkten und oft mit Dingen beschäftigt waren, die angesichts gewichtiger spiritueller Ziele gering erschienen, verließ ihr Leben nie heiligen Grund. (Womit ich nicht nur ausdrücken möchte, daß sie auf einem heiligen Berg lebten.) Ohne Zweifel waren einige unter ihnen der wahren Unsterblichkeit sehr nahe gekommen oder hatten sie gar schon erlangt; sie waren ohne Schaden in Bereiche jenseits von Leidenschaften und Begierden vorgedrungen. Aber ihre Zurückhaltung ging so weit, daß ein Reisender, der sich ihrer Gastfreundschaft erfreute, ohne von ihrem inneren Leben zu wissen, in die Ebene zurückkehren konnte, ohne dessen gewahr zu werden, daß er mehr getan hatte, als nur einen oder zwei Tage in der Gesellschaft fröhlicher und geistreicher alter Männer zu verbringen. Es wäre den Unsterblichen nie in den Sinn gekommen, über das, was sie erreicht hatten, zu sprechen, auch nicht untereinander. Wenn man ihnen die Frage gestellt hätte, ob sie glaubten, noch weit gehen zu müssen, um an das Ende ihres Pfades zu gelangen, hätte ihre Antwort leicht den Anschein erwecken können, sie seien nichtsnutzige Kreaturen, zudem gegenwärtig etwas irre. Mit Sicherheit wären sie in Lachen ausgebrochen und hätten protestiert, daß sie nicht im entferntesten daran dächten, irgendwohin zu gelangen; vielleicht hätten sie auch auf recht überraschende Weise reagiert, etwa wie eine Kuh gemuht oder ein paar Schritte getanzt, um auf die Verrücktheit der Frage hinzuweisen. Sie bezeichneten sich gern als Faulpelze oder Wanderer, die sich »in der Welt herumtreiben«, und ihre Augen funkelten fröhlich, wenn sie jemanden gefunden hatten, der leichtgläubig genug war, sie ernst zu nehmen.

Sofern man eine vage Ahnung dessen besaß, was Kultivierung des *tao* bedeutete, war es ein Leichtes, zu ermessen, was sich hinter ihrem bescheidenen Abwiegeln verbarg. In Tempeln oder Einsiedeleien, in denen keine wahre Kultivierung betrieben wurde, herrschte eine völlig andere Atmosphäre. Dort legten die Mönche großen Wert auf würdevolles Benehmen, und zuweilen hatte man den Eindruck, Zuschauer einer Scharade zu sein. Bei Männern, die wahrhaft das *tao* suchten, konnte ein Zweifel an ihrer Aufrichtigkeit nie bestehen. Selbst wenn man in ihrer Sprache zu wenig bewandert war, um sich mit ihnen zu unterhalten, so reichte ihre Gegenwart schon aus, um von einem Gefühl stillen Glücks und unvorstellbarer Ruhe durchdrungen zu sein. Wenn man in ihrem Beisein meditierte, konnte man zu Erfahrungen gelangen, die sich von den üblichen beträchtlich unterschieden. In ihrer Anwesenheit wurden Sorgen und Ängste gegenstandslos, und überall breitete sich Heiterkeit aus.

Über diese bezeichnenden Eigenschaften hinaus gibt es ein dramatisches Mittel, um jene seltenen Wesen zu erkennen, die zum Höchsten gelangt sind. Während man mit einem Unsterblichen ein Gespräch über ein ernstes Thema führt, kann sich eine Möglichkeit ergeben, daß man ihm, ohne die eigene Absicht zu enthüllen, direkt in die Augen schaut. Unter besonderen Umständen kann er sich auch selbst entschließen, eine Offenbarung mitzuteilen, so, wie es mir bei einer unvergeßlichen Gelegenheit widerfuhr. In beiden Fällen ist es so, als ob für einen Augenblick der Ekstase unvorstellbare Grenzenlosigkeiten offenbart würden; für den Zeitraum eines einzigen Gedankenblitzes teilt man mit einem Weisen die Unermeßlichkeit seiner Vision. Das beseligende Gefühl kann man mit Worten nicht beschreiben. Ein normaler Sterblicher hält es indessen nicht länger als den Bruchteil einer Sekunde aus, weil die Intensität zu groß ist, als daß ihr jemand aus der Welt des Staubes länger ausgesetzt sein dürfte. Entweder wird der Unsterbliche seinen Blick senken, weil er erkennt, was vorgeht, oder man muß seinen Blick selbst losreißen. Die Folgen einer so schockartigen Begegnung sind von unermeßlicher Bedeutung, denn nie wieder wird man in seiner Überzeugung von der Wirklichkeit der höchsten Apotheose ins Wanken geraten.

Ich vermag nicht zu sagen, ob einer der gerade beschriebenen Einsiedler in der Lage gewesen wäre, solche Einblicke in das höchste Ziel zu vermitteln. Da ich zu jener Zeit nichts von diesen Dingen wußte, dachte ich auch nicht daran, darauf zu achten. Aber ich entsinne mich, in ihrer Gegenwart eine angenehme Ruhe verspürt zu haben. Dies war umso bemerkenswerter, als ich vorher nicht auf solche Phänomene hingewiesen worden war und derartige Erfahrungen ganz unvorbereitet machte.

Außergewöhnliche Anzeichen, daß jemand dem *tao* schon sehr nahe gekommen ist, beschränken sich nicht nur auf den Taoismus. Ab und zu habe ich buddhistische Mönche chinesischer Herkunft und tibetische Lamas getroffen, deren Gegenwart allein schon ein Gefühl des Glücks und der Stille vermittelte. Tatsächlich ist es so, daß auf den höheren Stufen meditativer Fertigkeiten oder spiritueller Einsichten zwischen den Übenden aus den verschiedenen Religionen keine großen Unterschiede festzustellen sind. Ein vollendeter Mystiker erfährt die gleichen Einsichten in die Realität – ganz gleich, welchem Pfad er sich verschrieben hat. Der einzige bemerkenswerte Unterschied zwischen Taoisten und Buddhisten besteht, abgesehen von ihrer Haltung zur Reinkarnation, darin, daß die letzteren in ihren Lehren das Mitleiden stärker betonen, das gemeinsam mit der Weisheit den inneren Kern der buddhistischen Lehre bildet. Es gab eine Zeit, da ich diesen Unterschied für einen Mangel in der Lehre und im Menschenbild des Taoismus hielt – heute bin ich mir dessen nicht mehr so sicher. Von den frühesten Zeiten an waren die Taoisten zurückhaltend, wenn die Rede auf die Notwendigkeit solcher Tugenden wie Menschenliebe, Kindespflicht, Gerechtigkeit, Mitleiden kam, denn für sie gilt, was LAO TZU sagte: »Tut ab die Sittlichkeit, werft weg die Pflicht, so wird das Volk zurückkehren zu Kindespflicht und Liebe.« (*Tao te Ching*, 19. Spruch). Und er fährt fort, darauf hinzuweisen, daß das öffentliche Predigen dieser Tugenden ein sicheres Zeichen ihres Fehlens ist. Warum soll hervorgehoben werden, was so selbstverständlich ist wie die Luft zum Atmen? Ein Anhänger des *tao* kennt per Definition keinen Zorn, keinen Geiz und keine Selbstsucht. In dem Bewußtsein, daß das Leben des Individuums nur ein Schatten ist, eine aus Unwissenheit geborene Täuschung, erkennt er, daß das »Ich« und das »andere« im unbegrenzten *tao* keinen Platz haben, und daß ein Unheil, das man anderen zufügt, als völlige Verneinung des *wu wei* und der reinen Selbstlosigkeit gilt, die zum Erreichen des *tao* notwendig sind. Man könnte es höchstens so ausdrücken, daß die taoistische Haltung zum Mitleiden negativer ist als die buddhistische, und selbst das mag nur eine Annahme sein, die auf nicht mehr als einer unterschiedlichen Darstellung der Dinge beruht.

Das Schreiben dieses letzten Kapitels hat mir Schmerzen bereitet, die ein Taoist zweifellos nicht verspüren würde. Mich stimmt die Vorstellung traurig, daß, obschon die ehrwürdigen Klausen zwischen den Berggipfeln noch bestehen, kein Rauch mehr aus ihren Schornsteinen aufsteigt. Nichts ist geblieben außer Gedichten und Erinnerungen, es sei denn, daß hin und wieder ein einsamer Wanderer vor einem verfallenen Schrein haltmacht und auf der kalten Asche des Räuchergefäßes verstohlen etwas Weihrauch entzündet. Mit welchem Glücksgefühl würde ich dem kältesten Sturm, vereisten Bergpfaden und Schneewehen vor den lackierten Toren trotzen, um noch einmal das Vergnügen zu haben, mit einem Unsterblichen beim Tee zu sitzen, sein altes Antlitz zu betrachten und sein glückliches Lachen zu hören! Es ist gut, daß ich rechtzeitig nach China kam, um noch viele erhaltene Spuren der Schönheit zu sehen, die auch in jenen Tagen schon in raschem Untergang begriffen war. Vor kurzem fand ich zufällig ein Gedicht, das Li T'ai-Po in der entfernten Bergeinsamkeit verfaßt hatte. Trunken vom Wein und der Schönheit rief er aus: »Das Glas erhoben, lad den Mond ich ein, mein Schatten auch ist da, – wir sind zu dritt.« Im heutigen China stellt das Leben in der Einsamkeit und die Kultivierung der Stille etwas völlig Undenkbares dar. Wahrscheinlich gilt schon der Wunsch, etwas derartiges zu tun, als Anachronismus...

Anhang

Übersichtstafeln zur Lehre der Fünf Wandlungsphasen oder »Aktivitäten« (wu hsing)

Eine kurze Darstellung der *wu-hsing*-Lehre ist bereits im vierten Abschnitt des Kapitels 1 gegeben worden. Die nachfolgenden Übersichtstafeln sind vornehmlich als Hilfsmittel für die Benutzer des *I Ching* (»Buch der Wandlungen«) gedacht. Anhand von Tabelle 1 lassen sich die Trigramme, welche zur Bildung der oberen bzw. der unteren Partie eines Hexagramms verwendet werden, der entsprechenden Aktivität, oder besser Wandlungsphase, zuordnen.

Diese Wandlungsphasen liefern wiederum zusätzliche Informationen zur Bedeutung des Hexagramms, die in der abschließenden Interpretation oder auch schon während der Ausdeutung des Hexagramms berücksichtigt werden.

Es hat sich gezeigt, daß *wu hsing* häufig unabhängig vom *I Ching* praktiziert wird; aus diesem Anlaß sei hier der Hinweis gestattet, daß bei der Anwendung dieser Lehre zahlreiche Faktoren beachtet werden müssen, mit denen man im Westen häufig nicht vertraut ist, und die sich im Grunde genommen auf wenigen Seiten nur schwierig abhandeln lassen. Um ihren Wert ermessen zu können, wiederhole ich an dieser Stelle die Worte eines vietnamesischen Freundes, der spezielle Kenntnisse in der praktischen Anwendung nicht für unbedingt notwendig hielt: *wu hsing* versetzt die Sterblichen in die Lage, die Entstehung und die Entwicklung von Geschehnissen zu begreifen, vorherzusehen und ihren Verlauf in einem bestimmten Maße zu beeinflussen. Gewöhnlich wird ein Meister dieser Lehre gebeten, die verschiedenen Wandlungsphasen *(hsing)*, die in der Abfolge eines Ereignisses wirksam werden, ihre relative Stärke, gegenseitige Beeinflussung und Abhängigkeit etc. näher zu bestimmen. Wenn kein Fachmann zur Verfügung steht, kann man sich auch mit Münzen oder Stengeln der Schafgarbe behelfen, um *I Ching*-Trigramme zu erhalten: eines für jeden Faktor der Situation, die eingehend betrachtet werden soll. Diese Trigramme zeigen dann an, welche Wandlungsphasen gerade wirksam sind. Die intensive Untersuchung der Beziehungen, die zwischen diesen *hsing* bestehen (wie sie aus den Übersichtstafeln zu entnehmen sind), und die Gewichtung jeder vorliegenden Beziehung mit Rücksicht auf die entsprechenden Umstände der Situation erlauben es, den möglichen Ausgang einer Angelegenheit vorherzusehen, die notwendigen Schritte zu unternehmen und die Verhältnisse so zu beeinflussen, daß sich der gewünschte Abschluß einstellt. Auf diese Weise kann der Laie mit relativ einfachen Mitteln zu Resultaten gelangen, wie sie der Experte erst erreicht, nachdem er die jeweils wirkenden *hsing* und die zwischen ihnen existierenden Beziehungen durch eine Vielzahl von Verfahrensschritten gedeutet hat, zu deren Beherrschung umfassendes Spezialwissen und langjährige Erfahrung vorausgesetzt werden.

Tabelle 1: Die Wechselbeziehungen zwischen den Trigrammen des I Ching und den Wandlungsphasen

Trigramm	*hsing*	Zeit der größten Wirksamkeit	Zeit der geringsten Wirksamkeit
☰ *ch'ien* (Himmel) ☱ *tui* (See)	Metall	Herbst	Sommer
☲ *li* (Feuer)	Feuer	Sommer	Winter
☳ *chen* (Donner) ☴ *hsün* (Wind)	Holz	Frühling	Herbst
☵ *k'an* (Wasser)	Wasser	Winter	Übergang der Jahreszeiten
☶ *ken* (Berg) ☷ *k'un* (Erde)	Erde	Übergang der Jahreszeiten	Frühling

Tabelle 2: Korrespondenzen im Rahmen der wu-hsing-Lehre

Wandlungsphase („Element")	Holz	Feuer
Himmels- richtung	Osten	Süden
Farbe	blau/grün	rot
Zahlen	8 und 3	2 und 7
Klima	Wind	Hitze
Planet	Jupiter	Mars
Äußerungen	Schreien	Lachen
Tugend	Güte	Anständigkeit
Gefühlsregung	Zorn	Freude
Tageszeit (Uhr)	3–7	9–13
Tier	Drache	Phönix
Himmlische Stämme (t'ien kan):		
(yin)	i	ting
(yang)	chia	ping
Irdische Äste (ti chih):	yin,	ssu,
	mao	wu
Stern- bild	Zwillinge, Krebs	Jungfrau, Waage

Erde	Metall	Wasser
	Westen	Norden
gelb	weiß	schwarz
10 und 5	4 und 9	6 und 1
Feuchte	Trockenheit	Kälte
Saturn	Venus	Merkur
Singen	Weinen	Stöhnen
Zuverlässigkeit	Aufrichtigkeit	Weisheit
Sorge	Kummer	Furcht
1–3, 7–9 13–15, 19–21	15–19	21–1
Ochse	Tiger	Schlange, Schildkröte

chi	*hsin*	*kuei*
wu	*keng*	*jen*
ch'ou, *ch'en,* *wei,* *hsü*	*shen,* *yu*	*tzu,* *hai*
Stier, Löwe, Skorpion, Wassermann	Schütze, Steinbock	Widder, Fische

Tabelle 3: Die natürlichen Wechselbeziehungen
zwischen den Fünf Wandlungsphasen

Metall	< Wasser	< Holz	< Feuer	< Erde	< Metall
Metall	> Holz	> Erde	> Wasser	> Feuer	> Metall
Metall	+ Feuer	+ Wasser	+ Erde	+ Holz	+ Metall

(<: bringt hervor, erzeugt, unterstützt;
 >: wirkt gegen, hemmt, zerstört;
 +: wird bezwungen durch.)

Tabelle 5: Weitere Beziehungen zwischen den
Jahreszeiten und den fünf »hsing«

Im Frühling	schlägt Holz aus	hilft Feuer
Im Sommer	lebt Feuer auf	ist Erde nützlich
Im Herbst	erhebt sich Metall	bringt Wasser Gedeihen
Im Winter	steht Wasser in voller Kraft	leistet Holz Hilfe

Anmerkung: An dieser Tabelle wird besonders deutlich, warum *hsing* nicht mit der Bezeichnung „Element" übertragen werden darf. „Elemente" können, ganz im Gegensatz zu Wandlungsphasen, nicht „sterben". Der Sinn besteht darin, daß im Verlauf einer jeden Jahreszeit eine

Tabelle 4: In Verse gekleidete Entsprechungen zwischen den fünf »hsing« und den Jahreszeiten

Lenz kleidet die Gehölze in leuchtendes Grün;	(Holz)
Sommerszeit, brennende Sonne läßt das Land erglühn;	(Feuer)
Schwermütiger Herbst taucht die Welt in Gold und Rost,	(Metall)
Gestrenger Winter bedeckt die Wasser mit Frost.	(Wasser)
Allzeit bleibt nur die Erde ohne Ungestüm.	(Erde)

ruht Wasser	hält Metall ein	„stirbt" Erde
ruht Holz	hält Wasser inne	„stirbt" Metall
ruht Erde	hält Feuer an	„stirbt" Holz
ruht Metall	bleibt Erde stehen	„stirbt" Feuer

Wandlungsphase dominiert, eine zweite Unterstützung leistet, eine dritte sich neutral verhält, eine vierte vorübergehend anhält und eine fünfte in ihrer Wirkung völlig eliminiert wird.

Tabelle 6: Weitere Wechselbeziehungen zwischen den »hsing«

Die letzte Tabelle liefert nützliche Zusatzinformationen zu den Hexagrammen, bei der Arbeit mit dem *I Ching*: das untere Trigramm stellt die dominierende Wandlungsphase dar, während das obere als untergeordnet betrachtet wird. Andererseits kann der Ausgang einer Sache allein unter den Gesichtspunkten der *hsing* gedeutet werden. In diesem zweiten Fall entsteht das Trigramm mit Hilfe von Schafgarbenstengeln oder Münzen, die jeweils eine Person oder einen Faktor des Geschehens vertreten. Die geworfenen *hsing* sollten (a) mit den herrschenden Wechselbeziehungen und (b) mit der relativen Gewichtigkeit, Reihenfolge, sowie Beziehung zu der jeweiligen Situation gegeneinander abgewogen werden.

In der ersten Strophe wird die günstige Beziehung zwischen jeweils zwei *hsing* geschildert; diese ist dann ernsthaft gefährdet, wenn die zweite Wandlungsphase dieses Paares exzessiv überwiegt. Strophe 2 zeigt die nachteiligen Folgen von an sich positiven Wandlungsphasen, die bis zum Übermaß getrieben wurden. Die dritte Strophe beschreibt die Umstände, unter denen die natürlichen Beziehungen zwischen den *hsing* in ihr Gegenteil verkehrt werden können. In der vierten Strophe werden ungünstige Bedingungen genannt, für die keine Abhilfe möglich ist; und in der fünften Strophe wird gezeigt, wie die *hsing*, mit Ausnahme des Feuers, bei großer Konzentration gegen die Einwirkungen der anderen vier Wandlungsphasen immun sind – das Feuer kann selbst bei überreichlichem Vorkommen noch von der Erde beeinträchtigt werden.

1 a Metall benötigt Erde zur Entstehung;
    aber wo Erde überreichlich ist, „stirbt" Metall.
  b Erde benötigt Feuer zur Entstehung;
    aber wo Feuer überreichlich ist, verbrennt Erde.

c Feuer benötigt Holz zur Entstehung;
   aber wo Holz überreichlich ist, verzehrt sich Feuer.
d Holz benötigt Wasser zur Entstehung;
   aber wo Wasser überreichlich ist, schwemmt Holz davon.
e Wasser benötigt Metall zur Entstehung;
   aber wo Metall überreichlich ist, brodelt Wasser

2 a Metall gebiert Wasser;
    aber wo Wasser überreichlich vorkommt, geht Metall unter.
  b Wasser gebiert Holz;
    aber wo Holz überreichlich vorkommt, schwindet Wasser.
  c Holz gebiert Feuer;
    aber wo Feuer überreichlich vorkommt, verbrennt Holz.
  d Feuer gebiert Erde;
    aber wo Erde überreichlich vorkommt, erlischt Feuer.
  e Erde gebiert Metall;
    aber wo Metall überreichlich vorkommt, schwindet Erde.

3 a Metall überwindet Holz;
    aber wo Holz im Übermaß auftritt, stumpft Metall.
  b Holz überwindet Erde;
    aber wo Erde im Übermaß auftritt, verfault Holz.
  c Erde überwindet Wasser;
    aber wo Wasser im Übermaß auftritt, schwemmt Erde fort.
  d Wasser überwindet Feuer;
    aber wo Feuer im Übermaß auftritt, funkelt Wasser nur schwach.
  e Feuer überwindet Metall;
    aber wo Metall im Übermaß auftritt, erstickt Feuer.

4 a Metall besitzt nicht die Kraft von Feuer, und daher schmilzt es.
  b Feuer besitzt nicht die Kraft von Wasser, und daher „stirbt" die Lohe.
  c Wasser besitzt nicht die Kraft von Erde, und daher verschlammt es.
  d Erde besitzt nicht die Kraft von Holz, und daher weicht sie.
  e Holz besitzt nicht die Kraft von Metall, und daher fällt es.

5 a Metall in großer Stärke
    kann bei Angriff von Wasser sich dessen Heftigkeit erwehren.
  b Wasser in großer Stärke
    kann bei Angriff von Holz dessen Wucht bremsen.
  c Holz in großer Stärke
    kann bei Angriff von Feuer die Gefräßigkeit der Flammen schwächen.
  d Feuer in großer Stärke
    kann bei Angriff von Erde andernorts wieder aufflackern.
  e Erde in großer Stärke
    kann bei Angriff von Metall dessen Zerstörungen bewältigen.

Aus der Praxis der wu-hsing-Lehre

Angesichts meiner geringen Erfahrung in der Anwendung von *wu hsing* wage ich nicht, eigene Beispiele anzuführen. Ich erinnere mich eines Falls, in dem eindrucksvoll geschildert wird, auf welche Weise man in der Praxis verfährt. Die ursprüngliche Fassung enthielt weitaus mehr Passagen über die Theorie von *wu hsing* als die folgende Wiedergabe; aus diesem Grunde kann die Anekdote in ihrer gerafften Form nur einen ungefähren Einblick in die Wirkungsweise dieser Lehre liefern.

Chin Hui, ein hoher Bezirksbeamter, machte einst die weite Reise aus Honan zum heiligen Berg Mao Shan, der tief im Süden des Reiches liegt, um bei einem geachteten *wu-hsing*-Meister Rat zu suchen.

»Meine Schwiegermutter«, so brach es aus ihm heraus, »diese furchtbare Nervensäge, kann es nicht lassen, ihre Nase in meine häuslichen Angelegenheiten zu stecken. Obgleich meine Gemahlin zu mir hält und zuweilen gar in Tränen ausbricht, gibt sie der alten Vettel immer wieder nach, weil die Kindespflicht von ihr fordert, gute Miene zu machen und zu tun, was dieser alte Drachen verlangt. Wie Ihr Euch vorstellen könnt, geht es bei uns drunter und drüber. Meine eigenen Amtsdiener lachen sich ins Fäustchen, wenn sie unsere erregten Stimmen vernehmen, die oft so laut sind, daß sie die Seelen der Verstorbenen in Furcht und Schrecken versetzen können, ganz zu schweigen von allen Lebenden, die im Umkreis meines Regierungssitzes wohnen. Wenn es so weitergeht, wird die mir vom Drachenthrone verliehene Amtswürde schnell wie eine Wolke am Sommerhimmel vergehen oder der Geringschätzung anheimfallen. Mit diesen Sorgen stehe ich vor Euch und flehe Eure Unsterblichkeit an, mir eine wirksame Remedur zu nennen.«

Der ehrwürdige Unsterbliche, der Mühe hatte, seine ernste Miene zu bewahren, ließ sich die verehrte Schwiegermutter genau beschreiben. Es stellte sich heraus, daß der Geburtsname der alten Dame »Li« lautete – ein Homonym des *I Ching*-Trigramms für Feuer –, daß die für ihre Geburtsstunde und ihren Geburtstag bestimmenden Himmlischen Stämme und Irdischen Äste gleichfalls auf ein Übergewicht von Feuer hinwiesen und, wie es der Zufall wollte, daß sie in einem Monat das Licht der Welt erblickt hatte, dessen Name ein weiteres Homonym für den Begriff des Feuers enthielt. Selbstverständlich waren auch unterschiedlich starke Einflüsse der anderen Wandlungsphasen in dieser Konstellation wirksam; aber es ließ sich nicht leugnen, daß Feuer ein Hauptelement ihres Wesens und ihres Lebens bildete. Neben Feuer war Metall entscheidend gegenwärtig, und dieser Anteil war durch Einheirat in die Familie Chin gar noch vermehrt worden; denn *chin* lautet die Bezeichnung für Gold, das edelste der Metalle. Bei näherer Betrachtung von Chin Huis Verwandtschaft ergab sich, daß dort Erde vorherrschte, und Metall in nur geringem Abstand folgte. Der Unsterbliche besann sich einen Augenblick und erklärte alsdann, daß der Einfluß des Metalls geringer geschätzt werden könnte, weil die beiden Kontrahenten in einer sekundären Beziehung zu dieser Wandlungsphase stünden. Das Problem ließe sich durch eingehende Untersuchung der Wechselbeziehungen zwischen Feuer und Erde lösen. Das hieße aber nicht, daß weitere gegenseitige Abhängigkeiten und Einflüsse zwischen bestimmten weiteren, hier wirksamen Wandlungsphasen nicht berücksichtigt würden; ihnen sollte nur eine relativ geringere Bedeutung zugemessen werden.

»Euer Ehren«, sprach der Unsterbliche, »die alte Weisheit ›Wo Feuer in übergroßer Stärke auftritt, da verbrennt Erde‹ beschreibt recht drastisch Eure Bedrängnis. Und weil nach den alten Gesetzen Erde zur Entstehung

Feuer benötigt, kommt es also nicht überraschend, daß die alte Dame Euch so ausgiebig dreinredet. Gleichwohl heißt es auch ›Wo Erde überreichlich ist, da erlischt Feuer‹. Es sollte ein leichtes sein, den Einfluß der Wandlungsphase Erde in Eurer Konstellation zu verstärken. Ihr könntet beispielsweise gelbe Unterkleidung tragen und solltet außer in den Stunden des Ochsen, des Drachen, des Schafes und des Hundes, in denen die Wirkung von Erde überwiegt, jegliche Auseinandersetzungen mit Eurer gnädigen Schwiegermutter vermeiden.« Darauf gab er dem Bezirksbeamten noch weitere Ratschläge, wie dieser seinen Vorrat an Erde mehren könnte und ermutigte ihn schließlich noch, der alten Dame während der günstigen Stunden des Tages kräftiges Kontra zu geben. »Die Stunde des Hundes eignet sich besonders gut, sie ordentlich in den Senkel zu stellen. Zu dieser Tageszeit könnt Ihr ohne weiteres so tun, als verlöret Ihr die Beherrschung und wolltet Eurer Schwiegermutter hundert Schläge mit dem schweren Bambus angedeihen lassen, so wie es die Gerichte bei schweren Fällen zu entscheiden pflegen. Eure Not rührt von zu großer Gutmütigkeit her. Achtet darauf, Euer gutes Herz hinter der Maske eines finsteren Dämonen zu verbergen.«
Chin Hui befolgte daheim die Ratschläge des Unsterblichen aufs genaueste; aber das erhoffte Ergebnis wollte sich nicht einstellen. Die alte Dame wurde durch den neuen Kurs nur so lange in Schach gehalten, bis sie erkannte, daß ihr Schwiegersohn nie so weit gehen würde, der Frau Gewalt antun zu lassen, die sein abgöttisch geliebtes Eheweib zur Welt gebracht und gestillt hatte. Unverzüglich, überfiel sie ihn mit noch schlimmeren Kränkungen und mischte sich noch mehr als früher in seine häuslichen Angelegenheiten. Das Leid des armen Mannes wurde schließlich unerträglich, und er geriet in solchen Zorn, daß er den Verstand verlor und in eine tiefe Ohnmacht fiel. Nach drei weiteren Tagen hatte er seine

beiden Seelen dem Himmel und der Hölle überlassen.

Als dem Meister die traurige Nachricht vom jähen Tod seines rat- und trostsuchenden Besuchers aus Honan überbracht wurde, verfiel er in langes Nachdenken. Am Abend des gleichen Tages, bei einem gelehrten Vortrag, vor seinen Jüngern äußerte er sich denn auch zu dem tragischen Vorfall: »Wenn in einer Konstellation Feuer mit aller Heftigkeit tobt und Erde nicht mehr genügend Kraft zum Zusammenhalt besitzt, dann bleibt wenig auszurichten, es sei denn, jemand besäße ein ungewöhnliches Maß an Weisheit. Ein kluger Mensch hätte sich da wohl behaupten können, wo Chin gescheitert ist; aber hier mußte es ja so enden, weil es in seiner Natur lag zu scheitern, so wie es das Wesen eines Weisen ausmacht, in allen Angelegenheiten erfolgreich zu bleiben, indem er dem Lauf der Dinge folgt, anstatt ihrer Herr werden zu wollen. Die Natur, das werdet Ihr noch erfahren, bleibt immer auf ihrem Weg, und es spielt keine Rolle, ob die Sterblichen damit einverstanden sind oder nicht.«

»Also, verehrter Meister, wenn die Dinge so liegen«, verlangte da einer der Jünger zu wissen, »zu welchem Ende studieren wir dann noch die Lehre von den Fünf Wandlungsphasen?«

»Nun ja«, erwiderte der Meister, »zuweilen kann man der Natur ein wenig nachhelfen, vorausgesetzt, man weiß, wie das anzustellen ist. Wer so etwas wagt, muß aber wissen, daß er den Lauf der Dinge nur in geringem Maße korrigieren kann und daß auch der neue Kurs noch in die ursprüngliche Generalrichtung weist. Der dahingeschiedene Magistrat hätte seine Ohren verschließen müssen und die alte Dame so lange reden lassen sollen, bis ihr der Atem ausgegangen wäre; dann hätte er sie in aller Seelenruhe bitten können: ›Entschuldigt bitte meine Unaufmerksamkeit! Würdet Ihr mir das alles noch einmal in allen Einzelheiten schildern?‹ Das nannten die Alten: ›Feuer löschen, indem man Brennstoff entzieht.‹«

Entwicklung des Taoismus

Epochen/Dynastien	*tao chia* – philosophischer und mystischer Taoismus	*tao chiao* – Taoismus als Religion	
		magischer und religiöser Taoismus (Sekten)	Unsterblichkeits- oder Elixier-Taoismus (Alchimie)
Goldenes Zeitalter (legendäre Frühzeit) ‚Drei Erhabene‘			SHEN NUNG, Pflanzenkunde
‚Fünf Weise Herrscher‘		FU HSI, Acht Trigramme (*I Ching*)	HUANG TI
HSIA (ca. 2000–1520)			
SHANG/YIN (ca. 1520–1030 v. Chr.)	ursprüngliche Formen von Kosmologie, Naturlehre, Magie und Kult		
CHOU (ca. 1030–221 v. Chr.)		*I Ching*	
481–221 v. Chr. Zeit der Kämpfenden Reiche			*fang shih*

4./3. Jh. v. Chr.	YANG CHU LAO, TZU, *Tao Te Ching* CHUANG TZU, *Nan Hua Chen Ching*			
CH'IN (221–207 v. Chr.)	LIEH TZU			MAO MENG
	Kodifizierung und Vereinigung von *yin-yang*-Lehre und *wu-hsing*-Lehre (TSOU YEN und TUNG CHUNG-SHU)			
HAN (206 v. Chr. – 220 n. Chr.) 2. Jh. n. Chr.	*Huia Nan Tzu* (LIU AN)	*yin-yang*-Professoren YÜ CHI CHANG CHIAO, Schule des Großen Friedens („Gelbe Turbane" in O-China) CHANG (TAO-)LING, der 1. Himmelmeister, Schule der fünf Scheffel Reis (in W-China)			LI SHAO-CHÜN (*waitan* – äußere Alchimie) WEI PO-YANG, *Chou I Ts'an T'ung Ch'i* (*neitan* – innere Alchimie)

Epochen/Dynastien	tao chia – philosophischer und mystischer Taoismus	tao-chiao – Taoismus als Religion	
		magischer und religiöser Taoismus (Sekten)	Unsterblichkeits- oder Elixier-Taoismus (Alchimie)
Drei Reiche (221–280)			Hygiene-Schule der Inneren Götter, *Huang T'ing Ching*
CHIN (265–420) 3./4. Jh.	Neo-Taoismus: *ch'ing t'an* ("Reines Gespräch") *hsüan hsüeh*-Schule ("Studium des Mysteriums") *feng liu*-Schule ("Windesrauschen und Wellenplätschern")	Gründung der MAO SHAN-Sekte K'OU CH'IEN-CHIN, Reform des *tao chiao* (unter buddhistischem und konfuzianischem Einfluß)	KO HUNG, *Pao P'u Tzu*
Sechs Dynastien (420–588)		444 Taoismus als Staatsreligion unter den WEI T'AO HUNG-CHING, Reform der MAO SHAN-Sekte	
SUI und T'ANG	Ausgestaltung der tao-		

	Blüte des tao chiao, besonders unter Kaiser HSÜAN TSUNG (unter starkem buddhistischem Einfluß)		
SUNG (960–1279) 12. Jh.	CHU HSI, Philosoph des Neokonfuzianismus (Integration der drei Lehren)	1163 WANG CHUNG-YANG, Nördliche Schule (ch'üan chen chiao-Schule der vollkommenden Erleuchtung, starker Einfluß des ch'an-Buddhismus	Legenden von den Acht Unsterblichen	1. Südliche Schule
	Kompilation des Tao Tsang in 5485 chin. Bänden in 521 Büchern (durch Mönche der Nördlichen Schule)		
YÜAN (1260–1368)		2. Südliche Schule der Himmelsmeister (Schule des Wahren Einen vom Drachen-Tiger-Berg)	

Literaturhinweise

BLOFELD, JOHN, *Das Geheime und das Erhabene*, München ²1985.

–, *Jenseits der Götter*, München 1981.

–, *Selbstheilung durch die Kraft der Stille*, München ²1984.

CHANG CHUNG-YUAN, *Tao, Zen und schöpferische Kraft*, Köln ³1983 (Diederichs Gelbe Reihe; 30).

CHIA, MANTAK, *Tao Yoga*, Interlaken 1985.

–, *Tao-Yoga der Liebe*, Interlaken 1985.

Chinesische Dichter der Tang-Zeit, Stuttgart 1979.

CHRISTIE, ANTHONY, *Chinesische Mythologie*, Wiesbaden o.J.

COLEGRAVE, SUKIE, *Yin und Yang*, München ²1982.

CONTAG, VICTORIA, *Die beiden Steine*, Braunschweig 1950.

COOPER, J.C., *Chinese Alchemy*, The Taoist Quest for Immortality, Wellingborough 1984.

–, *Der Weg des Tao*, München ²1981.

DSCHUANG DSI, *Das wahre Buch vom südlichen Blütenland*, hrsg. Richard Wilhelm, Köln 1984 (Diederichs Gelbe Reihe; 14), Neuaufl.

EBERHARD, WOLFRAM, *Lexikon chinesischer Symbole*, Köln ²1985.

FENG YU-LAN, *A Short History of Chinese Philosophy*, New York/London 1966.

GRANET, MARCEL, *Das chinesische Denken*, Frankfurt 1985.

I Ging, Text und Materialien, übers. Richard Wilhelm, Köln 1985 (Diederichs Gelbe Reihe; 1), Neuaufl.

JUNG, C.G. u. WILHELM, RICHARD, *Das Geheimnis der Goldenen Blüte*, Freiburg 1971.

KALTENMARK, MAX, *Lao Tse und der Taoismus*, Frankfurt 1981.

KLOSSOWSKI DE ROLA, Stanislav, *Alchimie. Die Geheime Kunst*, München 1982.

LAOTSE, *Tao te king*, hrsg. Richard Wilhelm, Köln 1984 (Diederichs Gelbe Reihe; 19), Neuaufl.

LEGEZA, LAZLO, *Tao Magic – The Secret Language of Diagrams and Calligraphy*, London 1972.

LI TAI-PO, *Gedichte*, Stuttgart 1979.

LIÄ DSI, *Das wahre Buch vom quellenden Urgrund*, Köln ²1981 (Diederichs Gelbe Reihe; 28).

LIN YUTANG, *Weisheit des lächelnden Lebens*, Reinbek 1984.

LUK, CHARLES (LU K'UAN-YÜ), *Geheimnisse der chinesischen Meditation*, Freiburg 1984.

Lyrik des Ostens: China, hrsg. Wilhelm Gundert, München 1962.

MIYUKI, MOKUSEN, *Die Erfahrung der Goldenen Blüte*, München 1984.

NEEDHAM, JOSEPH, *Wissenschaft und Zivilisation in China*, Bd. I, Frankfurt 1984.

RAWSON, P., u. LEGEZA, L., *Tao – Die Philosophie vom Sein und Werden*, München ²1982.

ROUSSELLE, ERWIN, *Lau Dsis Weg*, München 1973.

SKINNER, STEPHEN, *Chinesische Geomantie*, München 1983.

Taichi – Chinas lebendige Weisheit, hrsg. Frieder Anders, Köln 1985.

WALEY, ARTHUR, *Lebensweisheit im alten China*, Frankfurt 1974.

WALF, KNUT, *Westliche Taoismus-Bibliographie (WTB)*, Limburg 1985.

WATTS, ALAN, *Der Lauf des Wassers*, Frankfurt 1981.

–, *Weisheit des ungesicherten Lebens*, München ³1981.

WELCH, HOLMES, *Taoism – The Parting of the Way*, New York 1965.

ZHAO BICHEN, *Traité d'Alchimie et de Physiologie taoiste*, Paris 1979.

DIEDERICHS GELBE REIHE

Isabelle Robinet
Geschichte des Taoismus
Aus dem Französischen von Stephan Stein
Diederichs Gelbe Reihe Band 118, ca. 352 Seiten

Die erste entwicklungsgeschichtliche Darstellung dieser philo-
sophisch-religiösen Weisheitslehre Chinas, verfaßt von der
renommiertesten Taoismus-Forscherin Frankreichs. Isabelle
Robinet zeigt die großen Linien der unterschiedlichen Lehren,
Schulen und Strömungen des Taoismus, der in allen Epochen und
sämtlichen Schichten der chinesischen Gesellschaft präsent ist.

Dschuang Dsi
Das wahre Buch vom südlichen Blütenland
Aus dem Chinesischen übertragen und erläutert
von Richard Wilhelm
Diederichs Gelbe Reihe Band 14, 332 Seiten

Das Besondere an Dschuang Dsis Dichtungen sind nicht nur seine
Anschauungen, sondern auch die Lebhaftigkeit seines Geistes, die
Schärfe seines Denkens und der Umfang seines Wissens. In
mythischen Erlebnissen und Gleichnissen, in seinem bilderreichen, poetischen Stil, breitet er die Grundgedanken seiner Philosophie aus.
»Von allen Büchern chinesischer Denker, die ich kenne, hat dieses
am meisten Reiz und Klang.

Hermann Hesse

Laotse
Tao te king
Das Buch vom Sinn und Leben
Übersetzt und mit einem Kommentar von Richard Wilhelm
Diederichs Gelbe Reihe Band 19, 232 Seiten

Über zweieinhalb Jahrtausende hinweg hat sich das Tao te king als
eine unversiegliche Quelle metaphysischer Erkenntnis und als
Unterweisung in einer natürlichen, meditativen Lebensführung
erwiesen.

Eugen Diederichs Verlag